以小见大 致微致精

封学英　主编

學苑出版社

图书在版编目（CIP）数据

以小见大 致微致精 / 封学英主编 . — 北京：学苑出版社，2024.1

ISBN 978-7-5077-6844-2

Ⅰ. ①以… Ⅱ. ①封… Ⅲ. ①中小学教育 - 教育研究 - 研究成果 - 北京 Ⅳ. ① G632.0

中国国家版本馆 CIP 数据核字（2024）第 037326 号

责任编辑：房 斐
出版发行：学苑出版社
社 址：北京市丰台区南方庄 2 号院 1 号楼
邮政编码：100079
网 址：www.book001.com
电子信箱：xueyuanpress@163.com
联系电话：010-67603091（总编室） 010-67601101（销售部）
印 刷 厂：廊坊市都印印刷有限公司
开本尺寸：787 mm × 1092 mm 1/16
印 张：23.75
字 数：339 千字
版 次：2024 年 1 月第 1 版
印 次：2024 年 1 月第 1 次印刷
定 价：88.00 元

编委会

序

学校，是实践教育思想的阵地，是教师专业化发展的载体，是学生成长的主要空间。我校具有诸多特点：九年一贯、十二年办学，美术高中专业班（后文简称“美高”）特色、小语种特色等，划定了一所学校的承载和担当，也划定了一位教师的承载和担当，同时界定了学校教育科研的最终目标，锚定在学生的全面发展上，唯如此才能走得更远，踏得更实。

教育科学研究，它根植于教育教学实践，它运用科学的思维和方法，它指向问题的解决、经验的积累和教育教学思想的形成。开展教育科研的最终目的是直接或间接促进学生的全面发展。

我校自2005年成立教科研室，在几代教科研人的努力下，老师们参与各项论文的写作和课题申报日趋积极，教科研骨干队伍逐渐壮大，教科研活动日趋规范。2017年，旨在更科学地看待我校教科研现状，更细致地分析我校教科研水平，学校实施了“北京市第109中学教育科研现状调研”，调研显示出了问题也提供了策略。调研发现的问题：学校具有教科研氛围但并不十分浓厚，已有的学校教育科研工作还不能很有效地提升教师的教育教学水平；学校教科研的引领作用及教科研骨干发挥的作用需提升；教师具有教科研的意识，而教科研基本理论知识、基本能力、将教育教学中的反思和研究形成成果的能力均需提升。我们的对策：将教科研的目标定位在提升学校教育科研实效，促进学校整体发展，引领教师专业发展，助力学生全面发展，明确教科研骨干的角色，充分发挥教科研骨干的作用；借“科研培训”提升科研理论水平；借各级各类论文课例征集激发教师们平时零散的微思考和微实践；借“微课题研究”聚焦学校教育、教学、管理过程中的环节和细节，解决教师们在教育教学中遇到的实际问题；借“课题研究”融科研教研于一体，锻炼和提升教师的科研能力。

教师研究的实验室在课堂，教师研究的沃土在一线教育教学。为提高教师专业化水平、提高教学质量，进一步推动减负增效，109 中学开展 2022 年微课题研究申报工作，旨在通过微课题研究提升教师研究能力，解决教育教学难题。

“天下难事必作于易，天下大事必作于细。”微课题所研究的活动是学校教育、教学、管理过程中所有的环节和细节，主要是为了解决教师们在教育教学中实际遇到的问题，并提高教师的研究能力。微课题研究为教师提供了一条容易开始，也易于解决教育教学当前现实冲突的途径。本次微课题选题源于学校一线教师对自身教育教学工作的总结与反思，对教育实践困惑的追问。通过研究解决了一个个微而有型的问题，从而深化了对教育规律的认识，改善了工作方式，促进教师养成了科学的思维习惯，学会了用科学的方法解决实际问题，进而更有效地改进教育教学工作。

我校依托东城区微课题研究实验机会，借助区专家资源进行微课题研究培训，大力推动教师进行微课题研究，学校 16 个学科的 50 位教师积极参与研究，经历了选题—撰写研究方案—研究实施—形成研究成果的研究闭环，最终形成的研究成果涵盖了学校小学、初中、高中三个学段，产生了多篇高质量的文章、案例及课例。本书将这些研究成果按照学科顺序编排汇集成册，除了有老师们的研究背景、实施过程等，每篇文章后均附有自己研究过程的反思，既总结经验又为今后的教育教学提供了思路。

本书，将为基础教育研究提供宝贵的借鉴及范例。

封学英

2023 年 11 月 20 日

目录

学生管理研究篇

学科教学研究篇

语文

数学

英语

西班牙语

物理

化学

政治

历史

地理

生物

体育

音乐

美术

信息技术

心理

科学

学生管理研究篇

中学生手机的规范使用

王 萱

一、研究背景

在某课堂上，学生 T 没有按规定上交手机，而是在课桌下偷偷玩手机游戏。还有学生 G 上交的是另一部不常用的手机，留下自己常用的手机以便随时在学校内使用。手机如果被发现，就会被没收。

遇到此类事件，通常学生会有很大情绪，或胡搅蛮缠找各种理由不交，或鼓动家长来学校要回手机。虽然没有相关的法律支持，但校内使用手机的行为确实违反了中学生行为规范，即时没收也是一种必要的处理手段。

如何用更好的办法解决这个问题，探究怎样使高中生学会正确使用电子产品，从而提高学习效率；怎样在校遵守行为规范，做一个能够自觉遵守规定的人，将来立足社会做一个遵规守纪的中国公民。

二、研究对象

美高二学生 30 人。

三、研究目标

短期目标：遵守校规。

长期目标：增强学生的自律能力，高效率听课、做事。

四、研究方法

（1）结合学生情况：对待处于青春期、叛逆期的高中生，解决问题宜疏不宜堵，需要一种合理的、学生信服的办法来帮助学生学会遵守规则，正确使用手机。那就需要由学生自己来提出解决思路和具体实施办法，学生是班会的主体。而教师在这个过程中也起着重要的作用，组织学生将不合理、不相关、不尊重、没帮助的答案删掉，在有限的范围内做出选择。

（2）结合先进的教育理念：在另一个课题"'正面管教'在班级管理和课堂管理中的实践研究——以北京市第109中学为例"中，我受益匪浅。传统的"奖励和惩罚"教育模式下，学生很难成为自律、自信的人。尤其是作为班主任，能够灵活使用班会工具来解决班级问题，取得较大的成效，提升班级凝聚力，树立良好正气的班风。"正面管教"指导我，要利用班会专注于解决问题，不讨论其他内容，只提解决办法，且要求提出的办法要"相关、合理、尊重、有帮助"。

（3）班会的组织形式："圆圈班会"是正面管教比较提倡的一种形式，它与平日的教学课堂不同，教师不是高高在上的讲授者，学生也不再是只听讲、不发表意见的倾听者。组织者（教师）可以坐在圆圈正中，随时转动身体面对每一个学生，而学生也可以彼此看到对方，形成一个融洽、平等、比较放松的环境。这样的环境也有利于学生发散思维，表达想法。

五、研究实施过程

班会上，本着"相关、合理、尊重、有帮助"的原则，学生提出了许多解决办法。

（1）上交老师（只有3个学生赞成）。

（2）关机。

（3）放在自己的书包里。

（4）制定奖励自己的办法。

（5）上交到手机袋中保管。

（6）放在桌面上，老师可以监督。

（7）只充 10% 的电。

（8）下载一个管制自己用手机的 App。

（9）放在楼道柜子里。

（10）放在信任的同学处。

经过投票和讨论：关机和放在自己的书包里是多数同学同意的办法。手机还在自己手里，但是必须用这样的办法管理，持续一个月试用期。

教师提出问题：在此期间，如果有人不遵守规则怎么办？

自由举手发言："如果同学还是缺少自觉性，不能按照这些方法来进行自我管理，我们可以用什么样的办法来规范这些同学的行为呢？"

学生提出了若干复杂的办法：

（1）没收手机，然后每天主动上交，直到期末。

（2）没收手机，然后每天主动上交，直到期中 / 期末。

（3）给一次机会，观察一周；再次违反则以 2^{n-1} 周（n 为违反次数）为周期没收。

（4）给一次机会，观察一个月；若再违反，视同（1）处理。

（5）给一次机会，观察两周；若再违反，视同（1）处理。

最终选择方案（5），即获得一次机会，若再违反，按照违规处理。

六、研究效果

开始实施之后的一个月，学生努力约束自己，教师也加强监督管理。违规现象依旧是集中发生在之前的 T、G 同学身上，其余大多数同学从始至终都未违反规定，可以起到互相提醒和表率的作用。G 同学在获得了一次警告机会之后稍有收敛，但还是在不久之后第二次违规，心甘情愿地把手机上交给老师。这次处罚对他是一次小小的约束，对于其他蠢蠢欲动的学生起到了警示作用。

从管理自己的手机，到良好的自我管理

我曾做过一个有关“中学生手机规范使用”的微课题研究。目的在于能让学生自觉遵守校规，增强课堂自律性，做到高效率听课，逐步养成专注做事的良好习惯。微课题的研究可以是对于某个教学活动的环节、某学科教学法等的细致研究，也可以是对德育管理工作，例如班级、学生管理的方法、途径等。课题研究的点要选得小，对象要更为具体，贴近实际，可行性强。以这个想法作为前提，进行研究方案制定—研究实施—研究结题等一系列工作。

我的课题并不是研究为什么中学生在校不规范使用手机，而是直面解决问题的办法，即班级管理方法的研究。从准备到实施，我想重点介绍一下实施过程中的方法：调查法、个案研究法、经验总结法、观察法、实验研究法等都是微课题研究的常用方法，我使用的是调查法和实验研究法相结合，使用“班会”这一班级管理工具作为载体，进行研究实施。

下面简单介绍一下实施过程。受到《正面管教》一书中教育理念的启发，我尝试摒弃“奖励和惩罚”这种传统教育模式，结合高中生青春期自我意识逐渐觉醒、强化的特点，让学生提出—筛选—确定属于他们自己的管理方法和手段。在班会中针对“中学生规范使用手机”这一题目，本着“相关、合理、尊重、有帮助”的原则，对手机的管理方法提出建议并投票。在10种方法被列举之后，3人赞成上交给老师帮忙保管，25人赞成选用“关机并放在自己书包里”。随后，学生采纳了一个月作为试用期并票选出了“如果有人没能按规则做到，提醒后先给一次机会，观察两周表现，若期间继续违反，当天先没收手机，之后每天主动上交老师保管，直到期末”的处罚办法。

对于学生提出的这种处理办法，我还是有点惊讶的，但是想想传统的管教手段下学生口中那句“保证下次不犯了”，也能够理解学生为自己“争取一次机会”这样的心理活动了，而他们最后把主动管理权还到了老师的手里，还是很令人欣慰的。有的学校管理强硬，甚至会当众摔掉学生手机来警示，于是学生迫于老师的压力选择服从，但此后师生关系可能会紧张，不利于老师的长期管理。在后续的观察过程中，不遵守规范的现象仅仅停留在个别学生身上了。可见，对于班级大多数的学生来说，这样的管理方法是容易被接纳并得到支持的。

也许这种方法不适宜其他的年级和班级，但在处理相似问题时，老师可以做到态度和善，却又坚持原则，不惩罚、不娇纵，帮助学生形成良好的习惯。好的管理方法能让老师与学生建立情感联结，让学生感受并相信老师不是在刻意为难，而是真心关爱他们的。

一年级学生合理利用记事本的习惯培养

宁姗姗

一、研究背景

（一）问题的提出

在我的班级中有 41 名学生，他们成为一年级的小学生已经有半年的时间了，在老师、家长的共同监督下，班中有 32 名学生每天能够在记事本上记事，能够按老师要求进行预习、复习。但他们在生活上容易丢三落四，老师今天上午布置的任务，下午就忘了；在学习上缺乏学习的自觉性和主动性，没有老师和家长的监督他们就不做，有的学生甚至经常出现不完成作业的现象。

（二）成因分析

我认为造成以上现象的主要原因有以下几点。

1. 一年级学生的学情

一年级是幼儿园到小学教育的过渡期。好奇、好动、喜欢模仿是一年级学生的常态，并且有直观、具体、形象等思维特点。也正是因为如此，他们的规则意识并不强，也没有养成良好的学习习惯。

我班学生入学半年，现在处于一年级第二学期的阶段，对规则仍是懵懂，也没有养成良好的习惯，需要家长和老师培养和督促。

2. 家长大包大揽，学生依赖性过强

当前入学的孩子，绝大多数是家里的“小皇帝”“小公主”，过着饭来张口、衣来伸手的生活。父母多为“80 后”“90 后”，工作忙、压力大，无暇顾及孩子的生活和学习。于是，孩子的爷爷奶奶、姥姥姥爷便成了照顾孩子的

“顶梁柱”。“隔辈儿疼”使得爷爷奶奶们对孩子倍加宠爱，在生活方面大包大揽，导致孩子们产生了较强的依赖性。

3. 学生没有学习目标

老师都希望学生能积极主动地求知，而不是在督促下学习。但是很多孩子缺乏自主学习的意识，只是在老师和父母的督促下被动地学习，这就需要老师放弃监督，唤醒他们自主学习的意识。取得成功的人很少是靠强制逼迫培养出来的，所以要教育学生学习时不依赖他人，不受他人的控制和干涉，自己判断，自主学习。

子曰：“古之学者为己，今之学者为人。”孔子说，古人为了自己而学习，现在的人为了给他人看而学习。为老师、父母而学习的学生，很容易对学习缺乏责任感。“要交差”和“真想学”，感觉是不一样的。前者重结果，希望速战速决，最好早点收工，好去做别的。自己真想学的人，他就会享受学习的过程，会不知不觉地学了很久，都忘了时间。

二、研究对象

一年级全体学生。

三、研究目标

一个学生如果能养成记下教师布置的作业并持之以恒地坚持下去的习惯，意味着这个学生就学会了对自己的行为负责，学生的人生也就有了一个良好的开端。而对于低学段的学生来说，养成良好的学习习惯至关重要。首先要让学生能够每天按时记录当天的作业；其次要让学生为自己而记，而不是为了应付老师和家长的检查；最后要培养学生能够按照自己的需求记事，发挥记事本最大的作用。

四、研究实施过程

在研究过程中，我采取分层实现目标。

（一）学生能够每天按时在记事本上记录当天的作业

1. 教师设计记事本格式

学生统一使用双线本记事。双线本每页中间折印，先写上日期，再分科目记事。第二天的内容与前一天隔一行，避免因书写不够整齐而造成漏记、漏看或错记、错看。用特殊的标记，如“星星”“爱心”“三角”等记录当天需注意的事项，如“明天穿礼服”“明天带回执”“明天美术课带水彩笔”等。遇到不会写的汉字可以写拼音（见图 1）。

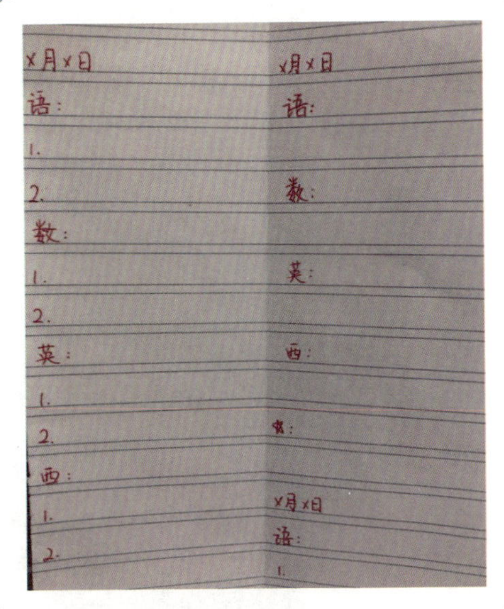

图 1　记事本格式

2. 教师定期检查，督促学生按时记录

学生每周一按小组上交记事本，教师负责检查批阅。如记录完整、格式正确，教师会在学生的记事本上作出鼓励性的批阅符号，并记录日期（见图 2）。

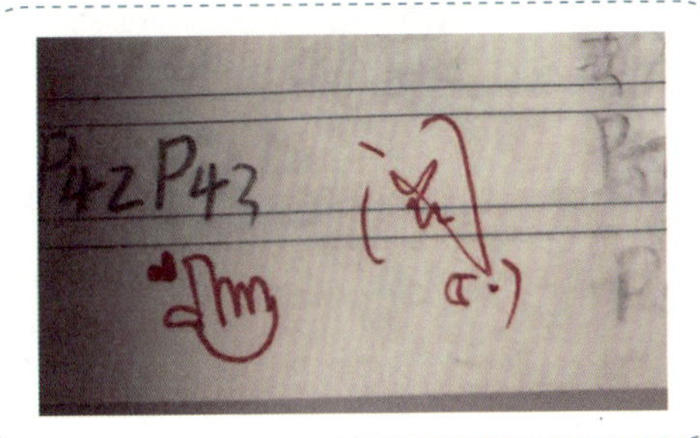

图 2　教师批阅和符号

如出现格式不正确、完成项未打钩或书写潦草的情况，教师也会及时对学生进行评语提示，帮助学生及时改正（见图 3）。

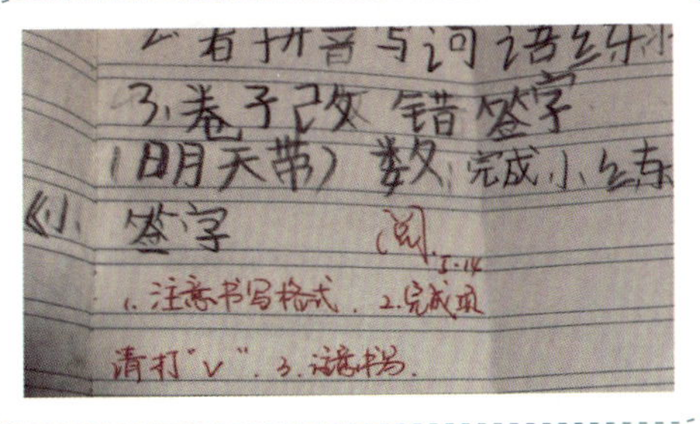

图 3　教师评语

教师会统一记录学生记事情况，如记录完整并按时记录，会画“√”；有漏记或错记画“\”；

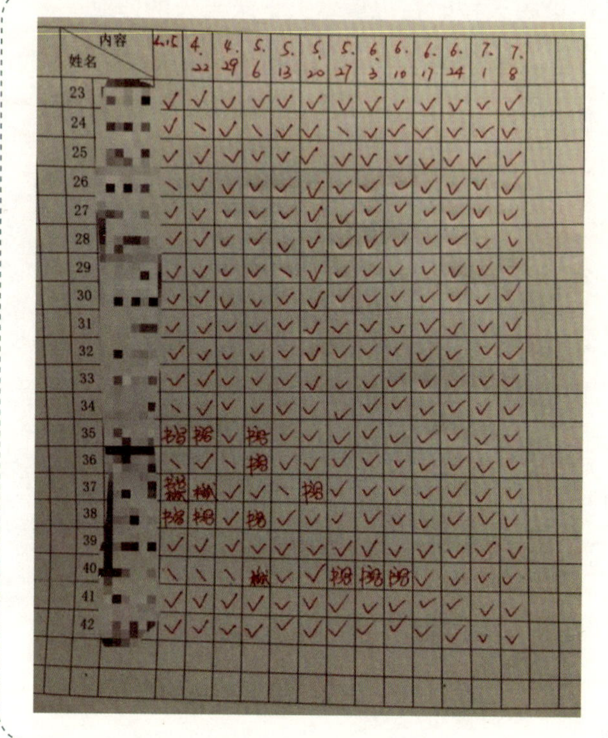

图 4 教师对学生记事情况的记录

有书写或格式错误也会分别记录（见图 4）。

3. 与家长配合，共同提醒学生每天按时记事

如遇到经常不上交记事本、不按时记事或记录、不完整的学生，及时与其家长沟通，共同督促学生记事，使其养成每天记事的好习惯。

（二）培养学生学习的主动性与自觉性

首先要让学生知道按时记事对自己的帮助很大，养成按时记事的好习惯能够帮助自己回顾当天所学内容，督促自己完成未完成的任务，还能提醒自己第二天该带的物品，防止丢三落四。

然后分阶段在班中建立奖励制度。第一阶段：能够按时记事并记录完整的学生能得到 5 朵红花奖励；第二阶段：能够按时记事、记录完整并书写规范的学生能得到 5 朵红花奖励；第三阶段：在上一个阶段的基础上，能够得

到老师 4 次以上鼓励性标志的学生能够得到表扬信一张，并将优秀记事本上班级展览栏进行展览。

（三）按照自己的需求记事，发挥记事本最大的作用

在学生养成每天按时记事的习惯后，接下来就可以发展个性，让学生有创新地记事。首先，为了避免学生重复、机械性地记事，教师采取新的奖励制度，购买他们喜欢的笔记本，增强学生对记事的新鲜感。接着，提示学生可以有选择性地记事，每天已经完成的作业可以不记，只记录自己还未完成的。这样，节省了学生花在记事上的时间和精力，也能让学生进行有效的自我审查、自我督促。在此基础上让优秀的学生尝试设计自己的记事本格式。这样的方法，使学生爱上记事，并有效地改善了低年级学生丢三落四的现象，提高了学生的学习效率（见图 5）。

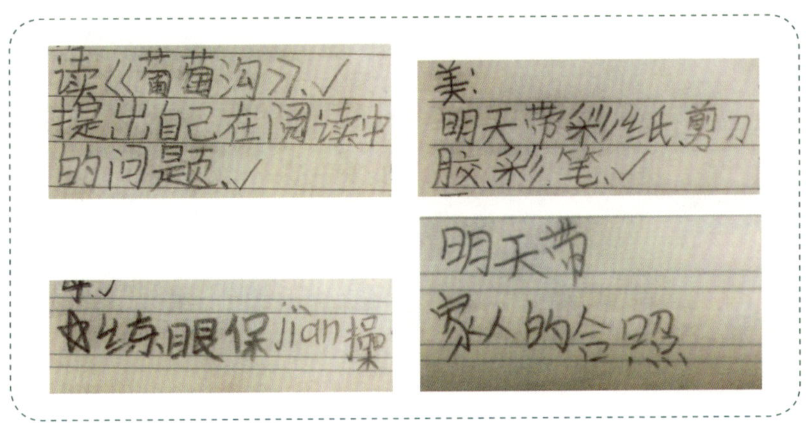

图 5　学生按自己需求记事

在以上三步的实施过程中，班级还开展了“21 天习惯养成计划”，不单单养成每天记事的好习惯，更是借此督促学生养成良好的学习和生活习惯。这少不了家长在家的督促（见表 1）。

五、研究效果

在为期近 22 周的“培养学生每天按时在记事本上记事的习惯”研究以

表 1　21 天好习惯养成计划

序号	时间	项目	每日项目完成情况																				
			11日	12日	13日	14日	15日	16日	17日	18日	19日	20日	21日	22日	23日	24日	25日	26日	27日	28日	29日	30日	1日
1	6:30–6:40	起床、穿衣																					
2	6:40–6:50	洗漱																					
3	6:50–7:10	吃早饭																					
4	7:10–7:20	整理上学物品																					
5	7:20–7:40	去学校																					
6	16:00–17:30	写作业																					
7	17:30–18:30	吃晚饭																					
8	18:30–19:30	运动、休息																					
9	19:30–20:20	钢琴练习或西语学习																					
10	20:40–21:00	收拾书包、洗漱																					
11	21:00	上床睡觉																					

注：按时完成打√，否则打 ×。连续 5 天√，奖励小红花一朵。

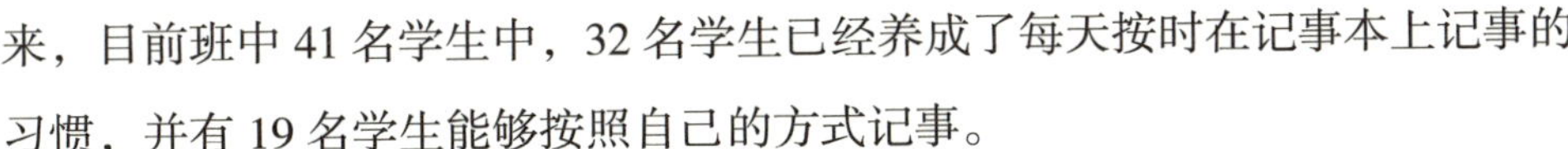

来，目前班中 41 名学生中，32 名学生已经养成了每天按时在记事本上记事的习惯，并有 19 名学生能够按照自己的方式记事。

在研究过程中，班中未带学具、回执等现象逐渐减少，为提高课堂效率打下了坚实的基础。除此之外，学生学习效率有所提高，在班中每天都能看到学生主动拿出记事本记录，同学之间还会互相提醒。

但在实施过程中还是会出现如下问题。

问题一：不能保证全员都能按照老师要求去完成。

班中共 41 名学生，但并不是全员都能够按照老师要求去完成记事，这就需要教师在此基础上继续鼓励按时记事的同学，并单独给未能完成的学生制订计划，加强对个别生的管理。与此同时，教师要与学生家长共同配合，定期与家长进行沟通，和家长共同制订该生的习惯养成计划。

问题二：一些学生出现敷衍了事的情况。

从研究的第 11 周起，教师让学生可以按照自己的方式记事，检查时便不再检查学生书写的格式是否符合要求。但在后期抽查的时候能发现，很多学生出现了格式混乱、不记录日期或不记录科目的现象。看来在发展学生个性前，教师还是应该给学生提出最基本的要求，让学生今后在记事本上记事的时候能够做到既记录清晰、完整，又能让记事本发挥它真正的作用。

微课题研究经验

我认为造成以上现象的主要原因有以下几点：我班学生现在处于一年级第二学期的阶段，对规则仍是懵懂，也没有完全养成良好的习惯，需要家长和老师参与培养和督促；家长大包大揽，学生依赖性过强；学生缺乏“责任意识”，不知道“为谁而学”，没有学习目标。

一个学生如果每天能记下教师布置的作业并持之以恒地坚持下去，意味着这个学生学会了对自己的行为负责，学生的人生也就有了一个良好的开端。而对于低学段的学生来说，养成良好的学习习惯至关重要。首先要让学生能够每天按时记录当天的作业。其次要让学生为自己而记，而不是为了应付老师和家长的检查。最后要培养学生能够按照自己的需求记事的习惯，发挥记事本最大的作用。

在研究过程中，班中未带学具、回执等现象逐渐减少，为提高课堂效率打下了坚实的基础。除此之外，学生学习效率有所提高，在班中每天都能看到学生主动拿出记事本记录，同学之间还会互相提醒。

如何引导小学生勇于承认错误

刘雨桐

一、研究背景

（一）问题的提出

我任教于小学低年级，在教育教学过程中，我发现很多小学生犯错之后，不能正面认识自己的错误，遇事先找借口，将责任推到其他人身上，推脱自己的责任。比如，地上有一张纸，没有人主动承认是自己弄掉的，反而是将这张纸踢到别人座位下面，还有的同学认为只要不是自己弄掉的纸就没有责任去捡起来；当老师发现他们违反纪律或者打架的时候，询问原因，他们会先说对方如何、怎么做的，所以自己才会有这样的违纪行为……这样的现象屡见不鲜，我经常通过说教的方式引导他们发现自己存在的问题，但这种现象还是时常发生。学生在遇到矛盾时归因方式不正确，不能正视自己的问题，这样不但不能顺利地解决彼此之间的矛盾，还会给他们的成长带来不利的影响。

（二）成因分析

学生习惯性规避自己的错误，怕老师和家长批评自己、惩罚自己，害怕班里其他学生嘲笑他（她），以为这样在同学当中很没有面子，所以没有承担错误的勇气。

现在的这种“四二一式”的家庭教育中，孩子从小以“我”为中心，习惯把责任推给父母和他人，久而久之，势必淡化其对自身、家庭和社会的责任感。另外，社会上的不良风气，诸如受经济利益驱动的腐败现象，以及一些损人利己行为、言行不一现象等的存在，也使学生无形之中受到影响，造成人生观和价值观混乱，从而影响了责任心的形成。

由此可见，在学生中开展责任心教育，培养他们的责任心，不仅是推进素质教育，为培养健全人格的全面发展型人才奠定基础的重要任务，也是提高学校德育针对性、实效性的重要内容，更是为中华民族的伟大复兴奠定基础的必然选择。

二、研究目标

责任感作为一种非智力因素，对儿童的智力发展、学习的提高也具有重要的影响。在观察中，我发现具有责任感的学生往往能以一种认真负责、勤于钻研的态度对待自己的学习，按时完成作业，认真完成老师交给的任务，面对学习中的问题也会积极主动探索，寻找解决问题的办法。在这一过程中，其智力会得到发展，学习能力获得提高。国内外有关天才儿童的研究发现，他们往往比平常儿童有更多的学习责任心，工作态度更认真、更细致。

竞争日益激烈的未来社会，对人才的要求越来越高。如何使在校小学生学会学习、学会关心、学会合作、学会负责，帮助他们形成健全的人格，培养创新意识和创新精神，已成为教育工作的主流意识。

我们要重视对孩子责任感的培养。而小学阶段，孩子的独立意识、自我意识开始迅速发展，这个时候正是培养责任感的最佳时期，所以我们要为孩子在小学阶段就打好这个基础，切实培养起小学生的责任感。对小学生深入进行责任感及其良好行为习惯的培养是小学德育工作中的一个重要任务。

因此，本课题重点聚焦培养学生勇于承担个体责任的意识和能力，犯错要能够勇于承认自己的错误并且积极改正，不能“光说不练”，真正做一个有责任感的人。

三、研究实施过程

（一）每日故事，培养意识

由教师带头分享，然后每个学生分享自己的或者别人的有关责任感的故事。通过学生自己分享有关责任感的故事，将责任认知的教育与小学生的生活世界紧密结合起来，教师带领学生一起讨论交流有关责任感的话题。由“认知—行为”的行为主义模式，转向“认知—情感—行为”三位一体的教育模式，利用“认知—情感—行为”三位一体的教育模式，培养学生对于责任感的认知，让学生能够感知到什么是责任感，明白自己的行为应该对自己负责、对家庭负责、对社会负责。

（二）以身作则，树立榜样

责任感是一种良好的品德，是一个人对自己负责的体现。具有责任感的孩子对学习、生活和所负责的工作积极主动、一丝不苟，对他人、对集体很关心。反之，缺乏责任感的孩子常表现得马虎、自私、任性，不会关心他人，不会关心集体。因此，在当前的德育工作中，培养责任感是一项十分紧迫的任务。要做好这项工作，教师首先要以身作则，增强自己的工作责任感，教学工作认真负责，班级管理及时到位，要求学生做到的，教师首先做到。例如，自觉维护班级环境卫生，做到不随手扔垃圾、吹橡皮屑；当学生遇到困难时，要耐心、主动地帮助他们解决问题。记得有一次，在语文授课时，我把“报”字的笔顺讲错了。这时候，有一位同学指出了我的错误，限于当时课上没有条件查证，所以我没有理会。下课后，我特意查询了该字的笔顺，意识到自己犯了科学性错误。后来，在课上，我先跟全班同学说了一声对不起，并且把“报”字正确的笔顺认认真真地书写了一遍，然后特意把那位纠正错误的同学请上台，跟她道谢，班里其他同学也给她鼓起了掌。就是这样，我带头，自己犯了错误勇于承认；在班里发现地上有纸，先走过去捡起来；检查学生站姿、坐姿的时候，自己先抬头挺胸……大到教育教学的每个环节，小到在班级中的言行举止，要处处给学生起表率作用。

正因如此，我要求学生上好每一节课，写好每一个字，做好每一次作业。对于书写马虎、不整洁的学生，我会毫不留情地给予批评，甚至要求重做。当然，学生的作业有进步我也会在他的本子上盖上小星星的印章，或者写上几句鼓励的话，让他尝到成功的喜悦，从而以更强的责任感投入到以后的学习中。

（三）岗位轮换，人人有责

学生在学校里的劳动主要是进行自我管理、班级管理。我常对学生们说，保持教室的整洁，做好班级管理，维护班级荣誉，是每一位班级成员应尽的义务。开学初，通过一次小型的班会，我和学生们交流了我对班干部任命措施和每名班干部具体职责的想法，学生们表示赞同。于是，我在班中实行了“劳动岗位责任制”，班内张贴班级职务表（见表1），所有事务都落实到人，大多数学生都有自己明确的岗位和职责，做到人人有事做，事事有人负责。班干部们带“牌”上岗，也方便其他同学监督班干部的工作和表现。

表1 班级职务

班级职务	姓名	班级职务	姓名	班级职务	姓名
体育委员	……	卫生委员	……	餐车管理员	……
悦读小哨兵	……	小组长	……	课代表	……

还有，我在班中设置了“值日班长”。“值日班长”按照学生的学号顺序轮换，每天一名，负责当天的纪律管理。每个星期五，我和其他同学会对本周五名“值日班长”的工作表现进行评价，给做得好的同学贴上一朵小红花以示鼓励。这样，学生分管的事务可以定期轮换，对积极主动完成本职工作的学生，班委会给予充分的肯定；对一时完成不了任务，但态度认真的学生，多鼓励，多指导，不随便指责，先帮他寻找原因，然后指导其克服困难，把承诺付诸行动；对消极对待自己本职工作的学生给予适当的批评。总之，让学生明白要对集体中的每一件事、对自己做出的每一个行为负责。

（四）发现表扬，激励强化

在班级中开设“光荣榜”，将勇于承认错误的同学的名字写在榜上，在班级中表扬该生的精神，激励学生能够勇于承担自己的错误。采取认知和活动相结合的方法，让孩子们在评比活动中感受到自己应该承担自己所犯错误产生的后果，将外化的教育转化为学生内在的自我教育。我通过在全班范围内评比、树立班级榜样，表扬表现突出的同学，以个例激励他人，班级里相互学习的同学越来越多，能够相互激励，勇于承认自己的错误，甚至和对方讲明道理的事例也越来越多。

有一次，我们班的一位同学，被其他老师看到在校园里乱跑，因此班级被扣了德育分数。这位同学来到班里之后主动向我叙述了事实，并承认了错误。于是，我就事论事，请他跟大家说说自己的心里话。他站在讲台上，有些吞吞吐吐，但还是把扣分的事情告诉了大家，当着全班同学的面，鞠躬道歉，说因为自己的错误给班集体扣分，他很抱歉。听到这里，我眼眶一热，险些掉泪，一方面反省自己是不是太过严厉，另一方面是为他勇于承认错误而感动。之后，我大力表扬了他这种勇于承认错误的行为，全班同学也表示愿意原谅他并且相信他。是呀，为自己的错误勇敢承担责任，难道不是我们的榜样吗？

四、研究效果

在以上一系列措施实施的过程中，我明显感觉到学生的变化。比如，班级岗位轮换得井井有条，学生能够通过管理他人从而将自我管理得很好。就连学生发生矛盾冲突的次数都在变少，在解决问题的过程中也能够先从自己身上找原因。

但是，在本课题中还有需要改进的地方。比如，在班级评比中，出现为了受表扬而做样子或者故意为之的同学，需要引导学生有正确良好的心态对待。而且，小学生的责任感不是一蹴而就的，对其责任感的培养研究需要长期坚持。

有时，承认错误也是一种勇气

苏联教育家苏霍姆林斯基说：“只有能够激发学生进行自我教育的教育，才是真正的教育。”自我教育就是自我认识、自我管理、自我控制、自我评价的过程。因此，我们在平时的教育教学中就要不断让学生自己去意识到哪些是该做的事情，哪些又是不该做的事情，增强他们的责任感。

学生迟到问题的解决

刘　颖

一、研究背景

小 A 今天早上又迟到了，理由很简单就是自己起晚了，路上又堵车，这已经是他本学期开学两周内第四次迟到了。我新带的高三这个班总会有个别同学早读迟到，课间之后上课也迟到，更有甚者有些同学中午午检也迟到。如何用更好的办法解决这个问题？高压政策下解决问题只能治标不能治本，教师语重心长地一味说教在今天已经很难与学生产生共鸣。形成良好的日常行为规范，建立良好的班风，无论是对老师的教学，还是对学生自身的学习和今后的发展，都有重要的意义。

二、研究对象

高三某班。

三、研究目标

短期目标：遵守校规，不再迟到。

长期目标：学生能够自我控制管理，形成良好的生活学习习惯，形成良好的班风。

四、研究方法

（1）结合学生情况：处于高三的学生自尊心强，面对高考压力很大，情绪比较容易波动。教师解决问题宜疏不宜堵，需要一种合理的、学生信服的办法来帮助学生学会遵守规则，避免迟到带来的负面影响。

（2）结合先进的教育理念：在另一个课题“‘正面管教’在班级管理和课堂管理中的实践研究——以北京市第109中学为例”中，我受益匪浅。传统的管教方式关注的是教给孩子不要做什么，或者因为别人是“那么说的”而去做什么。正面管教关注的是教给孩子要什么，关注问题的解决。孩子是整个过程的积极参与者，而不是被动地接受者。“正面管教”指导我通过启发式问题讨论来引导学生解决自身问题，提出“相关、合理、尊重、有帮助”的解决办法，每次进步一点点，和善而坚定地坚持下去。

五、研究实施过程

1. 全班对于迟到的原因和影响的讨论

我会问学生：“今天你为什么迟到了？”（学生会说出很多种原因）

我会面带微笑地、同情地看着学生，理解他们。

接着提出下面的问题：“有这么多原因可能迟到，哪些是个人原因，哪些是特殊情况呢？”（学生回答）

“那你们觉得一个学期迟到几次比较合理？”（学生讨论，说几次的都有）

这时我会拿出以前我带班时做过的迟到统计资料给学生看，用事实说话。（正常情况一个班级会有一些从不迟到的学生，而各班也经常会出现总是迟到的学生，更有甚者会有个别频繁迟到的同学，而有些同学到了学校还能经常上课迟到，究其原因这些同学自身问题更大）

看着同学们听完我统计数据后的目光，我接着问：“现在你们觉得迟到几次合适呢？”（此时同学们提出的迟到次数往往数量趋近于理性，大部分同学投票通过次数，我也欣然接受）

接着，我们全班一起讨论了迟到带来的影响。（对老师的教学有影响，对班级同学学习有影响，更关键的是对自身的影响很大）

接下来的日子大部分同学都表现不错，并没有超出我们的约定，班风日

渐良好，但是不久小A就超过了迟到次数。对于经常迟到的小A，这种方法约束不大，我并没有着急，还是继续正面管教。

2. 在班级对个别学生的迟到进行讨论

首先我征求了小A的同意，希望在班里对他进行一次正面的管教。希望同学们帮他，他自己主动参与解决迟到问题。针对“如果超过了迟到次数怎么办？”展开讨论。

同学们畅所欲言，最初同学的方法只是停留在罚站、罚抄、罚做值日等一系列惩罚的措施上，当时我内心的刺痛感是非常大的，这些孩子就是在若干年的惩罚过程中长大的孩子，教育让他们快乐吗？而他们长大了也会将同样的方法施加在别人身上解决问题，这难道就是我们教育的初衷？我在内心默默地问自己。于是我打断了学生，提出相应要求，我们能否在提出建议时注意“相关、尊重、合理、有帮助”这几个词，是否能对自己好一些、积极一些？虽然要惩罚，但是有没有既有善意又有帮助的“惩罚”？此时的小A在我的语言下不停地点头。最终，一个同学的意见被小A同学接受了。选择小A同学最不擅长的英语学科，要求他迟到当天背下来20个单词，中午全班同学提前10分钟进班，对他进行考核。

那天中午进班看到的情景，我印象很深，提问小A默写单词的同学也是一个爱迟到的学生，还记得他感慨地说：“我可不能再迟到了，要不指不定同学们会要求我干什么！”全班大笑，我更是窃喜。

六、研究效果

实施之后的一个月，我看到了学生们的变化。学生们主动地改变着自己的行为，这是他们发自内心的改变，迟到的学生越来越少，当然偶尔也会有同学迟到，这个同学也很不好意思地等着接受同学们给他的善意“惩罚”，甚至有些同学还没等同学说已经自己给自己开好了罚单，看得出来学生们都在努力着，我的内心无比喜悦。

学生迟到可解决

如果按照过去的处理方法，解决学生迟到问题无非是以下几种方法：①学校强硬的管理，教师进行批评教育，各种惩罚方法出台（做值日，写检查，通报批评等），以严格要求的方式，迫使学生不敢再迟到。于是迫于老师的压力，学生成为被动的接受者，但此后师生关系可能会紧张，不利于老师的长期管理。②与家长取得联系，希望寄托于家长的力量配合帮助解决。但我发现效果甚微，孩子已经到了高三，一些有问题的孩子的家长已经明显管理不了自己的孩子。而正面管教是一种不同的方式，是让学生们参与专注地解决问题，而不是成为惩罚和奖励的被动接受者，只有学生主动参与到改变中，才能真正有所成效。我相信今后学生一定还会有反复，我们老师要以和善的态度，足够的耐心，坚持原则，不惩罚、不娇纵地帮助学生主动去改正自己的不良习惯，形成良好的生活和学习习惯。我坚信每次一小步，积累起来一定会是一大步。

很高兴有机会参加教科研组织的我校微课题研究。从最初对微课题的“懵懂”到如今逐渐地了解，我收获颇多。

通过介绍和上网查阅资料我了解到，微课题研究是研究者采用一般的科学方法或合理手段对细微的教育问题进行观测、分析和了解，从而发现日常生活中常见的教育现象之间本质联系与规律的认识活动。

微课题研究往往是研究教师在教育教学过程中发现的细小的、有价值的、自身目前尚不能解决的问题，并且可独立自主完成；其形式灵活，选题、论证、方案设计、立项开题、实施研究等相对简便。老师们在选题时要注意，研究的问题要务实，研究立足于当前的教育教学工作，贴近教育教学的实际，能够在实践中解决。

作为一名一线教师，在工作中我们经常会对自身教育教学工作产生的问

题进行思考、反思，寻求最佳的解决方法。我以教育案例的形式呈现了“学生迟到问题的解决”的微课题研究成果。说到迟到，是学生非常容易出现的问题，虽说不是多么严重的违规违纪行为，但也是老师们需要反复提醒，经常面对的问题。新接手的班级中，就有个别学生存在顽固的迟到习惯。以往我们常常采用“口头批评和保证”“家校协助管理”等方式解决，但对于自觉性差的A学生而言，就需要另寻办法了。在接触到了《正面管教》一书后我发现，正面管教是一种不同的方式，是让学生们参与专注地解决问题，而不是成为惩罚和奖励的被动接受者，只有学生主动参与到改变中，才能真正有所成效。我希望结合这本书的主要理念，通过微课题的研究寻找到一种更好的解决方法。

组织学生以“相关、尊重、合理、有帮助”为前提进行了讨论，帮助总爱迟到的小A同学改正不良习惯。最后小A同学赞成的方法是：迟到当天背下来20个英语单词。在午检前全班同学提前10分钟进班，对他进行考核。虽然A同学并没有因此而再也不迟到（偶尔还会），但也有显著变化。我坚信每次一小步，积累起来一定会是一大步。这次的研究还有额外收获，班上另外一个爱迟到的学生看到他背单词的样子后，感慨地说：“我可不能再迟到了，要不指不定同学们会要求我干什么！”

整个研究过程能有效提高我的班主任管理工作能力，我在一点点进步，当然还有很多不足之处，仍需不断努力。我深深感受到，作为一线教师的我们在理念上更新的需要，在模式上改进的必要，我也对自己的成长充满信心。

在教育实践活动中培养学生的责任感

何　婷

一、研究背景

（一）问题的提出

责任教育，是指在学校各种教育教学活动过程中，通过培养学生的责任意识，形成良好的责任品格，转化为对自身、他人、社会、国家、民族负责任的行为。责任教育是现代教育中的重要内容，是学生健康成长的内在要求，是学生成为社会主义建设者和接班人的基石。

今年，我新接了一个毕业班。班级共有 30 名学生，每个学生都正直善良，文明懂礼。但接触了一个月后，我发现了诸多问题。

（1）每天的作业很难收齐，还总有十几个学生上交了作业不写姓名，需要老师逐个核对。

（2）多数学生对待老师交给的班级工作能认真完成，但需要老师分配，不愿意主动承担。

（3）少数学生会忘记老师分配的任务，需要反复提醒才能按时完成。

（4）班中个别干部缺少大局意识，不能主动地开展班级工作。

基于以上的观察、认识与思考，我确立了“在教育实践活动中培养学生的责任感”这个微课题，尝试通过开展丰富多彩的教育实践活动，探索培养小学毕业生责任感的方法，增强学生的责任意识，转变学生行为。

（二）成因分析

1. 社会因素

某些领域道德缺失，是非、善恶、美丑不分，拜金主义、享乐主义有所

滋长。人心浮躁、急功近利的现象比比皆是，更多的利己主义、追名逐利风气盛行。

2. 教师因素

一方面六年级学生面临小升初的学习压力，教师更重视学生学业水平的提升；另一方面教师更愿意把任务交给学习成绩优异，组织能力强的学生负责，因此使得班中多数学生长期处于“事不关己，高高挂起”的状态，自然就没有积极性可言了。

3. 家长因素

班中独生子女居多，家长宠溺，许多事情包办代替，缺少对孩子独立意识与责任意识的培养。

4. 学生因素

多数学生在家中是独生子女，娇生惯养，缺少服务意识。

二、研究对象

小学六年级 30 名学生。

三、研究目标

习近平同志在全国教育大会上强调：“我国是中国共产党领导的社会主义国家，这就决定了我们的教育必须把培养社会主义建设者和接班人作为根本任务，培养一代又一代拥护中国共产党领导和我国社会主义制度、立志为中国特色社会主义奋斗终身的有用人才。”由此可见，青少年是祖国的未来和民族的希望，肩负着实现中华民族伟大复兴的重任。中国梦的提出，更是对当代青少年树立强烈的责任意识提出了重大要求。

总目标：培养学生的责任感，增强学生的责任意识，转变学生行为。

阶段目标：

（1）对待老师交给的工作尽心尽力，主动完成。

（2）具有大局意识，主动为班集体服务。

四、研究方法

（一）文献研究法

我认真学习习近平同志在全国教育大会上发表的重要讲话，明确教育工作的根本任务，把握“六个下功夫”。研究同类课题的相关文件，了解其他教师的一些做法。

（二）行动研究法

在了解了其他教师相关做法的基础上，我制订了微课题研究方案，并在实施过程中，注意与课堂教学相结合，与班级特色活动相结合，与学校重大活动相结合，探索有效培养学生责任感的方法。

五、研究实施过程

（一）制度引领，培养意识

1. 设立“减免作业制”，激发学习兴趣

针对学生不能按时上交作业、作业拖拉、作业不写姓名等现象，我结合学生的年龄特点和心理特点，在分层布置作业的基础上，设立了“减免作业制”。全班在班会上进行讨论，确定并通过了具体细则，制作了“减免作业券”（见图1）

> **语文减免作业券（六年级第一学期）**
>
> 六年级1班______同学因课堂积极发言，作业质量高，成绩优秀获得本次奖励。
>
> **使用说明：**
>
> 1. 一张券只能减免一次语文作业。
> 2. 此券本学期内有效。
> 3. 使用时必须把本券粘贴在作业本需要减免作业的相应位置上。
> 4. 本券可减免抄默写作业、周记、活动类作业。不可减免大作文、读书检测作业。试卷练习作业依情况而定。
>
> **特别声明：**
>
> 本券不可转借他人，一经发现，取消本学期减免作业资格。

图1 减免作业券

2. 设立“班级服务岗”，树立服务意识

从小学一年级开始，班级就有劳动小岗位，随着时间的推移，班主任的几次更换，最终坚持下来的只有午餐时小杨同学分发面食这一个小岗位了。其他岗位，不是学生忘记了，就是“三天打鱼，两天晒网”，想起来做一做，没有老师督促，学校检查，也就搁置了，甚至连课代表都不齐全。

面对这种情况，我首先召开了中队干部会，明确了每名中队干部的工作职责；其次让中队干部分头召开小队干部与热心学生扩大会，广泛地听取了学生想法和建议；接着由中队长、班长、组织委员共同撰写出“班级服务岗”制度计划书；然后交由全体学生讨论，确定了相关奖惩制度；最后以自荐和他荐的方式推选出各个岗位负责人。

3. 设立“项目承包制”，培养责任意识

班主任结合学期初计划中的班级特色活动和学校重大活动，进行活动前的动员，设立活动中每个环节，每个项目的“承包责任制”，由中队长、文体委员统一协调、管理、监督、检查，班主任从旁提醒、指导、帮助，保证全员参与与个性发展相结合。

（二）活动体验，增强意识

1. 减免作业，体验学习之乐

学生在课堂上每发言一次，都会得到一张花朵卡片，集齐十张卡片可以自行兑换一张“减免作业券”；学生的书写作业质量高，在班级中展示，或者在班级中朗读了自己的优秀作文，或是单元测试成绩在 90 分以上，都可以申请一张“减免作业券”。“减免作业券”由班主任老师亲自写上学生姓名，颁发给学生，学生只需要把它粘贴在作业纸或本的相应位置即可。

有了“减免作业券”刺激，学生在语文课上发言更踊跃了，声音更响亮了，作业质量越来越高。经过一个多月的努力，全班学生都能够按时上交作业，作业纸或试卷上不写姓名的学生人数逐渐减少，偶尔出现一两个，也很快能找到它的“主人”。两个多月后，部分学生的语文成绩逐步提升，个别学习成绩不理想的学生也乐于参与课题讨论，敢于发表个人见解了。

2. 岗位服务，体验付出之乐

班级服务岗包括课代表、值日生、值日班长、卫生监督员等，大到一天的琐碎事务管理，小到开关灯、擦窗台，都有专人负责，并且一个月轮一次岗。学生在月底可以用自己喜欢的形式，以小队为单位进行活动体验的汇报与交流，表达出自己下一个月希望轮到的岗位，以及自己会有哪些创新性的做法，给全班同学带去的“福利”。

经过一个学期的尝试和体验，学生的服务意识增强了，地面有纸有人捡，黑板脏了有人擦，集体离开教室有人关灯，各种作业本的收发有人“招呼”，午间用餐后的卫生有人“照管”等。安静有序的早读，窗明几净的学堂，互助学习的午间，学生在不同的岗位体验着不同的辛苦付出，收获了相同的满足与快乐。

3. 承包实干，体验成长之乐

（1）学习先锋事迹。教师立足课堂教学，结合语文教材，组织学生独立收集邓稼先、钱学森、闻一多、鲁迅等英雄人物事迹，引领学生阅读《朝花夕拾》《红岩》《红星照耀中国》等经典书籍，开展“英雄事迹知多少”的周测评活动，开展“我心中的英雄”故事会，开展“我和我的中国梦”演讲比赛，开展“祖国在我心中”诗朗诵，在活动中让学生知英雄、敬英雄、颂英雄、爱英雄，激发爱国情怀。

（2）演绎红色经典。学校开展了“悦读嘉年华”活动，学生即将演绎红色经典《红岩》。我先召开中队会，听取意见，确定了活动流程；接着，在班会上列出需要承包的项目，由学生自荐或推荐，成立了导演组、编剧组、声效组、服装组、道具组、后勤组等，每个小团队都有专门负责人，负责人签订“项目承包书”；然后，活动有条不紊地进入了筹备阶段，编剧组出台剧本后，导演组根据剧情需要选择演员，声效组与后勤组商量、制作课件，服装组、道具组根据演员配置商量并通过网络平台选择、进购服装，制作各种道具。

活动过程中，最难的就是三幕剧的一遍遍排练，小导演们全程陪同，和

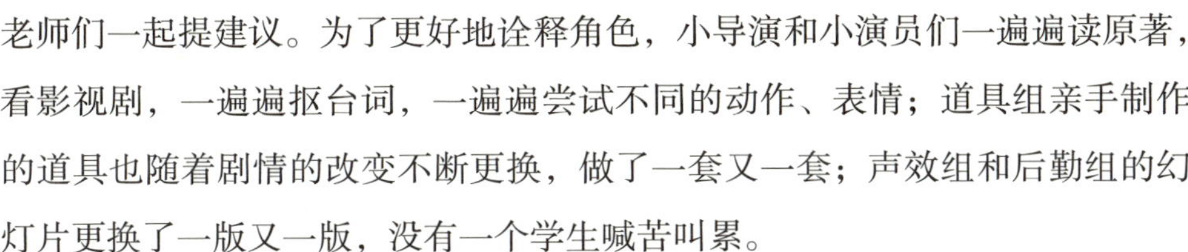

老师们一起提建议。为了更好地诠释角色，小导演和小演员们一遍遍读原著，看影视剧，一遍遍抠台词，一遍遍尝试不同的动作、表情；道具组亲手制作的道具也随着剧情的改变不断更换，做了一套又一套；声效组和后勤组的幻灯片更换了一版又一版，没有一个学生喊苦叫累。

最终，舞台上短短的十分钟，全员参与，学生大放异彩，表演赢得阵阵掌声。大家付出了艰辛的汗水，完成了一场出色的演出。

除此之外，学生在合唱节中、社会实践活动中、读书会中，也采用了“项目承包制”，使得活动前有准备，活动中有条理，活动后有总结，再也没有出现“等任务”分配，“被动参与”的现象。尤其是小责任人们，个个动脑动手，勇于创新，为了精彩的演绎不断学习，不断沟通，自觉监督，组织练习，最终使活动效果突出。

（3）开展立志班会。我组织学生开展了“做有志少年”的主题班会，班会中令人印象深刻的画面有二：

学生观看英雄视频后分组讨论，又学习了七位英雄事迹，感受到了不同时代的英雄都拥有一个共同的志向，即为建国、兴国、强国贡献力量。

学生在表演完《二十年后的聚会》后，发现课本剧中小明的原型就是班主任，又看到了班主任 14 岁时写下的《多彩的梦》一文，深受震动，懂得少年要及早立志，立长志，要切实可行，并做好为之长期奋斗的准备。年少时的理想终有实现的一天。在优美舒缓的乐曲声中，学生静心描绘着个人志向卡，畅想着未来，在师生互动、生生互动中初步感受到家国情怀的重要性，感受到个人的努力奋斗与中国梦的紧密联系，明确了自己的奋斗方向，增强了报效祖国的责任感。

（4）排练毕业大戏。毕业大戏中有街舞表演，从舞蹈的选择，曲子的编排，演员的确定，服装的购买，我都没有操心，只是在学生们邀请时观看了一两次，提了点小建议。在毕业典礼上，女生表演街舞时，扬琴、琵琶、葫芦丝三种乐器现场伴奏；男生表演时，帅气的队形变化及甩镜动作燃爆了全场。看到学生的改变与成长，作为班主任的我很是欣慰。

（三）家校协同，转变行为

学生毕业后，我布置了一项假期旅游任务，即学生当一天小导游，做攻略，选择旅游景点，购买门票，一日三餐的安排等，无特殊情况不让父母插手，全面体验生活，感受责任下的压力与动力，进一步提升个人解决实际问题的能力。

六、研究效果

每个学生都能够积极主动地为班集体做事，面对老师交给的任务，都能够在第一时间完成。小干部的大局意识增强了，能在老师指导下积极、主动、高效地开展班级工作。学生的个性在活动中张扬，能力在活动中提升，责任感越来越强。

科研引领 潜心育人

教育科研是指用科学的方法来研究教育教学。课题研究是教育科研的一种基本形式，它能够推动教育教学的改革和发展。时代在前进，科技在发展，社会渴求人才，对人的素质提出了越来越高的要求，因而对教师职业水平和技能的要求也在不断发生着变化。有人说："在当前，从教师在教育体系中的作用看，教师与研究人员的职责逐渐趋向一致。"这句话告诉我们，教师必须跟上时代的步伐，不断发展，参与教育科研是最根本的途径。

我校小学部"十三五"规划课题"小学生革命传统教育课程的开发与研究"正式启动。作为课题组的骨干成员，在校领导的大力支持与指导下，我确立了自己的微课题研究，即"在教育实践活动中培养学生的责任感"。作为一名有着二十年班主任工作经验的老师，我对科研工作并不陌生，甚至觉得自己是具备一定研究经验的。学校确立的课题研究方向是"责任担当"，最初我觉得这个研究方向有些"落伍"，别人出的成果已经不少了，我还能研究出什么新鲜东西吗？怀着忐忑的心情，我制定了研究方案并在常老师的指导下进行了修改。

随着新接手的六年级一班学生行为问题的不断显现，我渐渐发现对学生进行责任教育是很有必要的。于是，我认真观察学生的表现，做好记录，平时与他们谈心，注重通过各种渠道搜集相关研究成果，寻找最佳“研究点”与“突破点”。再结合自己擅长的育人方法，即“活动育人法”，再次完善研究方案，与班级、学校活动相结合，脚踏实地，一点点地开始了“研究之旅”。

我采用“项目制”引领学生的教育实践活动，将学期大目标与每月阶段小目标相结合，一步步培养学生的责任意识和担当意识。从班级作业评比到学校各种重大活动中的“责任承包”，从每个活动的预热、准备、分工、合作、演练到展示，学生的自主性逐渐被激发出来，主动开动脑筋解决实际问题。在此过程中，学生进一步学习与人沟通，建立更为融洽、紧密的关系，树立了高质高效完成任务的决心，携手克服了活动中的一切困难，敢于面对各种新的挑战。我看到了微课题研究工作带给学生的可喜变化，看到了学生的成长，同时也看到了逐渐成形的“育人成果”，更看到了自己的成长。

革命传统教育是国家、民族振兴的强大精神力量。在实现伟大复兴的中国梦的道路上，责任担当教育必不可少。作为一个发展中的大国，必然有大国的责任担当。而每一个炎黄子孙，更应该从小树立报效祖国的伟大理想，从小处着眼，从小事做起，知道肩上承载的责任，勇于担当，长大才可能成为社会的栋梁、民族的脊梁。

以第二课堂为主渠道开展共青团员教育的研究

——党史学习教育融入共青团第二课堂的探索

高海珊

一、研究背景

党的十八大以来，习近平总书记多次就学习党史发表重要讲话、作出重要指示，强调要“重视学习党的历史”，要求“要讲好党的故事、英雄的故事”。

将党史学习教育融入共青团第二课堂可以有效地提高青年学生的政治素养和思想觉悟，帮助他们更好地认识和理解中国共产党的发展历程和百年奋斗经验。同时，将党史学习教育融入共青团第二课堂还可以帮助团员学生更好地了解党的基本路线、方针政策等。开展党史学习教育，最根本的就是要从党的历史经验中回望过往的奋斗之路，从中国青年运动的发展中眺望前方的奋进之路。

共青团第二课堂具有内容丰富、形式多样、参与度高的特点，是中学生党史学习教育的重要阵地。共青团第二课堂立足新时代，不断探索党史学习教育融入第二课堂的有效路径，包括依托红色文化资源，发挥党史学习教育的育人功能；依托“青年大学习”平台，推进党史学习教育常态化制度化；依托“青马工程”，推进党史学习教育融入青年学生的日常生活；依托网络媒体平台，开展党史学习教育线上、线下结合活动。

二、研究目标

以党史为引，明确学习目的。习近平总书记指出："历史是最好的教科书，也是最好的清醒剂。"中学共青团第二课堂应充分利用党的历史，围绕"为什么学""学什么""怎么学"等问题开展学习教育，引导广大团员青年深刻领悟中国共产党为什么能、马克思主义为什么行、中国特色社会主义为什么好等道理，自觉把个人理想融入国家和民族事业中，坚定理想信念。共青团第二课堂明确党史学习教育目的，从新时代青少年成长成才的实际出发，围绕党史学习教育主题，在深化党史学习教育中引导青年学生坚定历史自信。

三、研究实施过程

1. 以青年为本，打造活动品牌

共青团第二课堂活动品牌建设以青年为本，根据不同主题、不同受众群体等因素，以党史学习教育为切入点，打造青年喜闻乐见的活动品牌。通过打造"我的中国梦""新时代青春向党说""我和我的祖国"等主题系列活动，围绕青少年思想引领、党史学习教育、社会实践和志愿服务等内容开展活动。同时，注重用好新媒体资源和互联网平台，加强青年学生思想引领和价值引领，丰富共青团第二课堂活动内容和形式，拓展青少年学习党史的渠道，助力青少年成长成才。

2021 年 4 月，党员教师、团员学生代表共计 100 余人在龙潭湖公园烈士纪念雕塑前开展"学党史、强信念、跟党走"—— 清明祭英烈主题团日活动。此次主题团日由团支书代表讲述红色家书，校团委学生会干部带领全体团员青年重温入团誓词。追寻先辈足迹，诵读红色家书，读到的是信仰的力量、真理的力量，展现出了新时代青年的使命与担当。

2. 以历史为轴，引导青年坚定理想信念

党的百年历史，是一部践行初心使命的历史，是一部党与人民心连心、同呼吸、共命运的历史，也是一部不断推进马克思主义中国化的历史。

一百年来，党始终以“为有牺牲多壮志”的精神为青年学生树立起正确的价值观和人生观。这要求共青团第二课堂要善于引导青年学生从党的百年奋斗历程中汲取奋进力量，坚定理想信念，不忘初心使命。

共青团第二课堂积极开展党史学习教育活动，引导青年学生深刻认识马克思主义中国化对于中国和世界发展进步的重大意义，不断提升青年学生对马克思主义的认同度和信仰力。2021 年 6 月，学校开展“学党史，知党情，跟党走”党史知识竞赛活动。党史知识竞赛内容涵盖习近平新时代中国特色社会主义思想、习近平总书记重要讲话精神，以及党史、改革开放史、社会主义发展史等应知应会内容。此次党史知识竞赛活动不仅增进了同学们对党史知识的认识，更增强了同学们爱党、爱国、爱社会主义的情感。

3. 以实践为径，践行知行合一

知是行之始，行是知之成。党史学习教育融入共青团第二课堂，要以实践为径，坚持知行合一，推动党史学习教育落地落实、取得实效。充分发挥共青团组织的育人功能，将党史学习教育融入共青团的各项活动中。如将党史学习教育作为团支书“青马工程”中培训的必修课，通过组织学生深入了解中国共产党在百年历程中所经历的重大事件和重要会议，深刻认识中国共产党在百年奋斗中带领人民创造的辉煌成就，引导青年学生深刻认识到党对青年一代成长成才的高度重视。2022 年开展“青春心向党　喜迎二十大”主题团日活动，通过组织“红领巾”宣讲团、“团干部讲党史”等活动，引导广大青年学生学党史、强信念、跟党走。

4. 以创新为魂，助力学习成果转化

党史学习教育的落脚点是“学”，而不是“看”。将党史学习教育融入共青团第二课堂，就是要将学习成果转化为青年学生办实事的动力和实效，不断提升广大团员青年的思想道德素质。将党史学习教育融入共青团第二课堂，要鼓励创新，鼓励大胆尝试。

校团委充分发挥话剧社、广播站、辩论社等社团高质量的育人作用，在线上、线下开展“看红色电影、讲红色故事、唱红色歌曲、绘红色画卷、悟红

色精神”等活动，让学生动眼看、动耳听、动口唱、动手绘、动心悟。以“学党史 + 美育”的形式，用活红色资源、优秀的影视剧资源，将“红色第二课堂”与“红色感悟”相结合，校团委组织引领青年利用课余时间排练党史话剧《觉醒》。《觉醒》话剧将革命先驱在中国大地播撒马克思主义火种的故事搬上舞台，展现出民族危难之际，中国共产党人救亡图存、探寻真理的革命精神；同时也展现了新时代北京市第 109 中学“新青年”的昂扬斗志和意气风发。

5. 以“互联网 +”为媒，拓宽青年的学习渠道

“互联网 +”时代，学生获取信息的渠道不再局限于校园。网络空间既是青少年学习党史、了解党史的重要渠道，也是广大青少年的精神家园。我们积极运用网络空间拓宽党史学习教育的平台和载体，将党史学习教育融入共青团员的工作和活动中。

首先，鼓励团支部在实践活动中运用新媒体技术、新媒介手段创新活动形式、拓展活动空间、丰富活动内容、挖掘活动内涵，使党史学习教育与时代发展和青年的需求相结合。例如，疫情期间，充分利用网络技术让团员青年在线上自主开展党史学习教育。其次，利用新媒体平台将党史学习教育成果与党的创新理论结合起来。比如，在校团委公众号上推出相关主题的党史小知识竞赛，并配以短视频等形式来吸引更多的青年关注。

四、研究效果

青年是标志时代的最灵敏的“晴雨表”，时代的责任赋予青年，时代的光荣属于青年。2016 年，习近平总书记在庆祝中国共产党成立 95 周年大会上向全党发出号召：“一切向前走，都不能忘记走过的路；走得再远、走到再光辉的未来，也不能忘记走过的过去，不能忘记为什么出发。”

在新的历史方位实现新的使命，共青团第二课堂作为青年工作的重要组成部分要把推动党史学习教育走深走实，让广大青年学生在学史明理中感悟初心使命，在学史增信中坚定理想信念，在学史力行中激发奋斗豪情，为实现中华民族伟大复兴贡献青春力量。

研究反思

在党的领导下，共青团作为党领导的先进青年的群团组织，始终坚持以党的旗帜为旗帜、以党的方向为方向、以党的意志为意志，始终听党话、跟党走，充分发挥党联系青年群众的桥梁和纽带作用。

百年征程波澜壮阔，百年初心历久弥坚。党史学习教育是共青团第二课堂的重要内容，开展党史学习教育是用党的光荣传统和优良作风坚定信念、凝聚力量；用党的实践创造和历史经验启迪智慧、砥砺品德；为培养社会主义建设者和接班人打下坚实思想基础。

青年是标志时代的最灵敏的“晴雨表”，时代的责任赋予青年，时代的光荣属于青年。

在新的历史方位实现新的使命，共青团第二课堂作为青年工作的重要组成部分，要将把党史学习教育走深走实，让广大青年学生在学史明理中感悟初心使命，在学史增信中坚定理想信念，在学史力行中激发奋斗豪情，为实现中华民族伟大复兴贡献青春力量。

小岗位　大担当

焦晓翠

一、研究背景

（一）问题的提出

（1）现在的学生，缺少为他人服务的意识。就拿我现在任教的班级来说，三年级刚开学的时候，我发现孩子缺少起码的卫生和劳动习惯。我在学生进校前收拾好的教室，一节课都用不了就满地纸屑，桌椅歪七扭八。虽然不断要求孩子捡纸、摆桌椅等，但是收效甚微，尤其是我外出开会时，班里更是脏乱不堪。虽说有一些中队干部，但是职责没有明确或落实，学生只是把当选干部作为一种荣誉，摆在那里没有具体责任。而当选的人也通常是因为学习好、人缘好，不是因为想要全心全意为同学服务。

这种现象并不少见。我曾经教过一个班级，前任班主任为了鼓励孩子，给每个孩子都挂了干部的头衔，仅卫生委员就六位。他们已经升入高年级了，却没有一名干部可以拿得起笤帚和墩布。我还清楚地记得让这些挂着符号的卫生委员打扫卫生，他们面面相觑，有的甚至拿着笤帚在空中虚晃，却不肯真的去扫一下。

为了不让那样的事情重演，我需要采取一些办法解决这个问题。

（2）现任班级有一些特殊的原因，两年换了四位班主任，没有持续的培养习惯。孩子们在纪律养成、学习习惯、自主管理等方面比较欠缺，在各项活动中认识不到自身的价值，缺乏自信。比如说上课不发言，总怕自己说错。还有的孩子认为上课有人回答问题就可以了，自己只做“吃瓜群众”即可。

（二）成因分析

1. 社会因素

学生生活的小环境当中，缺少集体观念。周围环境，邻里之间缺少沟通、合作，没有集体观念的培养。

2. 教师因素

缺少培养集体主义观念的专题活动设计。在班级工作中，多数是随机分配工作，缺少固定责任。学习上缺少对学生主动参与意识的培养。

3. 家长因素

独生子女居多，家长宠溺，许多事情包办代替，缺少对孩子独立意识的培养。家庭当中，多数家长不给孩子分配家庭工作任务，孩子在家基本是坐享其成。对于写家庭作业，家长要么督促完成，要么不闻不问。

4. 学生因素

学生在以个人为中心的环境当中成长，没有建立服务集体、服务他人的意识。做小干部的初衷是为了光彩，不是为了承担责任。

（1）学生缺少服务意识。作为家长和老师，在家与在学校包办代替过多，使得孩子为长辈、为班级服务的意识很淡薄。而坐享其成简直成了天经地义、理所当然的事了。

（2）干部只是荣誉，与服务脱钩。很多孩子都想拥有小队符号、中队符号、大队符号，但并不是想为同学服务，只是想好看，把它当作一种高同学一等的身份象征。他们把责任扔到了一边，更不懂得作为干部是要为同学服务的。评选干部的标准一般也是老实听话、学习成绩优异，参考服务意识的几乎很少。

（3）不是小干部的同学认为自己没有责任服务。能够“挂牌服务”的同学毕竟是少数，而其他同学就认为自己没有责任为同学服务，甚至有的同学想服务，还怕被同学指责多管闲事。于是就造成了“事不关己，高高挂起”的风气。

（4）缺少对自己的了解，不知如何服务。学生认识不到自己的特长，老师和家长没有找到孩子的最近发展区，不能帮孩子建立自信，养成良好的习惯。

二、研究目标

（1）班级每个成员都有集体意识，具体表现为爱组、爱班、爱校等，形成集体凝聚力。每个个体在集体中有明确的班级服务岗，对服务岗有具体的服务时间、方法及量化评比方案，以此来强化其在集体中的担当意识。

（2）与家长沟通，家校配合，鼓励学生在家中有明确的家庭服务岗，并且家长能用适当的方式加以鼓励或督促。

（3）学生能够积极参与各项活动，在活动中出谋划策。

（4）课堂上以小组为单位进行训练，以小组互动的方式，让孩子在学习中有责任担当的意识。

三、研究方法

（1）通过文献调研，讲好故事，使学生了解集体主义的重要性。

（2）通过问卷调查，了解五年级学生对集体主义的认识现状。

（3）通过文献调研与分组讨论，研究确定班级成员集体主义评价量表，并定期表彰奖励。

（4）将集体主义具体化为集体所能够做的事，并且细化为常规工作和特殊工作。鼓励学生勇于担当。

四、研究实施过程

（一）了解集体主义

集体主义，是主张个人从属于社会，个人利益应当服从集体、民族和国家利益的一种思想理论，是一种精神，最高标准是一切言论和行动符合人民群众的集体利益。如果给学生讲集体主义，学生年龄小，不会有什么印象，也不会有什么体会，所以，我一直在班里向学生灌输“我为人人，人人为我”的思想。20 世纪 80 年代，邓小平提倡“我为人人，人人为我”的理念，这八个字红极一时，几乎家喻户晓，人尽皆知。如今，这八个字仍然没有过时，在一个小的集体当中，只有树立“我为人人”的思想，才能使每个孩子都获得在集体当中的幸福，也就是“人人为我”。如果每个人都只索取、不付出，也就没有幸福可言了。学生在字面上了解是远远不够的，我们要进一步通过班会、为学生讲一些成语故事。学生在听故事中悟出道理，并且提醒自己在集体生活中、学习中要有正确的言行。学生通过《三个和尚》的故事认识到有分工、有合作才是最好的方式。通过《千里之堤，溃于蚁穴》明白，一个人不爱集体，也会影响到整个集体，进而知道每一个人都好才能有好的集体，有一个差的就可能导致整个集体都差。通过“我为人人，人人为我”理念的理解，学生们明白只有为别人着想，才会有人为自己着想，集体的生活才会更加幸福。

（二）认领班级服务岗，树立服务意识

通过初步调查了解学生在班级当中已有的服务项目，并且了解他们对自己的服务项目是否知道应该做些什么，为落实服务班级做准备。有些孩子没有过服务项目，也要调查一下有什么服务意愿。为学生提供各种服务岗，供学生参考，同时调查学生特长，对于不知道如何选择的学生根据学生特长，帮助学生进行推荐。对学生进行访谈的同时，为学生做工作，让更多的孩子有勇气走向工作岗位。学生可以对自己以前的服务岗位进行评价，看自己是否了解服务内容以及以前的服务效果。学生可以继续坚持做以前的服务岗，也可以在老师提供的班级服务岗中选择适合自己的。在这次认领活动中，不是所有学生都认领了班级服务岗，但是，多数学生有了自己的岗位。通过评比活动，相信更多的学生会认识到服务岗的好处。

另外，我动员家长在家里也为孩子安排服务岗。有些家长认为做中队干部、大队干部光鲜亮丽，看不起服务岗。因此首先要做好家长的工作，让他们认识到只要踏踏实实做好一件小事，对孩子的习惯养成以至于今后的成长都大有裨益。在家中为孩子设立服务岗，也会令孩子理解家长的不易，增进双方的感情。

（三）形成“我为人人，人人为我”的班级氛围

为强化服务光荣的意识，设置评价表，通过每日加分，定期评价表彰，

强化“我为人人”的服务意识，并且通过享受“人人为我”的结果进一步体验自己付出的价值。学生在服务的过程中，通过评比表加分的形式记录下服务过程，在月末表彰的时候不仅自己可以获得综合评比优秀奖，还可以为组争光，获得优秀小组。这两项表彰都有相应的奖状和奖品。另外，一到三位表现特别突出的同学还可以获得“班级榜样”的称号。这样的荣誉，使得孩子们都认识到，服务才是最光荣的。学生在服务他人的同时，也享受到了他人的服务。因此，感受到了良好的班级氛围，也更加激发了服务热情。在为同学服务的同时，可以获得相应的加分，既发挥了自己的特长，又认识到了自己在班里的价值。经过这样的强化，所有孩子都形成了服务班级的积极性。

（四）养成评价的习惯，形成良好的班级氛围，建设优秀班集体

学生向来只觉得当小干部特别光荣，而认领班级服务岗只是干活。所以，我们要把设立班级服务岗与荣誉联系到一起。服务岗学生每次服务之后，都会有相应的加分。每个月都会合算分数，然后根据加分情况评选个人评比前十名，小组评比前三名。

这些班级评比，使学生不仅得到了每个月的奖励，更重要的是长期为同学服务的过程中，受到大家的欢迎和喜爱。有的孩子在班干部改选中成功当选班干部，有的孩子在评优中获得各级奖励。学生各类评选再也不是只靠人缘和学习成绩，不论其他了。另外，奖励的范围大，占学生总数的一半左右，这样使学生了解到，获奖再也不是少数人的专利，人人都有机会。班里以前比较消极的孩子，找到了自己的突破口，几乎每次都能够站上领奖台。另外，有的孩子集体观念淡薄，经常会扣分，不会加分，这样就影响了小组成绩。组长会制定一些组内公约，自行约束这些孩子。这样一方面减小了老师管理学生的压力，另一方面对这些孩子来说，影响了小组荣誉意味着会失去朋友的喜爱和信任，他们也会因此产生自我约束的动力。

每个月的评比与区级评选挂钩，使学生在评选中有据可查，不再是凭印象，凭人缘，给更多孩子机会。将每个月的评比及时总结奖励，与区级雷锋小标兵挂钩，让孩子强化服务光荣的意识。学生在评价过程中逐渐增强自信，

认识到自己的价值。

（五）培养学生在学习过程中的责任意识

随着年级的升高，学生的学习主动性不够。要培养学生主动发言的积极性，除了将其也纳入加分以外，还要有相应的规则。比如说，小组合作学习，汇报的时候要全员参与，如果没有做到全员参与，要按照比例扣除加分。所以学生在分组学习时，每个成员都会承担一项任务，共同参与学习，不能“事不关己，高高挂起”。除此之外，我们还安排了课前演讲、飞花令等活动，每个活动都是学生自己主动认领任务，活动后都会有加分。学生在不断参与的过程中学会责任担当。

孩子在多种锻炼形式中不断地成长，在学习中能够主动担当责任。学习主动参与之后，成绩也在逐渐提升。学生在看到不主动参与和主动参与学习成绩差距越来越大时，了解到参与的重要性。越来越多的孩子变得主动了，课堂氛围越来越好，能够组织小组学习的干部越来越多。

五、效果与反思

（一）班级服务岗效果

班级服务岗见表 1。

表 1　班级服务岗　（单位：人）

参加情况	有服务岗	服务热情	服务效果
研究前	2	2	能够认真履职
研究后	32	20	能够认真履职

学校活动见表 2。

表 2　学校活动　（单位：人）

参加情况	一般	较好	优秀
研究前	20	15	3
研究后	0	8	30

注：“一般”指学生被动参加学校活动；“较好”指主动参加，并且在活动中表现较好；“优秀”指主动参加，并且能在活动中表现出色，为集体争光。

合作学习见表3。

表3 合作学习 （单位：人）

参加情况	一般	较好	优秀
研究前	20	15	3
研究后	0	30	8

注：“一般”指学生被动参与合作学习，“较好”指主动参加，“优秀”指主动参与并有优秀表现。

（二）反思

通过岗位设置，班里能够做到事事有人去做，人人有事可做。最初出现的问题是学生不能坚持，但是，每日在工作岗位上所做的事我们和评比挂钩之后，根据工作量加分使情况发生了改变。在月末进行个人及小组表彰，表彰不仅有奖状，还有学生非常喜欢的奖品。有了激励措施，班里出现了全新的面貌：每个工作岗位都有人尽职尽责地工作。出现些临时性的工作，学生也会争先恐后地做。学生的岗位意识增强了，班级的班风也变得积极、健康、向上了，学生的集体凝聚力增强了。在此期间，我们这个班先后获得全国动感中队、东城区优秀班集体、东城区优秀中队等荣誉。

学生在小组学习的过程中必须要全员、全程、全部内容都参与，这样就把一些“观众”拉上了舞台，逐渐显露自己的才华，建立自信，获得荣誉，认识到责任对自己的重要性。

学会承担责任，相信对学生的影响是深远的。这个评比活动会一直持续下去，让更多的孩子在自己的小岗位上展示才华，发挥能力，为集体增光添彩的同时，实现自身的价值。

小责任 大担当

通过为学生设立班级服务岗，采取奖励加分评比的方式，扭转学生固有的思维方式，促使学生养成服务集体、服务他人的习惯。教师努力发现孩子的特长，根据每个孩子的特长搭建展示平台，展示自我。将学生根据自己的特长服务班级、为集体争光的行为化为分数，记录在评比表上。将突出的好人好事记录在班主任手册上，定期召开表彰会、经验分享会，推选班级榜样。形成“我为人人，人人为我”的良好班级氛围，让学生在服务他人的同时，认识到自己的价值，形成自信，从而达到以评价促学生成长的目的。

长期以加分奖励的方式，会让孩子在成功中巩固自己的行为，从而形成服务集体、服务他人的习惯，形成“我为人人，人人为我”的班级氛围，认识到自己的价值，从而增强自信心。作为班主任，要调动家长和其他任课老师一起发现孩子的最近发展区，为学生搭建展示自我、服务集体的平台，促进学生全面成长。

每个月的月初，我们在班里张贴新的评比表。最开始，我将评比表项目分得比较细，包括作业、回答问题、纪律、卫生、服务，等等。最后发现这样操作不太方便，奖励也比较复杂，难度大，影响学生参与兴趣。实验证明，操作过程要简化，这样更容易坚持，于是就将其简化为一个月四周的记录，各项加分都适当折合成分数，最后汇总，评出月优秀个人前十名、优秀小组前三名进行奖励，并且从优秀个人当中，请同学们推选出班级榜样三名。我们会在每个月末召开隆重的表彰大会，为学生颁发奖状和奖品，以促进学生对评选的积极性，长期坚持下来使学生树立正确的服务意识，养成良好的习惯。

在评比操作过程当中我也曾经遇到一些问题。

首先，我们这样的评比奖励方式颠覆了学生以往的评价习惯。以往评优评先，经常是谁学习好就评谁，谁老实就评谁，甚至是老师喜欢谁就评谁。所以，有些一贯“优秀”的孩子，根本不注意自己要积极努力学习，主动认真快速完成作业，更不要说在自己的小岗位上主动为集体服务了。当然一个月下来，这样的孩子得不了多少分。当我们真正开表彰会的时候，孩子们才明白，这个荣誉不是靠以往的方式得到的，是靠实力：为同学服务的精神可以在班级服务岗上体现；努力学习可以在按时完成作业、考试成绩优异上体现；为集体争光可以在积极参与学校、市区比赛中体现。以前没有机会的同学也逐渐找到自己的突破口，不断强化自己为集体服务的意识，努力学习、遵守纪律，班级整体氛围得到了改善。

其次，我们也发现在班里偶尔会出现不正当的竞争方式。先后出现过三位这样的同学，因羡慕其他同学获表彰，可是既不想努力学习，也不想服务班级，就在自己的评比表中胡乱加分。我首先肯定了他们的上进心，他们胡乱加分是因为仰慕受表彰的同学。但是这些同学是靠自己的努力换来的，得到奖励会很坦然，并且也会以此为荣。如果他们是靠乱加分得来的，心里会不安。另外，我们加分的项目很明确，而三位同学既没有班级服务岗，也不曾努力学习，更没有积极参加什么活动。所以分数出来立即也就在同学们面前暴露了自己的问题，得不到奖励不说，还引起了同学的不满。这样不但自己得不到奖励，而且会被同学看不起。我为三位同学发了鼓励奖，希望他们能够靠自己的实力得奖。果然，三位同学现在都有了明显的变化，不管是学习还是为班级服务，他们都找到了自己的价值。

我经常说，孩子不是圣人，允许他们犯错误。出现问题、解决问题的过程，其实就是对孩子最好的教育。

学科教学研究篇

针对语文高考古诗文背诵教学的研究

——从游戏成就设定到背诵成就获得

王　新

一、研究背景

在《普通高中语文课程标准（2020年修订版）》中，高考有明确复习范围的，只有古诗文背诵推荐篇目与关于课内外读物的建议两部分，其中古诗文背诵包括32篇文言文（近几年考查18篇）和40首诗词曲（近几年考查32首）。北京语文高考试题中，古诗文默写一般占8分，占语文总分的5.3%，约占客观题分数的17%。无论从难度上还是从分值上看，我们认为，学生通过三年的努力，是可以并应该得到古诗文默写这8分的。

因为高考考查的背诵篇目大多要求全文背诵，诗词中也不乏《琵琶行》等长篇，再加上考查时要求学生不能有任何错字，学生在答题时很有可能因为一个笔画错误导致整个句子得不到分数。这几年，默写考查增加了理解性默写，这不仅要求学生会背诵，还得基本理解文章每句的意思。这些都让语文课的背诵默写教学举步维艰。如何让学生清楚《普通高中语文课程标准（2020年修订版）》中古诗文默写这一部分的重要性，让学生乐于参与其中这个问题困扰我很多年，我也尝试了很多办法，直到有一天我从"游戏成就设定"中获得启发并付诸实践，才取得了意想不到的效果。

游戏很多人都玩过，如早期FC平台上的《魂斗罗》《超级马里奥兄弟》等到现在PS、XBOX、STEAM、手机等平台上的游戏，大家会发现，我们在玩过一遍游戏之后并不会对这个游戏产生厌倦，反而想追求更高的分数，更快的通关速度，

或者像《魂斗罗》《马里奥兄弟》中的1UP，再或者像当下手游中的MVP等。

还有诸如PS平台上很多游戏的成就系统，让人在游戏中不断突破自我，获得各项成就，并以获得某些特定成就为荣，从而在一遍遍的游戏中“剑指高分”。通关只是成就的一小部分，更多有趣的成就等待玩家去一一探索。所以，如果我们能以游戏开发者的角度，去设计学生语文核心素养的一些学习成就，让学生去不断探索，尤其在古诗文默写上，以达成“游戏成就”的方式设计一面“古诗文背诵成就墙”，相信一定会有不一样的效果。

二、研究对象

美高学生，140人左右。

三、研究方法

（1）首先要让学生明确《普通高中语文课程标准（2020年修订版）》中的古诗文背诵的真正意义，它并不只是高考中的8分。它的评分标准从一定程度上训练了我们严谨的意识，帮助我们在点滴中培养自信；背诵能增强文言语感；也能让我们通过背诵与古人对话，在未来与古人有相似际遇时产生共鸣；也可以在积累了很多诗文后，涵养我们的气质，苏轼所谓“腹有诗书气自华”就是这个道理；当然，我们也可以在文学顶峰般的诗文中感受中华文化的魅力，形成强烈的民族自信和文化自信。

（2）以“游戏成就”为切入点，研究游戏成就的设定分类、制定规则与达成奖惩机制等，了解一些主流游戏的成就特点，制定“高中语文古诗文默写成就方案”。

（3）结合高中必背篇目，制订三年成就计划，针对学生特点制定“历程型”成就。以今年高考必背50篇古诗文来说，学生逐一达成，就可以解锁相应成就，通过数值的积累，一点一点实现从5到10，再到15……最后到50的成就目标。这个成就很明确，学生只要跟随老师学习，或在老师的鼓励下稍微努力一点，就能在日常点滴积累中完成此类成就。

（4）针对高中科目繁多，作业量大的情况，我们在制定成就时可以细化背诵篇目章节，合理安排每天的背诵内容，如较长篇目分段默写，较长段落分句默写，积少成多，合成一个成就后及时反馈给学生。

（5）设置“挑战类”成就。有些能力强的同学，可以以此获得更多自信，突显个人能力，让一部分人先获得一些成就，以带动其他人形成竞争。挑战类的特殊目标，会让学生为了达成而去思索其可行性，进而更了解“游戏”机制，通过反复实践，获得这一成就，例如获得“连续 2000 字无错”的成就，或者默写“深水炸弹”（一种随机挑选某篇目进行句子接龙的游戏）背诵游戏中获得 3 次第一名等。

（6）最后一种“彩蛋型”成就，是为了增加趣味性而设的一种成就。默写本身很枯燥，不过，在很经典游戏中，主角一般也可以不以通关为目的，在游戏世界里自由探索也是一种玩法，收集道具，打造装备等。所以，彩蛋也是玩家最感兴趣的东西之一。在电影《头号玩家》中就有上百个彩蛋，玩家们总是在寻找中“乐此不疲”。彩蛋，我们可以把它理解为“隐藏式成就”，我们提前设计好但却不公布出来，它需要学生在学习过程中去触发它从而解锁此成就。它往往在被触发时会让学生会心一笑，享受学习的乐趣。它的意义也很大，在教学实践中，这类成就是最能让学生有参与感和共鸣感的，例如默写 6 次还没通过的“‘铁杵’成就”，第一个把唐朝所有诗人的诗背下来的“‘大唐穿越者’成就”，最先把秦国灭亡相关课文背会的“‘孟姜女’成就”等，它会让学生因为触碰彩蛋而产生“老师是懂我的”“老师有童心”“我拥有了最个性的回忆”等情绪，从而拉近师生关系，让学生更乐于参与到成就达成的任务中去。这类成就要少而精，先到先得，体现其珍稀价值和非刻意为之的趣味效果（见图 1）。

（7）成就的设计，包括成就内容与名称，成就的统计、颁发与公示。这是本课题的关键，可能需要老师做好大量的前期准备，在执行时也有大量的统计工作，还要有完善的评价机制，让成就得以公平、公正、公开的执行也是本课题取得成果的重要一环。

	名称	2023.4高三下学期古诗文默写特殊成就达成表								
	篇目	古诗终结者	李杜遗风	古文复刻机	宋词爱好者	唐诗爱好者	大秦专家	明清学者	默写先锋	默写大满贯
	成就达成条件	32首古诗优	李杜所有文诗歌优	长篇达到15个优	所有宋词优	所有唐诗优	所有与秦朝有关的课文优	明清诗文全优	前6名全优	全优
男1	高天择		李杜		词家风流	唐太行				
2	明楷清	诗魔	李杜	古文狂	词家风流	唐太行	大秦	明清	先锋	大满贯
3	武家庆				词家风流					
4	张子骏		李杜							
5	赵明宇				词家风流					
女6	陈浩宇		李杜	古文狂	词家风流		大秦			
8	陈仲瑜		李杜		词家风流	唐太行				
9	程裕祺	诗魔	李杜	古文狂	词家风流	唐太行	大秦	明清		大满贯
10	董梓鸣		李杜							
11	高宇悦	诗魔	李杜	古文狂	词家风流	唐太行	大秦	明清	先锋	大满贯
14	黄雨萌	诗魔	李杜	古文狂	词家风流	唐太行	大秦	明清		大满贯
15	李佳轩		李杜							
16	李沛霖		李杜		词家风流		大秦			
17	李若琦									
18	马紫岳	诗魔	李杜		词家风流	唐太行		明清		
19	王佳馨	诗魔	李杜	古文狂			大秦	明清		大满贯
20	王郡						大秦			
21	王禄晴	诗魔	李杜	古文狂	词家风流	唐太行	大秦	明清	先锋	大满贯
22	王梦涵	诗魔	李杜	古文狂	词家风流	唐太行	大秦	明清	先锋	大满贯
24	王翊绮		李杜				大秦			
25	温佳钰		李杜	古文狂	词家风流		大秦			
26	邢佳颀		李杜		词家风流					
27	姚天爱									
28	叶译聪	诗魔	李杜	古文狂	词家风流	唐太行	大秦	明清		大满贯
29	于静涵									
30	张涵	诗魔	李杜	古文狂	词家风流	唐太行	大秦	明清	先锋	大满贯
32	张睿	诗魔	李杜				大秦			
33	张雅馨	诗魔	李杜	古文狂	词家风流	唐太行	大秦	明清	先锋	大满贯
34	张宇佳			古文狂	词家风流		大秦	明清		
35	张毓捷	诗魔	李杜		词家风流	唐太行	大秦			
36	周彤宇		李杜		词家风流					

图 1　高三下学期古诗文默写特殊成就达成表

四、研究实施过程

（一）让学生树立正确的古诗文背诵观念

首先，明确古诗文背诵在高考中的价值，默写不仅分数占比高，还因其答案相对容易且唯一，学生可以在答题中树立信心，尤其语文又是高考第一科，默写如果考满分，会给后面的考试很大的鼓舞，在自信的加持下，发挥更出色。

其次，高考的文言文试题一般是一篇课外的说理性古文，学生在阅读时很吃力。通过背诵古诗文可以更好地培养自己的文言语感。我们也可以把背过的课文中的语句，当成文言实词和虚词的典型例句，在阅读一篇新文言文时利用知识的迁移，更轻松地读懂文章内容。

最后，古诗文会一点一滴滋养我们，在人的气质里“藏着我们走过的路，读过的书”。学生把时间花在古诗文背诵上，都会在未来某个时刻给他以回报。我们往往在人生遭遇坎坷时感谢自己读过的书，背过的诗。我们在汲取古人智慧之余，通过诵读与他们跨越时空产生共鸣，因记得诗中的每个字而与他们彼此交心，形成我们自己的人生感悟。相信每个背诵下这50篇古诗文的学生，未来都会用生活去体味，去践习，也会主动去读、去记、去品更多的文字。

（二）建立成就记录手册，成就卡片与班级成就墙

十一届三中全会后，我们喊着“让一部分人先富起来”的口号，一步步走向富强。学习成就也应如此，让一部分语文基础好、有信心、记忆力扎实的学生先获得一些成就，然后通过成就墙展示给全体同学。将50个历程成就手绘在一张大纸上，学生每取得一篇古诗文的默写优秀，就可以达成一个成就。

我们也可以让学生自备一个精美的本子，每取得一个成就，就由老师手签上一个成就名称，并盖上一个成就达成的印章。这个灵感来自我国的宝岛台湾，每个旅游景点、每个街边小店、每座寺庙，一般都会有一个独特的“打卡”印章。游客们无论走到哪里，都可以找到打卡盖章处盖章留念。它既像是一个存在本子里的“到此一游”，又像藏书票，极具收藏意义，印章的独特图案让人心动，所以，我们在设计成就时，可以考虑一个独特的成就名称，抑或一个漂亮且有设计感的印章，这些都会成为学生积累成就的一种动力。

就以选择性必修下册中的背诵篇目为例，如果以课文本身命名成就，就会略显单调，如《望海潮》《归去来兮辞》《蜀道难》等。我们可以发动学生集思广益，自拟成就名称，或者投票选出有创意有趣味的名字等。如《望海潮》的成就备选名称有“十里荷”“柳三变”“风帘翠幕”“烟柳画桥”等，《归去来兮辞》的成就备选名称有“回吧”“为五斗米折腰”“心为形役”等，

《蜀道难》则有“上青天”等名称（见图 2）。我们再结合课文设定几个挑战类的成就名称，再设定几个彩蛋类的成就。学生在学与玩的过程中，收获“成就达成”的快乐。

一	姓名	归去来兮辞	离骚	陈情表	望海潮	蜀道难	扬州慢	屈原列传	伶官传序	李凭箜篌引	拟行路难
男	杜鹏宇						过春风				
男	黄俊腾						过春风				
男	李林楚	回吧	粽子								
男	米涛										
男	孙雨乐		粽子		十里荷	上青天					
男	夏嘉良										
男	杨浩宇										
男	袁昊楷										
男	袁晔				十里荷		过春风				
女	安頔		粽子			上青天	过春风			石破天	
女	程依	回吧	粽子		十里荷	上青天	过春风				
女	郝已妮				十里荷						
女	居润姊	回吧	粽子		十里荷	上青天	过春风			石破天	
女	孔紫熙										
女	匡厚祺						过春风			石破天	
女	李晴										
女	廖芷若	回吧	粽子		十里荷	上青天	过春风	日月光		石破天	
女	钱畅	回吧	粽子		十里荷	上青天	过春风	日月光		石破天	
女	沈佩佳		粽子		十里荷	上青天	过春风	日月光			
女	孙铭宇				十里荷		过春风			石破天	
女	王宝苑	回吧	粽子	陈情令	十里荷	上青天	过春风	日月光	非人事	石破天	歇路难
女	王佳淇	回吧	粽子		十里荷	上青天	过春风			石破天	
女	王婧暄	回吧	粽子	陈情令	十里荷	上青天	过春风			石破天	歇路难
女	肖宇涵		粽子		十里荷	上青天	过春风			石破天	
女	燕一菲	回吧	粽子		十里荷	上青天	过春风	日月光		石破天	
女	杨淼				十里荷						
女	袁雨晗	回吧	粽子	陈情令	十里荷	上青天	过春风	日月光	非人事	石破天	歇路难
女	张珺迪				十里荷					石破天	
女	张洺淇						过春风				
女	张乔语				十里荷			日月光	非人事		
女	张鑫宇		粽子		十里荷	上青天	过春风			石破天	
女	张伊然	回吧	粽子	陈情令	十里荷	上青天	过春风	日月光	非人事	石破天	歇路难
女	张钰晗	回吧	粽子	陈情令	十里荷	上青天	过春风	日月光		石破天	歇路难
女	朱鹤	回吧	粽子				过春风			石破天	
女	朱玘玥		粽子		十里荷		过春风	日月光		石破天	

图 2　学生默写成就名称示例

（三）建立奖惩机制，鼓励上进，勉励后进，力争全员参与

古诗文本身就是高中语文教学的一部分，成就达成只是赋予默写一种成就外衣，本质上还是希望学生能主动背默，完成最基本的背诵默写任务。如果有的学生没有完成默写任务，相当于没有完成一项作业，可以与其他不完

成作业的一样一视同仁，不必因开设成就而加大处治力度。成就是激励机制，不是惩罚机制。因此，我们可以考虑奖励先进，奖励获得成就多的学生。分成等级，如 5 成就、10 成就、40 成就等，在相应的时间节点完成奖励发放，可以是学校统一的奖品，也可以是意义大于实质的精神奖励等。

（四）增加月考、期中考等校内考试的默写分值比例

付出就要有回报，所以，对于取得成就多的学生，我们也力争让他们成绩与付出形成正比。在校内考试中多向默写篇目倾斜，增加分值等，让学生取得成就的同时，在语文成绩上也能有所体现。让学生学会利用所背的句子词组进行知识的迁移，让他们在作文中尝试引用一些契合题意的名句……总之，通过校内考试让学生在默写中树立信心，像射线一样无限延展，力争在区级语文统考中取得优异的成绩。

（五）树立典型，设立成就排行榜

学生的潜力是非常大的。有些学生的整体语文素养可能并不优异，但通过默写，他所取得的成就数量一直遥遥领先，成为大家竞相追逐的目标。这也促使他为了保住优势不断取得新的成就。从信心上来说，他先拥有了古诗文默写的信心，天赋、努力、信心这些对于学生来说都很重要，而磨砺出来的信心也远比盲目的自信更有意义。孩子会因为默写的优势，逐渐拓展到整个语文的优势上，逐渐对语文充满信心。

表扬是我们在课堂上最常用的鼓励方式，但表扬的影响是短暂的，让班级间、学生间因为学习成就的排行产生良性竞争，是我们最希望见到的。

五、研究效果

（1）通过设置古诗文默写成就，我们努力让学生在获得成就的同时，明白默写的意义与价值。

（2）通过设置古诗文默写成就，我们努力让学生获得语文学习的乐趣，寓教于乐，让兴趣成为学生自主提升的动力。

（3）通过设置古诗文默写成就，我们努力让学生更好地理解课文中作者

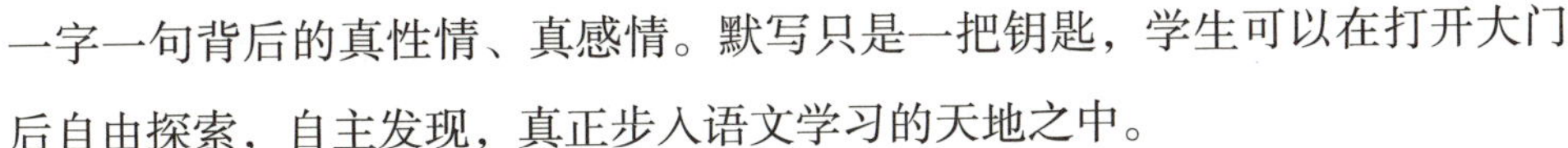

一字一句背后的真性情、真感情。默写只是一把钥匙，学生可以在打开大门后自由探索，自主发现，真正步入语文学习的天地之中。

（4）古诗文默写成就，可以帮助老师完善统计方面的知识，用客观真实的数据去设计后面的教学，在不断地实践中及时调整设计，以达到更好的效果。

（5）古诗文默写成就，可以培养老师新的技能。想要发掘有趣的课文知识，老师本身要吃透教材，为了能更好地设计成就体系，教师要开动脑筋，有时也要打开“脑洞”，设计一些轻松幽默的环节或成就。电子游戏有优有劣，我们设计成就也不一定都符合学生的身心发展需求，所以，这个体系的设计也能让老师更贴近学生，更多倾听学生的声音，发现以往忽略的教学的乐趣。

当然，教师也可以通过学习篆刻来提升个人的文化修养，丰富个人业余生活，得到身心放松，以更饱满的精力投入工作中。

教师自己篆刻的个性印章，可以让学生更珍视成就达成体验，还会让学生以教师为榜样，不断拓宽视野，发掘自己的潜能。

其称文小而其指极大

通过这次微课题研究，我的古诗文默写教学思维方式发生了三次大的思考碰撞。

1. 教学目标与教学结果的碰撞

以往的教学设计，我也会设计一些奖惩措施，以学生默写达到优秀为教学目标，却很少思考学生最后的回报是否与付出成正比，日常全优的学生，是不是在期末考、高考中也能全优。所以我在这次的实践中，考虑到了学生最终产出与日常积累之间的关系，通过成就名称、挑战成就和彩蛋成就等方式引导学生，关注诗文的关键语句，关注作者与诗文的关系，关注相似诗歌间的相互联系，形成一个知识的网，体现了教师引导学生主动识记的教学思想。

2. 成就是一种评价体系，通过教学评价逆向构建教学设计、教学活动

在这次成就获得的实践中，我是先思考如何开展评价，如何开展成就墙的机制与效果，反向设计教学活动，而不是在教学结束时才构想如何对学生进行评价，或者按部就班地教完一篇默写一篇，从而使整个教学环节从成就评价到教学体验之间产生了更大的一致性，这与很多老师设计一节课的核心任务后，逆向设计导语和各教学环节是很类似的。

3. 学生超前背诵古诗文是不是另一种预习方式

以往的教学，每学期的背诵篇目是由教研员定大概，教师结合具体实践会增加一些。我们一般也是在讲授完课文后才陆续让学生按次序背诵课文。如果让学生提前背诵课文，是不是相当于学生认真预习了一下课文，效果上不一定比学案的效果差。而且，有学生一直在前面领跑，就如长跑队伍中的领跑者，他不一定得冠军，但他的作用是有目共睹的。

我非常喜欢微课题这种教学研究形式。在我们的教学中，总是会遇到许多问题，这些问题有的很典型，具有普遍意义，以问题切入去解决问题，是我对微课题的初步认知。老师们可以结合自己所任教年级、班级的实际情况，在特定的范围中通过研究去解决一个特定对象的具体问题。不过，经过一年多的微课题研究，我对微课题研究又有了新的认识。

首先，它所解决的教学问题，其最终的指向是一致的，都是以立德树人为前提，培养学生的学科素养为根本目的的。每个微课题研究解决的问题如同微光，汇聚后会形成一股合力，光芒如炬，意义深远。例如，我研究的是语文古诗文背诵的问题，它只是我们语文教学中很微小的问题，但背诵问题“小而实”，直接意义就是考试中容易得分，深远意义可以延伸到整个语文教学领域。所以古诗文背诵的问题研究有其相对小的研究范围，但也有“其指极大”的研究意义。

其次，微课题的“微”体现在操作性易、针对性强等方面，研究时可以做到因地制宜，因材施教。学校是由一个个班级组成的，每个班级都可以看成是一个研究对象。因其小，很多规则的制定与落实在实践中更容易达成。

例如，我的微课题研究，学习成就可以在制定后不断完善，及时调整，可增可减，使研究更灵活，更好把控。

最后，也是我感受最深的一点，“微”可以理解为教师独立的思考，个性的表达，是教师在教学中生成的灵感。微课题是教师突破标准化、模式化的教学，将灵感付诸实践的最好方式。我们珍视自己的“微”，它可能天马行空，与众不同，是我们在教学中不断迸发的火花，在教学研究中我们可以大胆假设，小心求证。我把在生活中玩游戏时的思考，投射到教学实践中，是一次大胆的假设，把自己对于游戏成就达成的追求的思维方式转化为学生学习成就达成的追求，找出二者之间相似相通之处，积极探索。微课题给了我将其付诸实践的机会，也给了我们一个研究展示的平台，帮助我们以教科研的严谨态度来求证我们的假设是否有价值、有意义，微课题让我们鼓足勇气，不断创新。

文言文比较阅读理解教学策略研究

卢金萍

一、研究背景

（1）伴随着教育体制的持续改革，初中语文教学体制也产生了巨大的转变。《义务教育语文课程标准（2022 年版）》指出，重视培养学生的创新精神和实践能力。

《义务教育语文课程标准（2022 年版）》对 7~9 年级的学生在阅读方面应具备以下能力要求，提高学生发现、分析和解决问题的能力，提高语文综合应用能力。

（2）文言文比较阅读练习缺乏系统的整合。

（3）有不少具体解题技巧的研究，但缺少深入挖掘作品内涵及全面理解的延伸阅读理解。

二、研究对象

文言文比较阅读教学教学策略。

三、研究目标

引导学生掌握文言文比较阅读理解的一些阅读步骤和技巧，深入挖掘作品内涵，引导学生阅读有章可循。

通过系统比较阅读复习，引导学生在异中求同，同中求异，进行类比归纳。促进学生以一篇带动一类，通过系统归纳整理、比较探究，引导学生进一步感受

古人的智慧，体会古人的意境。在此基础上，实践自主阅读学习的目标。

分三个阶段：

第一阶段，精讲并熟悉初三教材中考试重点篇目，引导学生和初一初二学过的篇章进行课内篇目的比较阅读。

第二阶段，打通初中三年的学习，引导学生归类比较。

第三阶段，打通课堂内外从不同文体、不同角度比较阅读。

四、研究方法

经验总结法、研究课。

五、研究实施过程

（一）培养创造型人才，重视比较阅读具有很好的导向作用

伴随着教育体制的持续改革，初中语文教学体制也产生了巨大的转变。《义务教育语文课程标准（2022 年版）》指出，重视培养学生的创新精神和实践能力。

1. 比较阅读是提高学生思维能力的必要方法

语文教学要注重语言的积累、感悟和运用，注重基本技能训练，让学生打好扎实的语文基础。尤其要注重激发学生的好奇心、求知欲，发展学生的思维，培养想象力，开发创造潜能，提高学生发现、分析和解决问题的能力，提高语文综合应用能力。

比较阅读的具体形式是将两篇或两篇以上在内容或形式上有联系的文章放在一起，加以比较分析、对照鉴别，在求同存异中深化学生对选文的阅读理解能力。比较阅读法，让学生更轻松地理解阅读素材，提高学生阅读效率，提高学生的迁移思维能力和深入分析问题能力。

初中阶段的学生，对文言文虽然已初步形成了一定的阅读方法，掌握了一些阅读步骤和技巧，但只停留在表面的阅读，并不能深入挖掘作品内涵及全面理解文章。学生由于知识结构的不完善和审美能力的欠缺，教师需要在

系统复习方面引导学生归纳整理、比较探究，总结阅读技巧，引导学生阅读有章可循。针对常态教学下的普通班级，进行比较阅读，有助于帮助学生水到渠成地理解文章的主题和写法等学习内容。这也有利于教学难点的突破。

而通过有效整合，主题阅读等比较阅读，可以以一篇带一类，进而为后续的学习做铺垫。在此基础上，实践自主阅读学习，通过整合两篇或多篇的内容，再归纳阅读方法，进而提高学生发现、分析和解决问题的能力，提高语文综合应用能力。

而文言文则相对更难一些，文言文比较阅读的角度主要有：①比较阅读材料内容、写法、结构及表达方式的异同；②领悟两个或多个阅读材料中作者的观点和情感的异同；③就阅读材料的内容谈自己的不同体验、感受或从文中所得到的不同启示……

为了不断改进初中语文教学效果，同时提高学生阅读的效果，教师必须要重视比较阅读教学法，并有效落实到教学实践中，致力于学生阅读能力的培养，思维能力的培养，增强学生对文章内涵的认知，并使其收获丰富的阅读体验。

基于初中语文文言文阅读教学视角，结合当前文言文阅读教学的具体问题和实践，提出了具有针对性的教学策略，在新课程强调培养创造型人才的今天，重视比较阅读考查具有很好的导向作用。

2. 比较阅读是把知识转化为能力的有效途径

叶圣陶在《谈语文教本》中说到，语文教本只是一些例子，语文教本好比一把钥匙。《义务教育语文课程标准（2022 年版）》明确指出："要重视学生的实践活动，让学生在教学过程中学会自主、合作、探究。要重视师生的语言交际和心灵沟通。"

我曾以《岳阳楼记》《醉翁亭记》为例，通过多角度比较探究，引导学生深入文本，发现问题，探讨解决问题的策略学习；引导学生在异中求同，同中求异，进行类比归纳，在类比归纳的基础上，总结规律方法进而引导阅读方法。我力求以点带面，针对写景抒情类文言文的特点，引导学生阅读有章可循，指导学生掌握写景抒情类文言文的阅读技巧。这样既突出课堂教学实效性，又重视学生思维方法的学习，有益于把知识转化为能力，真正做到“得法于课内，得益于课外”。

在新课程强调培养创造型人才的今天，重视比较阅读，很有必要。

（二）明确比较阅读的相关分类

文言文可以分成多个类别，每个类别都有其规律可循。通过比较阅读能够使学生掌握带有普遍性和规律性的知识和能力，使学生学会从特殊到一般，举一反三，更好地在课外进行其他类似文章的学习阅读。学生把课内学习所得迁移到课外学习中去。课外阅读是课内阅读的延续和补充，反过来丰富并深化课内的阅读学习。只有真正做到“得法于课内，得益于课外”才能更好地促进学生思维的提升。

1. 以比较的项量分类

有宏观比较和微观比较。宏观比较是多角度、多层次的综合比较；微观比较则是单个的、细节的比较。

2. 以材料的时间关系为控制范围分类

有横向比较（共时比较）和纵向比较（历时比较）。把同一作者的不同时期的用相同创作方法创作的作品作比较是纵向比较，把同一流派的不同作者的作品作比较或把同一时期的作者的同一题材的作品作比较是横向比较。

3. 以文章的内容、形式分类

则有选材比较、结构比较、立意比较、语言风格比较、表达方式比较、文体比较等。

4. 以阅读的目的分类

则有理解性比较、评价性比较、鉴赏性比较、分析参考性比较等。

（三）选准对比点是比较阅读的关键所在

比较阅读法，是把两种或两种以上同类或者有一定联系的文章放在一起比较分析其共同性和特殊性。这个比较是有条件的：①要有可比性；②要选择对比点，对比点的选择可以是某个方面或是某个角度。

1. 从文章的内容上去选取对比点

例如,《岳阳楼记》和《醉翁亭记》在创作背景上都是作者因倡导革新不成而被贬，降职后的发愤之作；都是他们虽遭贬谪却仍存济世安民之心的写景记游之作。《岳阳楼记》作者主张“不以物喜，不以己悲”，以此规劝滕子京并勉励自己，表现了崇高的精神境界；《醉翁亭记》多少含有寄情山水，排遣谪居的苦闷情怀。《岳阳楼记》提出“先天下之忧而忧后天下之乐”的生活理想,《醉翁亭记》抒发与民同乐的思想。这两种思想境界都是积极向上的，很可贵的。

通过系统比较阅读，学生能有章可循，加深理解文章的主题和写法，进一步感受古人的智慧,体会古人的伟大境界。

2. 从语言的运用上去选择对比点

《岳阳楼记》在语言表达运用上，寓情于景、景中见情，先写景抒情，再直抒胸臆，气势磅礴，读起来朗朗上口，字里行间都流露出悲喜之情，豪迈之意，值得我们学习借鉴。《醉翁亭记》借景抒怀，将写景、叙事、抒情熔于一炉的特点，也值得仔细玩味，认真学习借鉴。

3. 从语言的表达方式上去选取对比点

文章都有一定的语言表达方式。从表达方式来区分，又可以分为记叙、描写、议论、说明和抒情等。

例如，倒叙的作用在于引起悬念；顺叙的作用在于使文章脉络清楚，条理性强；而插叙的好处在于补充有关事情，使人对叙述的事情有较为清晰的了解，使文章曲折有致。

再如，可以通过比较记叙文中的描写和说明文中的描写，来理解文章的思想内容。记叙文中的描写，作用在于增强写人叙事的形象性；而说明文中的描写，作用却在于更准确地说明事物的特征。一样的表达方式，作者使用的目的和作用是完全不同的。

显然，如能从语言的表达方式上去比较阅读，不仅容易把握文章的中心意思，还能掌握其所揭示的知识规律，拓展思维能力。

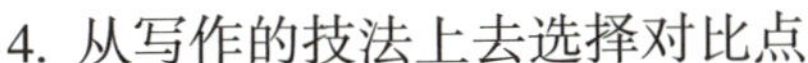

4. 从写作的技法上去选择对比点

文言文写作技法很多，并且富于变化。这就要求我们在对比阅读中要统观全局，选择对比点时应有所侧重。如可根据不同课文选择渲染衬托、融情于景、象征、夹叙夹议……不同的阅读材料中表现情形来做具体分析，揭示内在的写作规律。

5. 根据不同的文体特点来选取对比点

总之，选择比较阅读的对比点方法很多，运用对比法进行阅读教学，可以收到事半功倍的效果。它能更好地揭示知识规律，让学生乐于思考，培养学生的良好学习习惯，增强学习兴趣。

（四）确立大单元教学的理念，也可以群文比较，以篇带类

在教学九上第三单元时，我就整合了这个单元，先将《岳阳楼记》和《醉翁亭记》这两篇都借景抒怀，将写景、叙事、抒情熔于一炉的美文比较阅读，比较他们的思想、情趣—伟大抱负—心系苍生感疾苦、忧乐天下诉衷肠。深入理解课文内容，感受诗人忧乐情怀，然后让学生利用所学的方法自主阅读《湖心亭看雪》。总结时，再结合《湖心亭看雪》，群文比较阅读，以篇带类。通过系统比较，学生能有章可循，也加深了对主题思想和写景技巧的理解，体会到游记散文借景抒情的特点，学习了描写景物的各种方法，掌握文章以情驭景、以景显情、情景交融的写法。学生也更进一步感受古人的智慧，体会古人的伟大境界。

（五）深挖教材中对比点，任务驱动，总结阅读方法和规律

“问渠那得清如许，为有源头活水来。”教师自身对教材的探究和挖掘更重要。如何挖掘好教材的深层内涵是搞好课堂教学的前提，只有教师深刻洞悉教材，才能站在必须的高度引领学生剖析文本，也才能真正使师生与文本作者构成对话。

在各段学习中向学生提出了具体的问题，通过任务驱动，分别从内容、情感、写作手法及主旨等角度设置问题，引导学生独立地、深入地探究文本。课前，设计学案任务，学生提前预习、独立探究。课堂上，采取“探究品读

法”的学习方式，多角度比较，通过问题推动学生思考，深入文本，发现问题，解决问题。针对写景文言文的出题角度，并结合具体题目在类比归纳的基础上总结一些答题技巧。课堂上，结合学案的具体问题，让学生展示学习、探究、总结归纳阅读技巧（见图 1）。

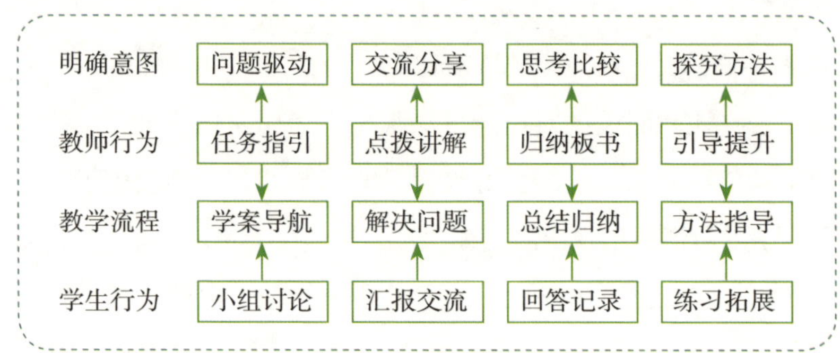

图 1 活动流程

（六）比较问题预设要有梯度和层次，符合学生思维规律

学生学习“同中求异”“异中求同”的比较阅读方法，并通过多角度比较的总结方法。在学习对所写景物进行描绘的环节，不仅引导学生阅读方法，同时也引导学生发挥想象力，感受语言文字之美。提倡多角度、有创意的比较阅读，利用多媒体展示探究结果，可以起到提高学生思维能力的作用，通过思维能力的提升带动语言的发展。

1. 注重知识点的联系

以《岳阳楼记》《醉翁亭记》为例，以对联名句连连看激趣导入，既需要学生学过课内知识，又需要学生有一定的课外文化积累；又以对联引入范仲淹的《岳阳楼记》和欧阳修的《醉翁亭记》这两篇感事抒怀、借景抒情的名篇阅读，温故而知新；再以对对联的方式加深学生对文本的理解，并进一步提升到文化传承的层面谈感悟。整节课注重知识点的联系，教学环节逐层深入，突出重难点，符合学生的认知和审美。

2. 应用思维导图比较，优化教学活动

思维导图，直观形象，以《岳阳楼记》《醉翁亭记》为例，课上对“记”

的文体知识清晰罗列和梳理，方便快捷地帮助学生串起学过的“记”，完成启发式讲授，加强其对知识点的理解。作者比较，备课时“添加备注”方便复习作者的相关情况，右侧栏可展开作者生平经历，有利于重难点的突破。架构知识和技能直观化和形象化，有助于理解重点和关键问题。结合学案解析相关问题，注重方法的引导，规律的总结。

（七）运用比较阅读法来阅读各种材料，一般应注意以下几点

1. 确定比较的范围，选好比较的角度

比较的范围和角度的确定由阅读的目的来决定。阅读目的千差万别，那么阅读的比较形式自然也就各有不同。

2. 比较，要找出阅读材料中相同点与不同点

这是掌握和运用比较阅读法的关键性一环，只有准确地找出阅读材料的异同点才有可能进行具体的比较工作。

3. 比较是使思维深化的重要手段，贯穿阅读思维的全过程之中

在对材料作比较时，思维必须要有条理性，特别是作宏观比较时，应有比较的侧重点。

4. 在比较阅读的整个过程中，应根据个人实际情况，灵活运用多种阅读方法，尤其要注意仔细研读材料

研读有利于分析材料的异同，发现材料之间的细微差别。阅读中，要随手做好必要的笔记，以便对照检查、分析鉴别。比较阅读中的笔记形式，可以用表格的形式，也可以用文章的形式，要灵活运用。

以小见大　减负增效

微课题研究是校本教研的重要方式。在“双减”的大背景下，针对文言文学习体量大、任务重的教学实际问题，从去年开始，我就进行了题为“文言文比较阅读教学教学策略探究”的课题实践研究，取得了明显成效。

叶圣陶在《谈语文教本》中说到，语文教本只是一些例子，语文教本好比一把钥匙。有效整合教材，提高阅读效率，比较阅读作为一种高效阅读方式，通过整合两篇或多篇的内容，可以以一篇带一类，归纳阅读方法，在实践自主阅读学习的基础上，比较阅读是把知识转化为能力的有效途径，进而提高学生发现、分析和解决问题的能力，提高语文综合应用能力。

通过微型课题的选题、实施、成果表达，我深刻地体会到：教师在亦研亦教的微型课题研究中可以提升教学反思能力、课堂教学能力和教学研究能力，还有利于减负增效，全面提高教育教学质量。

随着教育改革的不断深入，作为教师，更多的教育模式需要我们实践。微课题、项目学习等，对真实问题的探究，需要我们有着创新的教育理念和充沛的教育热情，需要我们脚踏实地地感受和实践。

找到师生的契合点 “绘读”名著《钢铁是怎样炼成的》

孟凡翠

一、研究背景

《北京中考考试说明》(以下简称《中考说明》)名著阅读部分规定九部作品，分别是《鲁滨逊漂流记》《海底两万里》《论语》《三国演义》《水浒传》《西游记》《朝花夕拾》《骆驼祥子》和《红岩》。依据《中考说明》，考生阅读名著，要了解作品主题内容、主要人物的性格特征和精神品质、作品的思想意义和价值取向；对作品的主题、人物、语言等有自己独特的感受和体验，并从作品中获得对自然、社会、人生的有益启示。

我们初中语文组想办法解决上述问题，在教学实践中使名著真正深入师生内心，让师生爱上名著，为中考助力。

（1）多元的社会吞噬了学生的阅读“细胞”。当今社会是一个多元的、丰富多彩的社会。有太多的“色彩”充斥着学生的视线。电影、电视、互联网等诸多媒体的出现，使学生开始对枯燥的阅读失去兴趣，不愿去“啃”难懂的小说。

（2）部分名著所涉及的社会现实离学生生活的时代过于遥远，难以使学生产生共鸣，很难为学生所接受。另外，就学生当前的认知水平而言，很难理解部分名著的内容和内涵，导致学生对名著失去兴趣。

（3）学生缺少阅读名著的时间。当前学生的课业负担重、升学压力大，导致他们往往无暇去顾及仅有几分的中考名著题了。即使意识到名著阅读对语文综合素质的提高作用，也是心有余而力不足，没有时间读长篇的名著。

（4）老师们为了中考，也是被动地出一些题，让学生通过刷题进行名著的复习。

对于现在这个年龄阶段的学生来说，培养正确的人生观、价值观是非常重要的。而名著中，有着令人深思的人生道理，有着积极向上的精神观念，等等。

二、研究目标

解决学生阅读问题，在教学实践中使名著真正深入师生内心，让师生爱上名著，为中考助力。体验性是现代学习方式的突出特征。诚然，语文新课程强调重视学生的过程体验是应该值得肯定的，但在教学中要注意把握两个基本要求。第一，强调经历与参与。体验性学习强调学生参与，强调“活动”“实践”“探究”“经历”。第二，重视直接经验。体验性学习材料与活动方案不是传统意义上规定的课业，而是为学生的学习活动创设情景、设计活动、提供选择，使学生结合自我体验，更深入地与文本进行多重对话，从而学会与他人的交流与共享。这是符合认知规律的。

抓住我班学生爱美术创作，喜欢欣赏作品的契合点，研究《钢铁是怎样炼成的》。

三、研究实施过程

（1）通读《钢铁是怎样炼成的》—谈谈自己对哪一环节记忆深刻—针对记忆深刻的部分创作美术作品—回过头再看创作部分的文字—全班交流。

（2）通读《钢铁是怎样炼成的》—看连环画书—讲解其中的故事—设立专题—分享交流。

有序的安排，让名著阅读事半功倍；明确的目标，让名著阅读有的放矢；巧妙的激趣，让名著阅读充满乐趣；有法的引领，让名著阅读有章可循；有效的评价，为名著阅读把握方向。

四、研究效果

（一）绘画——文字变成图画

把绘画引进语文名著教学，就是让学生在读过课外名著后，通过自己对名著的深入理解，把其中内容用绘画形象地表现出来，进而培养学生的各方面能力。实践证明，这种教学手段充分调动了学生学习积极性，培养了学生的多种能力，使他们获益匪浅。

1. 调动学生的积极性，引发学生兴趣

我班学生经过美术学习，已经对美术技法有了一定的掌握。在日常生活中，他们也喜欢在课本的空白处或在空白纸张上，用钢笔、铅笔简单勾勒出自己喜欢的人物形象，增添一些带有自己个性化创作风格的胡须、服装、场景，这些都是激发学生美术创作灵感的宝贵元素。我班陈亦楠同学特别喜欢画人物，于是画了保尔和冬妮娅（见图 1）。

图 1　陈亦楠同学作品

冬妮娅，保尔初恋对象，是一名林务官的女儿，纯洁善良，美丽动人。她曾把《牛虻》这部小说介绍给保尔看。这部书启发了保尔的思想。

冬妮娅是在偶然的相遇里认识保尔·柯察金的，由于他的倔强和热情，她不自觉地喜欢上了他。但由于阶级出身的关系，她没有和当时许多的青年一样去参加保卫苏维埃政权的伟大斗争，保尔因此放弃了他们的感情。这是两人分手后又重逢的画面。陈亦楠同学很好地抓住了人物的神态、服饰、动作等细节，将两人由恋人成为陌路人，再次重逢的场景勾勒得非常到位。这是充分阅读原著再加上自己的美术功底之后的结晶。

学生要想利用绘画形式准确、形象地把课文内容再现出来，就必须认真钻研课文，弄清人物之间的关系。在绘画过程中，学生必然要动脑动手，这样就加深了对名著内容的理解，而且也潜移默化地受到思想教育。

2. 仔细阅读原著，对原著有深深的体悟

在教学名著时，我并不急于滔滔不绝地讲解，而是引导学生认真阅读原著，积极思考，展开想象，让他们根据自己的理解进行作画，以画代讲培养他们的想象能力。如“保尔偷枪”这一情节，我让学生阅读后，问他们能否变成美术作品呈现在画纸上，又再次让他们认真阅读原著，如外貌表情是怎样的？心里是如何反映出来的？学生的想象欲望被唤起来，纷纷表示“能画出来”。

原著是这样的：保尔朝敞开的窗口望去，整个房间看得一清二楚。桌子上放着一副皮带，还有一件发亮的东西。

保尔为按捺不住的好奇心所驱使，悄悄地从棚顶爬到樱桃树上，顺着树身溜到列辛斯基家的花园里。他弯着腰，几个箭步就到了敞开的窗子跟前，朝屋里看了一眼。桌子上放着一副武装带和一支装在皮套里的很漂亮的十二发曼利赫尔手枪。

保尔连气都喘不上来了。有几秒的工夫，他心里斗争得很激烈，但是最后还是被一种力量所支配，他不顾死活，把身子探进窗子，抓住枪套，拔出那支乌亮的新手枪，然后又跳回了花园。他向四周环顾了一下，小心翼翼地把枪塞进裤袋，迅速穿过花园，向樱桃树跑去。他像猴子似的攀上棚顶，又

回过头来望了一眼。勤务兵正安闲地跟马夫聊天，花园里静悄悄的……他从板棚上溜下来，急忙跑回家去。

对于这个场景，我并没有过多讲解，而是引导、启发学生仔细阅读原著，根据文中所写进行作画。学生们兴致很高，纷纷拿出纸笔认真作起画来。保尔的形象活灵活现，跃然纸上（见图2）。同学们最大限度地发挥了自己的想象，从而对作品理解得更为确切。此刻是无声胜有声，只能意会不能言传，一切尽在画笔中。

图2 李涵雯同学的作品

3. 创设良好的氛围，激发和保护学生的想象和探索欲望

《钢铁是怎样炼成的》这部名著涉及的历史背景比较复杂，同学们对历史了解不多，要透彻地理解对学生来说是比较困难的。如果只是单靠教师的讲解，学生还是像掉进云雾中，毫无头绪。而绘画是用简洁的语言唤起学生再创作的欲望，点燃他们心中的表现之火，让他们根据自己的理解和文本之意，进行创造想象。

我班朱可心同学针对当时的俄国和波兰的战争，有了独特的想法（见图3）。

图3 朱可心同学作品

红军攻克日托米尔和别尔季切夫以后，波军腹背受敌，只好分作两股撤出基辅，仓皇逃遁。他们拼命想为自己杀出一条路，冲出钢铁包围圈。保尔已经完全忘却了他自己。这些日子，每天都有激烈的战斗。他，保尔，已经融入在集体里了。他和每个战士一样，已经忘记了“我”，脑子里只有“我们”：我们团、我们骑兵连、我们旅。

当时拿到这幅画我也有很多不理解，朱可心同学作了一番解释，她说画面的红色是流血，代表战争；黑色边框的图形象征着波兰侵略者的铁蹄践踏在俄国的土地上；黑色边框中还有眼睛和嘴，朱可心同学说那好像是俄罗斯的套娃，象征着侵略者一定会被打跑，这块土地永远属于俄罗斯人民。多么富有想象力啊！

运用原有知识，经过新的组合而创造出新形象，完全符合心理学角度的想象力的培养，可以达到培养想象力的目的。

学生喜欢画画，老师喜欢品画，正是找到了师生契合点，激发学生的兴趣点，充分调动学生创作的冲动，满足学生创作的欲望。

就这样，学生在阅读名著时作一些简笔画，以激发学生的学习兴趣。学生不但加深了对作品的了解，对课文内容理解得准确而深刻，并且培养了学生的想象力，还感受到了作为一名小画家的乐趣。

总之，在语文教学中融入美术则可把课文中抽象的语言描述化为形象生动的图形，学生在这过程中既理解了课文知识又培养了他们的动手和想象能力。以画代讲作为一种教学手段，能够充分体现以教师为主导、以学生为主体的教学原则，充分调动学生的学习积极性和创造性。教学过程中，教师主要起引导、启发的作用，完全放手让学生发挥其个性特征，展开想象的翅膀，自由、任意地进行充分发挥，给学生创设一个展示的舞台。学生通过绘画再现课文内容，其实是一种内化和理解的过程，这样会使学生对课文的内容体会得更加深刻具体，更主要的是培养了学生的自主意识和想象力。在语文教学中，我体会到孩子们拥有无尽的想象力，只要我们用语言、简单的画面为他们创设一定的情境，他们就会学得津津有味，兴趣盎然。当孩子们面对自己的作品时，他们体会到语文学习的快乐和获得成功的幸福，更加主动地提高自己的语文素养和语文实践能力。

（二）绘画——图画变成语言

连环画是学生喜闻乐见的一种艺术形式，连环画中有趣的故事、诱人的形象、丰富的色彩深深地吸引着他们。连环画中各式各样的人物形象、各种风格的亭台楼阁、各种品种的飞禽走兽，都是学生非常喜欢临摹的对象。他们可以借助临摹技法，掌握美术构图、线描上色，从而培养他们对于美术艺术的欣赏。

我找到了《钢铁是怎样炼成的》1972年版经典连环画，当时的人物形象、建筑、服装、家具、山河地貌等，都在一页页连续的画面中栩栩如生地展现，让学生有一种身临其境的“穿越式”见证感。有了这些名著精华的图文绘本——连环画，就在阅读和理解方面拥有了显著的优势。

第一，横向进行重要情节的串联，比如“保尔和书”“保尔和朱赫来”“保尔和枪”；纵向进行人物专题梳理，例如人物中“母亲”“朋友”“女性”系列；名著中的“反面人物”系列；等等，对人物关系重新进行排列组合。这样学生们对繁长的名著情节有了清晰的认识，对于作品的主题，人物的发展有了充分的认识。使学生更了解名著内容，提高阅读名著兴趣，便于形成研究专题。

第二，图画的直观性在帮助学生进行语言文字训练方面具有独特的功能。

通过画面引导学生观察，展开合理想象，引导学生进行说话训练。图画也可以变成文字，这就是看图作文。结合绘画法，我们挑选《钢铁是怎样炼成的》一些图画让学生进行口头作文练习。经过半学期的努力，学生的口头作文能力大大提高。学生看到图画，只列提纲，略打腹稿，即可出口成章，文章条理清晰，前因后果安排得非常自然。绘画法和作文教学相互促进，相辅相成，学生在绘画时能充分理解课文，体会文章的精妙之处；而在作文时学生能学以致用，充分展示自己的特长，注重结构的合理，语言的精妙，主题的深刻。因此绘画法对提高学生口语表达和作文水平都是大有裨益的，对名著阅读更有辅助作用。

第三，看连环画的过程还可以和原著进行比较，如“保尔和枪”系列，学生在看连环画时候发现，小孩把自己的枪给了保尔，而在原著中是保尔生生地把枪抢去了，大家还就这个问题进行了讨论。这样学生们阅读作品更加精心了，更加注重细节了。

在使用连环画学名著这个过程中，既培养了学生应用语言文字表达自己感受的实践能力（提高口语会话能力，有助于写作能力提高），增强想象联想比较能力，提高美术鉴赏能力，同时还有助于学生归纳整合能力的提高，陶冶了学生的情操。

对我而言，连环画的诱人之处就在于教师可以带领学生透过简单的情节，看见丰富的、多层的意蕴，让学生全无压力、轻松愉快地读名著。透过一个小故事又一个小故事，师生互相激发、互相启发，携手走过这条简单之旅、随意之旅，走进名著。

总而言之，语文教学的手段是多种多样的。但教师无论运用哪种手段，目的都是激发学生的学习兴趣，让学生扎实地掌握知识，培养多种能力。通过探索，我认为把绘画引入语文教学中，是达到上述目的的最佳手段。展示本班学生美术功底的同时，将绘画引进语文教学中，冲破传统教学模式的束缚，既能激发学生的学习兴趣，加深对名著的理解，又符合“教师为主导，学生为主体”的现代教学思想。

微出精彩　微出自信

2019 年 3 月，学校启动第一轮微课题研究。在此把我微课题研究的一些心得和大家分享。

1. 在理论引领下前行

2019 年 3 月，我们学校请来赵瑛瑛老师作了关于微课题研究的讲座，介绍了微课题研究的相关知识。微课题研究是研究者采用一般的科学方法或合理手段对细微的教育问题进行观测、分析和了解，从而发现日常生活中常见的教育现象之间本质联系与规律的认识活动，针对的是学校教育、教学、管理过程中所有的环节和细节，具体而言是对教学活动过程中某一环节、某一细节的研究。听讲座后我对讲座内容反复思考推敲，圈画重点，按照讲座中提到的步骤一步一步实施。

比如研究准备阶段，问题的提出部分，我在思考教学工作中遇到什么问题后，感觉目前最大的困惑就是语文名著教学问题：电影、电视、互联网等诸多媒体的出现，使学生开始对枯燥的阅读失去兴趣，不愿去“啃”难懂的名著；部分名著所涉及的社会现实离学生所生活的时代过于遥远，难以使学生产生共鸣，很难为学生所接受；学生缺少阅读名著的时间；老师们为了中考，也是被动地出一些题，让学生通过刷题进行名著的学习。

接下来想办法解决上述问题，在教学实践中使名著真正深入师生内心，让师生爱上名著，为中考助力。具体到初二那个学期，学生正在阅读名著《钢铁是怎样炼成的》，章节多，字数多，人物多，理解起来有些难度。如何有序安排，让名著阅读事半功倍；如何明确目标，让名著阅读有的放矢；如何巧妙激趣，让名著阅读充满乐趣。这是我的研究目标。美术班学生喜欢画画，喜欢欣赏画。因此我尝试用图画激发学生的兴趣，找到师生的契合点，使读名著成为快乐的事。

接下来就是研究实施，充分考虑能否具备进行研究所需要的主观、客观条件。在教学实际中，制订合理可行的实施方案，采用以画代讲的教学手段，找到师生的契合点，把文字变成图画，又把图画变成语言文字。根据班里学生和教师本人情况，教师喜欢品画，美术班学生喜欢画画，于是我们贴近实际，增强研究方案针对性，根据日常教育教学活动设计研究工作，并反映在研究方案中，增强研究方案的时效性。

2. 在实践中品鉴教科研的魅力

做微课题研究时，我还是感觉挺愉悦的，文章发表，得到证书，留下资料，并且可以经常调动我的思维细胞，让我不断思考，自己头脑中总有这个微课题的意识，所以“处处留心，时时在意”。

我能够不断学习，不断研究探索，在工作时具有广阔的教育视野及了解学术前沿的意识，能够根据社会时代的发展和教育的发展更新教育观念和知识结构——这都得益于多年的教科研活动。

教育科研素养的提高，一方面是通过学习，另一方面是积极参加教育科研活动，在科研活动中把教育理论和教学实践结合起来，提高运用教育理论的能力。教师，是一支潜力很大的教育科研力量，参加教育科研，可以掌握大量、丰富的第一手资料，并且在教育科研过程中，自身能力也会不断地完善、提高。

教科研助力教育教学，促学生发展，促教师成长。

在语文文化探访教学中引入美术专业表达辅助教学的研究

鑫　宇

一、研究背景

（一）课标的要求

信息时代，互联网的广泛应用让当代高中生更具国际视野，但是却缺乏对于自己家乡的了解和参与。家乡文化既是中国文化的重要组成部分，也是我们个体精神生活的重要依托，它并不是抽象的存在，家乡的各色人物、各种自然和人文景观、独特的风俗习惯和历史文化，都承载着丰富的记忆与情感。《普通高中语文课程标准（2017 年版 2020 年修订）》中，“当代文化参与”任务群旨在引导学生关注和参与当代文化生活，学习剖析、评价文化现象，积极参与中国特色社会主义先进文化的传播与交流，增强文化自信。部编版高中语文教材中在必修上册新增了“家乡文化生活”单元。课标要求、课程设置都指向了高中生与家乡文化的必然联系。正是在这样的背景之下，我将学生的语文学习与家乡文化生活紧密结合，让学生通过调查和访谈，搜集整理资料，聚焦并提炼问题，展开专题讨论，在了解的基础上辩证思考文化发展与个人、社会的关系，进而提出丰富家乡文化生活的建议。在这一学习活动过程中，提升学生的语文素养，培养其热爱家乡进而热爱祖国的感情。

（二）学情分析

我所授课班级为我校美术高中班，班级学生全部都是学习美术专业的。

美术专业的学生文化课基础普遍较差，完成各项任务的能力也较弱，无论是调查访谈的能力还是语言文字表达能力都有所欠缺。但是学生在艺术感悟力和表现力方面却有比较惊人的表现。学生如果能在这一单元的调查与展示中，用自己擅长的方式有尽可能精彩的呈现，将会极大地激发学生的学习兴趣，对后面学习中的当代文化参与活动有引领的作用。“当代文化参与”这一任务群贯穿必修、选择性必修和选修三个阶段，本学期这一任务群的学习也是为后面的学习调查打牢基础。本单元是高中阶段文化探访活动的起点，所以不能流于形式，需要落到实处。正是基于以上学情，我在单元教学和作业的设计上，考虑了将语文教学与学生的美术特长相融合，以根据调查主题设计队旗的形式实现跨学科教学。用学生擅长的画作与文字相结合的形式呈现访谈和调查结果。文字与绘画对美的感知能力是相通的，文字表述更加严谨，画作呈现更为直观，二者相互配合将会更好地呈现结果。

二、研究对象

美高班。

三、研究目标

首先是本单元的立德树人主题指向：了解家乡，参与家乡文化建设，增进家乡文化认同；关注和参与当代文化生活，培养适应社会、服务社会的能力，增强文化自信和弘扬社会主义核心价值观的自觉性；认识我们生活的家园，见证时代的变迁，思考家乡与自我成长之间的关系；研读学习资源，深化对家乡的认识，辩证思考传统与现代的关系，提升当代文化参与意识。

其次是语文学科素养的学习目标：学习调查、访谈的方法，学习搜集整理资料、聚焦并提炼问题的能力，提高学生对各种文化现象的认识能力和阐释见解的能力。

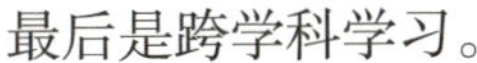

最后是跨学科学习。

四、研究方法

调查活动具有参与性、体验性、探究性的特点，可以增强课程内容与学生成长的联系；同时也具有开放性的特点，调查访问可以与书面学习相结合，现场调查可以与比较研究相结合，分析研究可以与传播建设相结合，从而提高学生语文综合运用的能力。

另外，“当代文化参与”这一任务群贯穿必修、选择性必修和选修三个阶段，这一任务群的学习也是为后面的学习调查打牢基础。

五、研究实施过程

第一，我通过两课时的教学，让学生初步掌握调查研究的方法。例如，如何确定访谈对象（或是调查方向）、访谈的一般流程；如何设计访谈问题；如何做好访谈记录以及访谈后的资料如何整理等。以及指导学生设计个性化的访谈表格和调查报告结构图等。

第二，给学生布置三个作业任务，三个学习活动任务设计如下：

任务一　“记录家乡的人和物”，让学生在生活日常中梳理值得记录的“人和物”的素材，从熟悉的场景中激活记忆、凝练认识，感受家乡的文化底蕴。侧重通过调查、访谈、记录，引导学生深入了解家乡的人、物、历史、习俗等。学生首先明确自己的访谈对象，报给老师确定访谈内容是否可行；然后制订探访计划、访谈提纲等，实地探访，留存好资料；最后整理访谈记录，成文成画。具体要求是结合访谈内容，完成《家乡人物（风物）志》的写作，并根据自己的写作内容，为自己的访谈配画（如访谈的是人物，可以为所访谈的对象画像；如果走访的是名人故居，可以绘制故居的景象；如果调查的是家乡的某一个建筑，可以为建筑画图；如果调查的是家乡的一种特产或是某一个老物件，也可以为之附上插画……总之文与画要形成呼应的关系，配图可以是一幅图，也可以是连环画），分享对家乡人和物的记录。

任务二 “家乡文化生活现状调查”，让学生从不同的主题，如人际关系、道德风尚、文物古迹的保护、文化生活的方式等方面展开调查研究，就某一个专题方向深入了解，感受家乡的变化。侧重通过访谈和调查，了解家乡文化生活现象，辩证思考文化发展与个人、社会的关系。学生首先自愿组成4~6人的小组（不能自愿组队的，由老师统一协调组队），最后共组成8个调查小组；每个小组经商议后上报小组计划的调查主题；在确认调查主题具有可行性后，制订调查计划（包括设计问卷等）同时进行小组内分工；绘制并制作一面队旗，队旗样式最好能体现小组调查主题；实地走访调查；整理汇总资料后成文（或以PPT的形式呈现整组的调查结果，如以视频的形式呈现则长度要尽量控制在3分钟以内，可截取比较具有代表性的部分）。

任务三 “参与家乡文化建设”，从风俗习惯、邻里关系、生活方式、文化环境等方面思考可以改进的地方。这是语文学习的课外延伸，也是当代学生应该担负的责任。侧重掌握大量一手材料后，提出丰富家乡文化生活的建议。学生先梳理前两个任务的相关资料，思考自己在走访调查过程中的发现；再从家乡实际出发，在多方征询意见的前提下，写成建议书，提出自己的合理化建议；最后用一到两句话高度概括对家乡文化生活的建议，最好能对仗、押韵。

任务一让学生在探访家乡人和物的基础上对自己的家乡有了初步的认识，为任务二的家乡文化生活调查打下了基础，任务一和任务二的调查走访又为任务三的建言献策提供了实际的理论基础。

以上三个任务基本上都需要前期计划，中期检查，以及后期成文。学生每个任务大概需要至少一周的时间进行准备，然后才能进行展示。这个过程中，需要教师随时对学生进行研究方向和方法上的指导。一周准备时间过后，学生上交《家乡人物（风物）志》及相应画作后，教师再从中挑选出五六份优秀作业进行展示指导。

第三，后面的三个课时，学生分别就三个作业任务进行课上展示。学生要在展示的过程中向同学讲解自己的前期准备工作，包括查找资料、确定访谈主题、自己设计访谈表格的思路和想法、实际走访过程中的心得体会以及最后的成文思路，同时还需要讲解自己的文配画的设计理念、画作与文稿之间是如何互相支撑与呼应的。

第四，由老师进行本单元所学知识的总结与回顾（见图 1）。

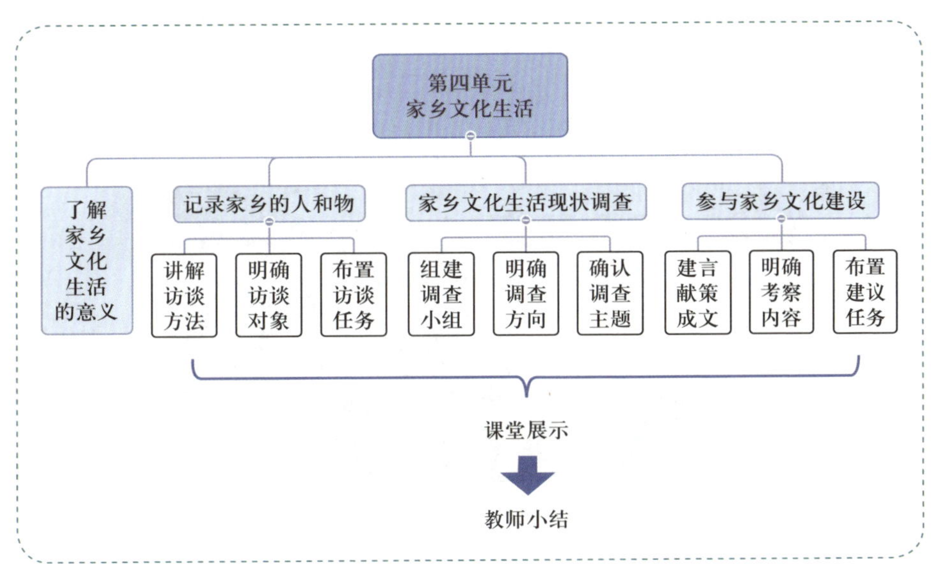

图 1　单元整体教学结构

六、研究成果

家乡，是我们每天生活的地方。家乡那些让我们引以为傲的文化名人、气势恢宏的历史建筑、独具特色的传统手工艺带给了我们自豪感，同时也需要我们去传承与发扬。这些都需要我们不断地、深入地了解我们家乡的人、物、生活现状，积极参与家乡文化建设、参与当代文化生活。这个单元的调查活动文配画的加入，更丰富了文化谈话的表现形式，从而提高了学生语文综合运用的能力，提升了学生对家乡文化的认同感与热爱。

图 2~ 图 8 是本单元的部分成果展示。

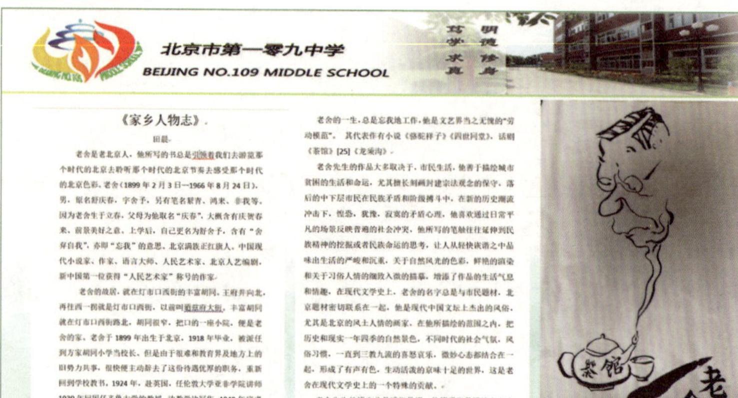

北京市第一零九中学
BEIJING NO.109 MIDDLE SCHOOL
明德修身 笃学求真

《家乡人物志》

田晨

老舍是老北京人，他所写的书总是引领着我们去游览那个时代的北京去聆听那个时代的北京节奏去感受那个时代的北京色彩。老舍（1899年2月3日—1966年8月24日），男，原名舒庆春，字舍予，另有笔名絜青、鸿来、非我等。因为老舍生于立春，父母为他取名"庆春"，大概含有庆贺春来、前景美好之意。上学后，自己更名为舒舍予，含有"舍弃自我"，亦即"忘我"的意思。北京满族正红旗人。中国现代小说家、作家、语言大师、人民艺术家、北京人艺编剧，新中国第一位获得"人民艺术家"称号的作家。

老舍的故居，就在灯市口西街的丰富胡同。王府井向北，再往西一拐就是灯市口西街，以前叫乃兹府大街。丰富胡同就在灯市口西街路北，胡同很窄，把口的一座小院，便是老舍的家。老舍于1899年出生于北京，1918年毕业，被派任到方家胡同小学当校长。但是由于很难和教育界及地方上的旧势力共事，很快便主动辞去了这份待遇优厚的职务，重新回到学校教书。1924年，赴英国，任伦敦大学亚非学院讲师1930年回国任齐鲁大学的教授，边教学边写作。1949年底老舍从美国归来后，买下了这座院子，在此居住了17年，他一

老舍的一生，总是忘我地工作，他是文艺界当之无愧的"劳动模范"。其代表作有小说《骆驼祥子》《四世同堂》，话剧《茶馆》[25]《龙须沟》。

老舍先生的作品大多取决于，市民生活，他善于描绘城市贫困的生活和命运，尤其擅长刻画封建宗法观念的保守，落后的中下层市民在民族矛盾和阶级搏斗中，在新的历史潮流冲击下，惶恐，犹豫，寂寞的矛盾心理，他喜欢通过日常平凡的场景反映普遍的社会冲突，他所写的笔触往往延伸到民族精神的挖掘或者民族命运的思考，让人从轻快谈谐之中品味出生活的严峻和沉重，关于自然风光的色彩，鲜艳的渲染和关于习俗人情的细致入微的描摹，增添了作品的生活气息和情趣，在现代文学史上，老舍的名字总是与市民题材，北京题材密切联系在一起，他是现代中国文坛上杰出的风俗，尤其是北京的风土人情的画家，在他所描绘的范围之内，把历史和现实一年四季的自然景色，不同时代的社会气氛，风俗习惯，一直到三教九流的喜怒哀乐，微妙心态都结合在一起，形成了有声有色，生动活泼的京味十足的世界，这是老舍在现代文学史上的一个特殊的贡献。

老舍先生的语言总是通俗易懂，他用通俗易懂的文字来反映时代和生活，老舍先生曾经说过，没有一位语言艺术大

图2　田晨的作业展示

北京市第一零九中学
BEIJING NO.109 MIDDLE SCHOOL
明德修身 笃学求真

家乡风物志——北顶娘娘庙

林凡茜

北京城有许多古建筑，我探访的是北顶娘娘庙。北京历史上曾有过著名的"五顶"，以东南西北中的方位命名，供奉着不同的娘娘。北顶娘娘庙里的就是碧霞元君。这碧霞元君原先是在泰山顶上，被移植到了北京后，供奉它的庙宇便依旧叫"顶"，这也就是北顶娘娘庙名字的由来了。

在实地考察之前，我搜集了许多资料，在我国的北方地区，民众对碧霞元君的信仰极盛，信徒以之为奉神，祷之即应。在民间的传说里，碧霞

北京的娘娘庙古往今来也不少，简单数了数纳入各区文保名单的娘娘庙不下50个。其中地位最为显贵的非北顶娘娘庙莫属。

北顶娘娘庙位于亚运村西侧的国家游泳中心"水立方"南侧，是明代皇家敕建的庙宇，庙内原供奉碧霞元君。北顶娘娘庙在明清时期为北京地区信仰碧霞元君的活动中心之一，为皇家敕建庙宇，始建于明宣德年间，清乾隆年间奉敕重修，占地面积约9700平方米，原供奉碧霞元君、天仙娘娘、送子娘娘、东岳大帝、关帝、药王等神祇。

我在收集资料时，发现北顶娘娘庙有许多传说。比如2004年的时候，因为要建奥运场馆水立方和鸟巢，这个地方被划在了拆迁范围之内，而在拆迁过程中突然间毫无征兆地狂风大作把水立方工地上的沙土、石料、围栏以及搭建的临时建筑，全都卷了起来，把工地破坏得一塌糊涂。又比如挖地基的时候挖出了一个坑，几个工人打着手电在洞里一看，密密麻麻全是蛇，很多人觉得这是娘娘显灵。

图3　林凡茜的作业展示

北京市第一零九中学
BEIJING NO.109 MIDDLE SCHOOL
明德修身 笃学求真

京东石林峡风景区

赵丞硕

石林峡位于北京市区东北部70公里的平谷区境内，是黄松峪地质公园的核心景区，缘于峡谷内四座峭拔挺秀的石林峰群而得名。景区全长6公里，面积12平方公里，大小景观50余处，为国家AAAA级旅游景区。

石林峡中的石、峡、水、峰、林五大特点构成了独特的景观又各具千秋，赏北国石林、观九天飞瀑、游峡谷险峰、寻石林三绝是石林峡四大游览特色。这里的石林高峻陡峭，片片根根直立，巨石、奇石遍布谷中，整个峡谷林木郁郁葱葱，奇松怪柏苍翠挺拔，曲长的峡谷清寂秀丽，九瀑十八潭点缀其中，如一幅惟妙惟肖的天然画卷，颇具北方的壮美气势，又显江南的秀丽多姿。石林峡有东西两片石林，令人叹为观止，远观气势宏伟，近观形态各异，异彩纷呈，有的如巨笔参天，有的如玉笋穿空，有的如枪戟林立，有的如雄狮出征，更有似玉女婷婷，神猴探月，龙盘玉柱，老象出山者，美轮美奂，美不胜收，有诗赞曰："早知石林生南国，至此方知读书浅"，有联赞曰："探峡谷感受神秘清幽，登高峰尽揽千山万壑"。

图4　赵丞硕的作业展示

家乡风物志

他乡纵有当头月，不及家乡一盏灯。

王钰

"故乡的歌，是一支清远的笛，总在有月亮的晚上响起，故乡的面貌，却是一种模糊的惆怅，仿佛雾里的挥手别离别离后乡愁是一棵没有年轮的树，永不老去。

我家老房子的前院里有一棵老槐树。关于老房子的一切都模糊了，唯独记得那老槐树。在我咿呀学语时，它茂盛的枝叶似乎无边无际似乎可以挡住整片天空。初夏，嫩黄色的花骨朵儿挤着搠着,压着枝条。风一吹,绿叶和白花交织在一起,倒也醉人。花香说不上沁人心脾，却满足了我。打开窗，暗香缠绕于清风，拂人面颊,这是家的味道。有时我在家里,有时在窗外，一回头，老槐树一定摇曳着一整串花穗,静静地注视着我。

"姥爷，槐花什么时候收啊，我还等着吃槐花饼呢"刚睡醒的我甚至眼睛还没有睁开便问姥爷,"哈哈，等咱们收拾好了带上梯子就可以出发了"。我激动的一下就从床上蹦了起来还高喊道"耶"。待我们收拾好后我走着田间小路蹦蹦跳跳嘴里还哼着歌，到了槐花树下只见一林深见影,斑驳的光影一点两点漏过错落的树林丛,穿过清凌凌的雾气,落在西边青色的鹅卵石上，洒下一地斑驳。"

我迫不及待的将梯子摆好飞速爬上待姥爷把梯子固定好后便准备伸手将花朵摘下。我看着这番美景，有些不忍心将槐花摘下但想了想香甜可口的槐花饼还是将槐花悉数摘下。

摘完后我又坐上了姥爷的三轮车回到了家。到家后姥爷准备开始做槐花了饼。先一个一个择好，用水洗干净，放进锅时蒸，具体的过程我也记不清了，只记得当槐花蒸熟时，揭开锅，香气就溢出来了，厨房也装不下，客厅里都香，我的口水"唰"地就流下来了，来不及等姥爷盛碗，放调味料就抓起来吃，手还被锅边烫了一个泡。直到我吃得差不多了，才想起来姥爷还没吃，看着剩下的一点，不好意思地像他："吃呀，趁热吃呀！"姥爷笑笑："你吃吧，我不饿。"我也就吃得心安理得了。吃完后，满嘴都是槐花的清香。

还记得小时候每年的4，5月份都会找一两个周末到姥爷家摘槐花做槐花饼但这几年因为疫情原因也回不去了，听姥爷说槐树因为长了虫子已经被砍倒了，听完后我的内心深处也有些落寞和不舍。不舍的不仅是槐花饼的清香还有和姥爷相处的时光更是对逝去的童年的回忆。

故乡是中国人心中不变的坐标，那里有你最为在乎的人，"独在异乡为异客，每逢佳节倍思亲"；那里也有你最惦念的味道，"秋风起兮木叶飞，吴江水兮鲈正肥"；哪怕月亮都是"露从今夜白，月是故乡明"，故乡牵引着"画图恰似归家梦，千里河山寸许长"的离愁；纵使远行也"仍怜故乡水，万里送行舟"，一份思乡情让我们永远记住自己的根在那里。

图 5　王钰的作业展示

附二：历史建筑登记表

建筑名称	皇穹宇	建筑位置	位于天坛中圜丘坛以北
建造历史	始建于明嘉靖九年，初名泰神殿，嘉靖十七年改称皇穹宇。　初为重檐圆形建筑，是圜丘坛的正殿，清乾隆十七年改建为今单檐样式。皇穹宇围垣具有传声功效，俗称回音壁。	建筑现状	保存完好
价值描述	供奉圜丘坛祭祀神位的场所，存放祭祀神牌的处所。	信息来源	百度百科 360百科
照片		建议	定期修葺古建筑、完善文物建筑保护规划

图 6　卢思雯的作业展示

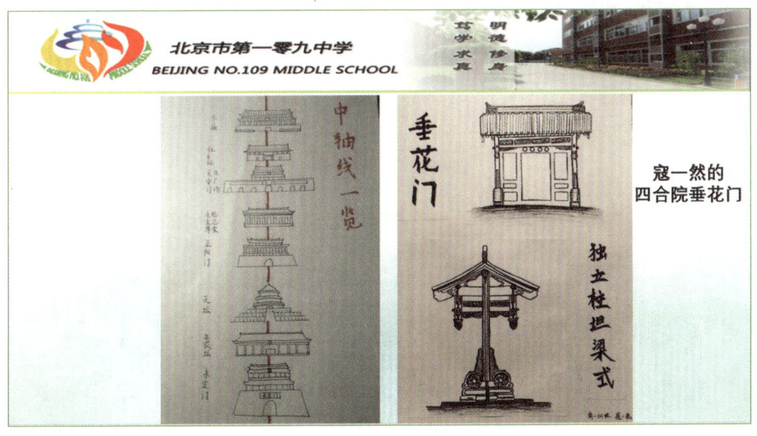

图 7　王佳妮的作业展示

家乡风物志——雍和宫

李安然

北京的雍和宫是清朝两代帝王雍和、乾隆的“在潜之居”，同时也是乾隆的出生地，成了“龙潜福地”，所以殿宇为黄瓦红墙，与紫禁城皇城是一个规格。

如今的雍和宫主要由三座精致的牌坊和五进宏伟的大殿组成。从飞檐斗拱的东西牌坊到古色古香东、西顺山楼，共占地面积 66400 平方米，有殿宇千余间，最高建筑万佛阁及楼内耸立着的巨大“迈达拉佛”，寓意着“当来下生佛”与“兜率天宫”的圣境景象。

从“贝勒府”到“雍亲王府”“行宫”直至影堂时期的雍和宫，雍和宫的每一阶段都演绎着不同的宫廷斗争历史，也给我们留下了许多珍贵的财富，不但在建筑艺术、布局、建筑规模等方面都有他的独到之处，而且给我们留下了大量的极其珍贵的反应宗教艺术的佛像、唐卡、音乐、经书、法物法器、殿堂建筑，反映蒙藏地区民族生活的用品及宫廷御用物品等文物。

雍和宫的文化价值和精华在于深含历史底蕴的藏传佛教艺术。松赞干布迎娶尺尊公主和文成公主之后，将由文成公主带来的汉传佛教与吐蕃地区自己的佛教相结合，慢慢融合成为如今的藏传佛教。

文化特点体现于：

图 8　李安然的作业展示

七、实施微课题的感受与体会

此次“关注家乡文化　彩笔绘就家乡”微课题的研究让我对语文教学有了全新的认识，虽然过程很艰辛，但是更为学生展示出来的作品而感到震撼。我体会到了，这种全新的文配画的教学形式激发了学生的学习兴趣，调动了学生的学习主动性和自觉性。当然，在访谈的设计以及调查的方法上还是要多给予学生指导，在布置任务的时候要尽可能地讲解详尽，否则会有部分学生出现理解不到位的情况。这次的微课题研究让我收获颇丰，我会充分利用本课题的经验，让此次的研究成果在更多的教学活动中得以应用，同时也激励我不断尝试、勇于实践！

基于学情　让文字之美与绘画之韵完美融合

微课题“关注家乡文化　彩笔绘就家乡”是一次跨学科的尝试。

由于“当代文化参与”任务群在高中语文必修上册中的“家乡文化生活”单元是高中文化探访活动的起点，所以不能流于形式，需要落到实处。当代很多高中生对于自己的家乡知之甚少，尤其是我所教授的都是美术班的学生，无论是调查访谈的能力还是语言文字表达能力都有所欠缺，如果能在这一单元的调查与展示中有尽可能精彩的呈现，将会极大地激发学生的学习兴趣，对后面学习“当代文化参与”活动有引领的作用。这就需要教师在这一单元的教学中勇于尝试全新的教学方式。所以，在单元教学和作业的设计上，我将语文教学与学生的美术特长相融合，用文配画的形式实现跨学科教学，用学生擅长的画作与文字相结合的方式呈现访谈和调查结果。文字与绘画对美的感知能力是相通的，文字表述更加严谨，画作呈现更为直观，二者相互配合将会更好地呈现结果，也是基于学情的设计。

在课题实施的过程中，我发现学生的选材广泛，提示我在今后的教学以及活动中不要给学生过分设限，这样才能看到他们更精彩的表现！

借助几何直观　推动思维可视化的研究

田宇轩

一、研究背景

随着教学经验的逐年增加，在日常教学中，我们经常会遇到这样一个现象：学生在课下解决数学问题时总觉得很难，没有思路，等到课上讲解时，学生又会觉得问题其实很简单，理解起来很容易。如果这个现象出现在一两个学生身上，可能是学生个人的问题，但在这几年教书过程中我却发现这个现象其实很普遍，是大多数学生共性的问题。那么这个问题就值得每一位一线数学教师去深入思考。

这几年我也在不断地思考以下两个问题：①学生在解决数学问题的过程中为什么会出现思维障碍；②学生在解决数学问题的过程中应该如何去克服这种思维障碍。

二、研究对象

为了验证我的想法，我选取了高三（2）班作为我的研究对象。这个班的学生相对比较听话，基础知识扎实。每次考试班级数学成绩平均分都列年级第二，落后第一名大概 5~8 分，班级成绩相对均衡，没有高分也没有低分。抽调了一次期末考试的试卷，发现学生在导数大题等相对抽象的题目上得分率极低。

三、研究方法

我认为要想找到问题的答案应回归课标，所以我查阅了《义务教育数学课程标准（2022年版）》和《普通高中数学课程标准（2017年版2020年修订）》这两个版本的课标。两版课标中都指出，数学课程的目标是发展学生的数学核心素养。所以我认为要想解决以上我提出的问题，就要从数学核心素养中找答案。对比两个版本的课标，我发现虽然两个版本所提到数学核心素养的具体内容不太一样，但总的来说还是符合一致性和阶段性的特点。其中所提到的一个核心素养引起了我的关注——几何直观，义务教育阶段明确提出了几何直观这一素养，高中阶段几何直观进一步升级为直观想象素养。我的理解是这一素养其实可以拆成两个部分，第一部分是直观，指的就是几何直观；第二部分想象指的是空间想象。数学学科是高度抽象、符号化的一门学科。因此学生在解决数学问题的过程中会不可避免地进行数学抽象，如果在这个过程中学生本身所具有的数学思维水平不能与实际问题相匹配，那么学生就无法顺利找到解决问题的突破点，从而造成数学思维的中断，进而形成数学思维障碍。

那么当学生面临这种思维障碍的时候应如何克服从而顺利找到解决问题的突破点呢？回到问题的核心，学生之所以找不到问题的突破点，是因为解决问题的过程中需要进行数学抽象，这个过程是在脑海中完成的，是学生看不见、摸不着的。所以我这几年就一直在思考，当学生在解决问题的过程中遇到思维障碍了，能否将思维的过程转化成图像语言，让学生通过对图的观察、对图像的分析，从而将问题直观化，进而帮助学生找到问题的突破点。想到这里，我初步形成了一个设想——借助几何直观，开展直观性教学，让抽象的思维可视化，使问题变得更容易解决。

四、研究实施过程

通过前期的抽样调查，我发现班级学生在导数这类题上得分率很低，全班32名学生，第一问得分人数有26人，第二问得分人数仅有8人，第三问得分人数0人。针对这一问题，我打算将几何直观融入课堂教学中来，为此，我请教了北京市第八十中学的王贵军老师。王老师在直观性教学上有丰富的经验，给我提了很多建议。结合我对于导数这部分知识的理解，我对于导数教学有了全新的认识。从高考的角度，高考对于导数的考查无非就是以下几类问题：①切线问题；②单调性问题；③极值问题；④最值问题；⑤零点问题。学生对于第一类问题的掌握还算可以，但其余四类问题解决起来就很困难。其实，如果从几何的角度重新看待这五类问题，我认为这五类问题的解决思路是具有同一性的。高中之所以要学习导数，根本原因是因为导数是一个研究函数单调性的工具。而单调性是刻画函数图像变化趋势的载体。导数值的正负和大小会直接影响函数的单调性。所以，不管考导数哪类问题，解决问题的突破点完全可以放在对两个图像的研究上：①导数图像；②原函数图像。通过导数图像可以帮助我们了解原函数的单调性，了解原函数图像的变化趋势；有了原函数的单调性后，接下来通过描点作图，我们可以画出原函数的图像；有了图像之后，不管是极值、最值还是零点我们可以通过图像直接看出答案，因为极值可以理解为图像拐点的纵坐标，最值可以理解为图像最高点和最低点的纵坐标，零点可以理解为图像与x轴交点的横坐标。借助图像，我们就可以将复杂抽象的导数问题变成可以看得到的、直观化的几何问题，从而帮助学生克服数学思维障碍，让解题变得更简单。

原题展示：

20. 已知函数$f(x)=(x-1)e^x-\frac{1}{2}ax^2+1$，$a\in R$。

（1）当$a=0$时，求曲线$y=f(x)$在点$(1, f(1))$处的切线方程；

（2）判断函数$f(x)$的极值点的个数，并说明理由；

（3）若对任意$x\in R$，$f(x)\geqslant 0$恒成立，求a的取值范围。

学生答案（见图 1、图 2）：

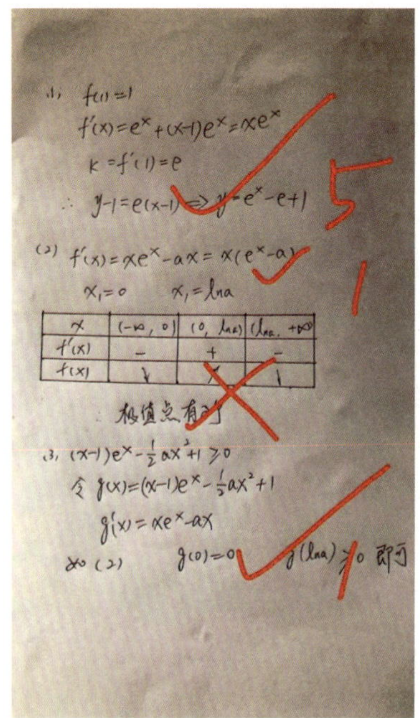

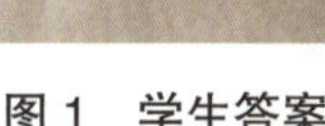

图 1　学生答案

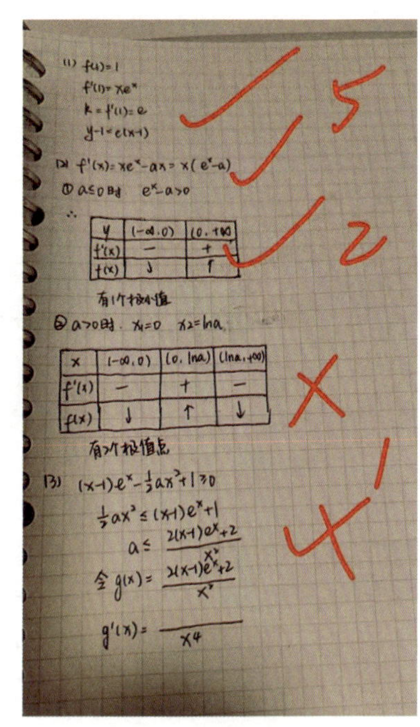

图 2　学生答案

以上两个学生在第二问的解题过程中都出现了不同程度的问题，面批的过程中学生都知道极值成立的两个条件是什么，但是在具体解决问题过程中又不知道应该从什么角度切入，就只从极值点是导数的零点这个角度尝试，从而造成思维的偏差。针对学生的问题，我设计了如下的问题链引导学生对这个问题进行深入思考。

问题 1　导数的哪些元素会对函数的单调性产生影响？

学生回答： 正负。

小结： 这也就意味着求导后我们要关注导数的正负。

问题 2　一个乘积结构的导数，当 x 与 e^x-a 同号时，导数________；当 x 与 e^x-a 异号时，导数________。

小结： 此时导数的正负可以拆成两函数 $g(x)=x$ 与 $h(x)=e^x-a$ 分别研究。

问题 3 画出 $g(x)=x$ 的图像并分析函数的正负。

学生答案(见图 3):

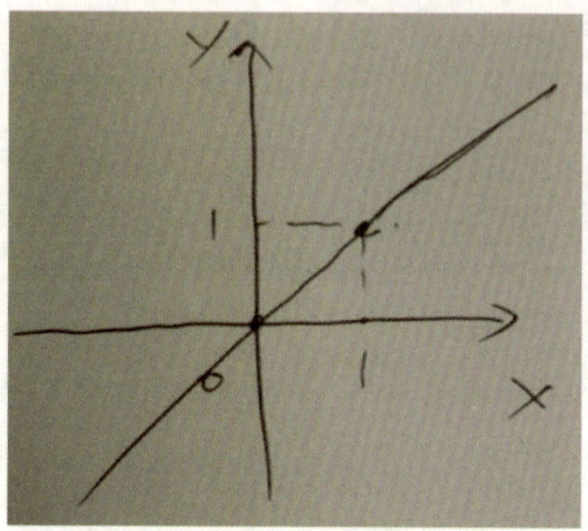

图 3 学生答案

学生回答 当 $x>0$ 时，$g(x)>0$；当 $x<0$ 时，$g(x)<0$；当 $x=0$ 时，$g(x)=0$。

问题 4 从图像变换的角度思考 $h(x)=e^x-a$ 中参数 a 的作用？

学生回答 图像上下平移。

小结： 当 $a>0$ 时，将 e^x 的图像向________；

当 $a<0$ 时，将 e^x 的图像向________；

当 $a=0$ 时，将 e^x 的图像向________。

很明显，随着 a 的变化，$h(x)$ 的图像也在变化，所以我们在接下来的画图过程中需要分类。

问题 5 画出 $h(x)=e^x-a$ 的图像并判断 $h(x)$ 的正负。

学生答案(见图 4):

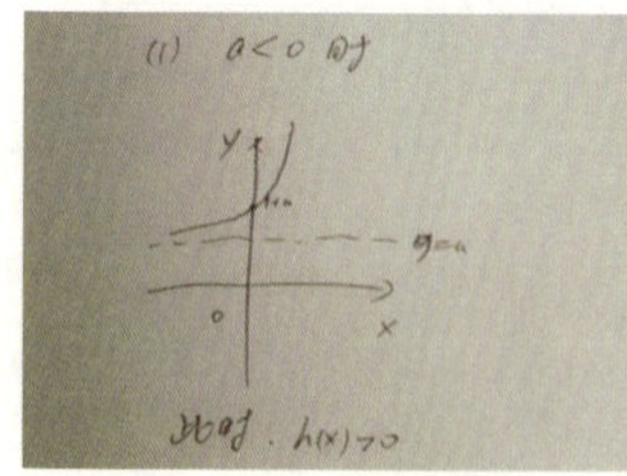

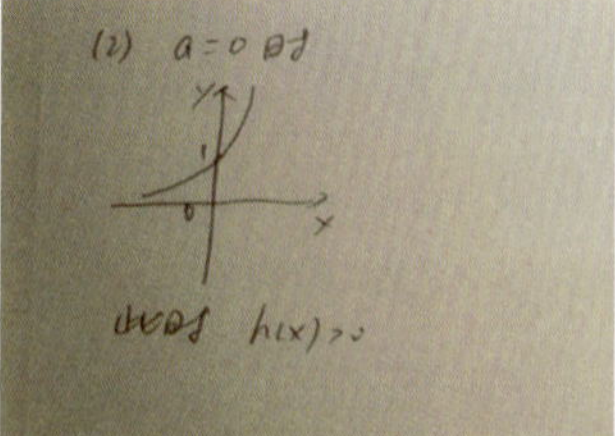

图 4 学生答案

小结： 由于 $h(x)$ 的分类，显然在研究导数 $f'(x)$ 的正负时也要分类。

故当 $a<0$ 时，导数 $f'(x)$ 的正负与________一致；

当 $a=0$ 时，导数 $f'(x)$ 的正负与________一致。

问题 6　请写出当 $a\leqslant 0$ 时，$f(x)$ 的单调区间与极值。

学生答案（见图 5）： 当 $a\leqslant 0$ 时

$e^x-a>0$ 恒成立

所以 $f'(x)$ 的正负只与 x 有关

由图可知：

x	$(-\infty, 0)$	$(0, +\infty)$
$f'(x)$	−	+
$f(x)$	减	增

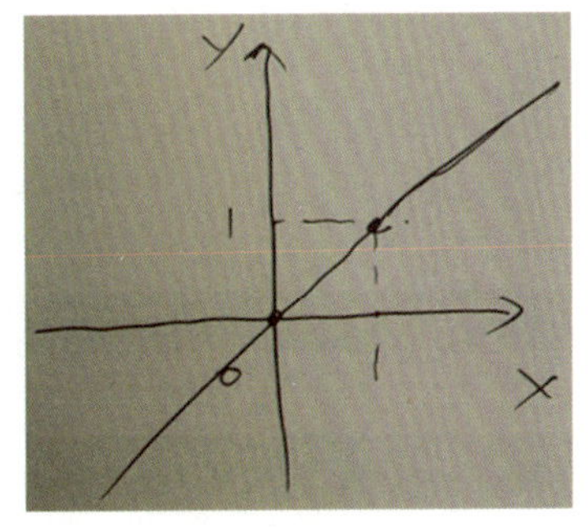

图 5　学生答案

所以增区间：$(0, +\infty)$ 减区间：$(-\infty, 0)$ 极小值：$f(0)$（1 个）

当 $a>0$ 时，x 与 e^x-a 均可正可负，所以此时我们要判断导数的正负需要将两个图像放到一起来研究。

问题 7　当 $a>0$ 时，如果将 x 与 e^x-a 的图像放在一个坐标系上，在画图时会有什么问题？

学生回答： 两个零点的位置关系不确定。

问题 8　写出两个零点有哪几种位置关系。

学生回答：（1）$\ln a<0$，即 $0<a<1$ 时；（2）$\ln a=0$，即 $a=1$ 时；

（3）$\ln a>0$，即 $a>1$ 时。

问题 9　画出每种情况下两函数的示意图，并根据图像判断导数的正负，写出函数的单调区间和极值。

学生答案：

（1）当 $\ln a<0$，即 $0<a<1$ 时

由图可知（见图6）：

x	$(-\infty, \ln a)$	$(\ln a, 0)$	$(0, +\infty)$
$f'(x)$	+	−	+
$f(x)$	增	减	增

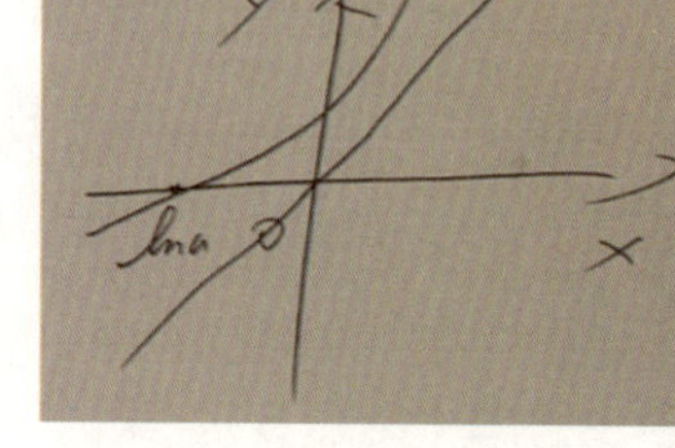

图6　学生答案（1）

所以增区间：$(-\infty, \ln a)$，$(0, +\infty)$

减区间：$(\ln a, 0)$

极大值：$f(\ln a)$

极小值：$f(0)$（2个）

（2）当 $\ln a=0$，即 $a=1$ 时

由图可知（见图7）：此时，$f'(x) \geqslant 0$ 恒成立

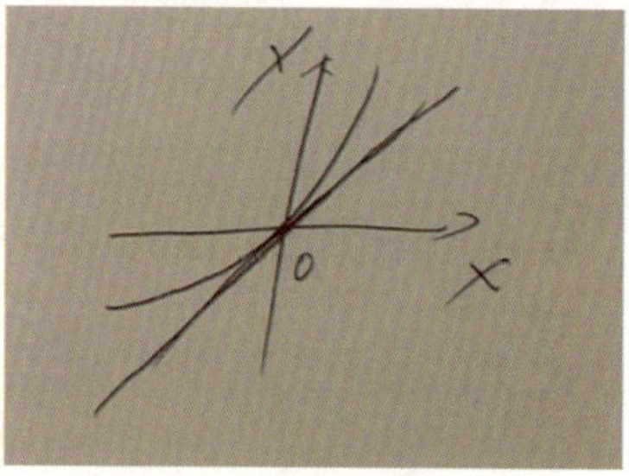

所以增区间：$(-\infty, +\infty)$　　无减区间

无极值　　（0个）

图7　学生答案（2）

（3）当 $\ln a>0$，即 $a>1$ 时（见图8）

x	$(-\infty, 0)$	$(0, \ln a)$	$(\ln a, +\infty)$
$f'(x)$	+	−	+
$f(x)$	增	减	增

图8　学生答案（3）

所以增区间：$(-\infty, 0)$，$(\ln a, +\infty)$

减区间：$(0, \ln a)$

极大值：$f(0)$ 极小值：$f(\ln a)$（2个）

小结： 这道题的难点是对于参数 a 的分类讨论，但是借助几何直观，在画图的过程中，图像中出现的不确定性自然而言的成为了这道题的分类依据，让抽象的数学问题变得直观化，学生在分析图像的过程中很容易地跨过了这

道题的难点，克服了思维障碍。当第二问得以正确解决后，第三问直接借助第二问的结论很容易就可以得到答案。

五、研究效果

在上课之前，大部分的学生对于第二问的认知是既然求极值，那么显然应令导数为零，这样就变成了一个方程问题，但是学生在解方程的过程中认知存在偏差，对于方程 $e^x-a=0$，学生认为这个方程的解是 $x=\ln a$，这就是学生解题出现问题的根源。实际上这个方程不一定有解，只有在 $a>0$ 时方程才有解。而借助图像，学生很容易发现自己的认知错误，应该将参数 a 进行分类，根据图像平移，学生很容易会分三种情况解题：① $a>0$；② $a=0$；③ $a<0$ 时。借助图像，判断导数正负这件事情也变得直观化，只要图像在 x 轴上方的部分，导数恒正；图像在 x 轴下方的部分，导数恒负；导数在 x 轴上的部分，导数为零。本道题最难的部分就是 $a>0$ 时导数正负的研究。上课之前，班级内几乎没有学生能写到这个地步，然而借助图像，在画图过程中，有一半左右的学生可以发现 $\ln a$ 与 0 的位置存在不确定性，需要分类讨论，而分类的依据就是去比较 $\ln a$ 与 0 的位置关系。这就是直观化的好处，通过几何直观，让抽象的问题变成看得见的图像，使得解题变得更容易。当然，不仅仅在导数的研究上可以借助几何直观，在其他问题的研究上也可以，比如平面向量的数量积 $\vec{a}\cdot\vec{b}$ 从几何的角度可以理解为 $\vec{a}$ 的模乘 $\vec{b}$ 在 $\vec{a}$ 上的投影；再比如我们在研究三角函数的过程中，当我们整理得到了函数的解析式 $A\sin(\omega x+\varphi)$ 后，完全可以利用五点作图法画出整个函数的图像，有了图像之后，无论这道题是要求函数的单调区间也好，还是某一区间的最值等问题，我们都可以直接通过观察图像找到问题的答案。这样的例子在高中数学的教学中有很多，所以如果教师在日常教学中可以多关注几何直观，将几何直观有机地融入日常教学中，那么对于学生理解数学、解决数学问题，甚至说对于学生数学核心素养的发展都将起到非常大的帮助。

研究反思

由于这个班的学生不是我从高一教起的，学生在我接手之前经过高中两年的数学学习已经形成了一套数学思维模式。因此，当我尝试性地将几何直观融入课堂教学中，学生虽然在课上能够接受这个想法，也能感受到借助几何直观在解决数学问题中的优势，但是实际操作又是另外一回事。当学生在面对另一道类似的导数题时：

已知函数 $f(x)=x^2-a\ln x$（$a\in R$ 且 $a\neq 0$）。

（1）当 $a=1$ 时，求曲线 $y=f(x)$ 在点（1，$f(1)$）处的切线方程；

（2）若 $f(x)\geqslant 0$ 恒成立，求 a 的取值范围 .

尽管我在学生做题之前不断强调导数的研究就是两个图像的研究，一是导数图像的研究，二是原函数图像的研究，但是学生在独自解决问题的过程中还是会不知不觉地按照原有的思维模式。可见数学思维不是通过一两道题就可以改变的，是一个长期战斗的过程。还有的学生虽然能够纠正自己的思维模式，但是其画图能力不能和这道题的需求匹配上，简单来说就是学生画不出图像或者画错图像，一旦图像出了问题，借助几何直观解决数学问题这一想法就变成了空想。可见，要想让几何直观真正成为学生解决数学问题的强大助力，教师还应在学生作图能力上下功夫。当然，在这道题上也发现了一定的亮点，就是班级内有少数学生能够借助几何直观，将导数 $f'(x)=2x-\frac{a}{x}=\frac{2x^2-a}{x}$ 从图像平移的角度对参数 a 进行分类，通过对于导数图像的研究判断出了每种情况下导数的正负、原函数的单调性，从而找到函数 $f(x)$ 的最小值，使得这道题得以顺利解答。我进行了一个简单的统计，班级内有 11 个人可以借助几何直观来完成这道题，这 11 个人中有 8 个人顺利得到这道题的答案。由此可见，借助几何直观可以让学生在解决数学问题的过程中克服数学思维障碍，让解题变得更容易，只不过需要经历相当长时间的训练才能让学生形成这种思维模式。而如何有效对学生进行训练，这将是我接下来很长一段时间需要去研究的问题。

新课标背景下教学实例研究

——“实际问题与一元一次方程”课例

闫立娟

一、研究背景

（一）问题的提出

《义务教育数学课程标准（2022年版）》对于课标目标的确定，立足学生核心素养的发展，集中体现在数学课程育人价值。数学素养是现代社会每一个公民都应当具备的基本素养。义务教育数学课程应使学生通过数学的学习，形成和完善面向未来社会和个人发展所需要的核心素养。核心素养是在数学学习过程中逐渐形成和发展的，有效的教学活动是学生学和教师教的统一。学生是学习的主体，教师是学习的组织者、引导者与合作者。

学生的学习应是一个主动的过程，认真听讲、独立思考、动手实践、自主探索、合作交流等是学习数学的重要方式。数学课程要培养学生三个方面的核心素养：①会用数学的眼光观察现实世界；②会用数学的思维思考现实世界；③会用数学的语言表达现实世界。如何在数学教学中落实核心素养是每一个教师应该思索和探讨的问题。

（二）课例分析

本节课是人教版七上第三章《实际问题与一元一次方程》的第四课时。用一元一次方程解决实际问题是中学阶段应用数学知识解决实际问题的开端，也是增强学生学数学、用数学意识的重要题材。电话计费问题是生活中的常见问题，具有一定的现实性和开放性。本节课通过电话计费问题的解决过程，让学生进一步体验建模解题的过程，渗透建模思想。将实际问题转化为数学模型（建立模型）尤为重要，其中分类思想是解决综合性问题的重要策略，教材中渗透的模型化思想以及类比、归纳等数学思想方法，都是学生今后学习和工作中必备的数学修养和素质。

（三）学情分析

学生通过之前的学习，对一元一次方程的解法以及一些典型实际问题中应用方程模型的基本方法已经熟悉。但是对于电话计费问题这种综合性实践问题，还缺乏经验，容易理解片面，更缺乏运用综合性分类方法的能力，缺乏将实际问题数学化的能力；学生目前获取和处理信息的能力较弱，解决问题的科学性方面有待梳理和规范；大部分学生主动研究探索的意识弱，对实际生活的数学问题，抽象能力较弱。

二、研究对象

八年级（2）班，共32人。

三、研究目标

（一）教学目标的确定

（1）在电话计费问题的情境中，经历“用数学的眼光发现和提出问题，用数学的思维与数学的语言分析和解决问题”的过程，体验建立方程模型解决问题的一般过程，体会分类讨论思想和方程思想。

（2）通过独立思考与小组讨论，学会表达与倾听、交流与合作。

（3）通过联系生活实际，体会数学的用处，提升数学学习兴趣。

解析 建立素养导向的教学目标。在教学目标的书写中，切记不能出现“培养”“帮助”“使得”等字眼！因为这些字眼搭配的主语是教师而不是学生。教学要从学生角度出发，以学为主。

学习目标中的行为动词包括描述结果目标的行为动词（了解、理解、掌握、运用……）、描述过程目标的行为动词（经历、体验、感悟、探索……），这些目

标是形成核心素养的基础和条件，最终指向学生核心素养的形成和发展。

（二）教学重难点分析

重点 体验建立方程模型解决计费问题的一般过程。

难点 由实际问题抽象出数学模型，找到列方程的依据。

四、教学实施过程

（一）环节一：提出问题

<table>
<tr><th>教师活动</th><th>学生活动</th><th>设计意图</th></tr>
<tr><td>情境引入
图片展示：二十年前神州行和全球通两种套餐。
探究 1 探究神州行和全球通哪种套餐更优惠？
<table><tr><th></th><th>神州行</th><th>全球通</th></tr><tr><td>月租费</td><td>0 元 / 月</td><td>50 元 / 月</td></tr><tr><td>本地通话费</td><td>0.60 元 / 分</td><td>0.40 元 / 分</td></tr></table>说明：实际收费不足 1 分钟，按 1 分钟计算，我们暂不考虑。短信收费一致，也不考虑。</td><td>观察思考</td><td>创设真实的问题情景，使学生在问题情景中产生探索问题的渴望</td></tr>
</table>

解析 二十多年前手机刚在人们的生活中出现的时候，只有两个功能：接打电话和收发短信。运营商的套餐种类也很少，当时中国移动只有神州行和全球通两种套餐。教学背景真实有效，让学生体会数学与生活实际的关系。

课堂引入环节，除了要从实际生活入手激发学生兴趣，更要注重与本节课的关联性和必要性。

（二）环节二：分析问题

教师活动	学生活动	设计意图
提出以下问题： **问题 1** 你能从表格中得到哪些信息呢？ **问题 2** 计费与什么量有关系呢？ **问题 3** 这两种计费方式是怎么计费的呢？ **小组讨论：** **问题 4** 你认为选择哪种计费方式更省钱呢？	小组合作回答问题	探究 1 降低了列式和分类讨论的难度，给学生铺设台阶，理解手机计费问题的建模过程

续表

<table>
<tr><th>教师活动</th><th>学生活动</th><th>设计意图</th></tr>
<tr><td>举例说明：
教师：一个月内在本地通话200分钟和300分钟，按两种计费方式各需交费多少元？
<table><tr><th>通话时长x分钟</th><th>神州行计费</th><th>全球通计费</th></tr><tr><td>计费方式</td><td>0.6x</td><td>0.4x+50</td></tr><tr><td>200分钟</td><td>120元</td><td>130元</td></tr><tr><td>300分钟</td><td>180元</td><td>170元</td></tr></table></td><td>学生回答简述理由</td><td>教师举例帮助学生理解什么情况下需要分类讨论</td></tr>
<tr><td>通过上例，说明通话时长决定话费套餐选取。
问题思考：
1. 对于某个本地通话时长，会出现两种计费方式的收费结果一样的情况吗？
2. 通话时长为多少分钟时，两种计费方式的收费一样？
得出结论：建立方程，找到收费相等的时间点。
板书：
解：设通话时长为x分钟，则神州行收费为0.6x元，全球通收费为（0.4x+50）元，若两种套餐的收费一样，则　$0.6x=0.4x+50$
$x=250$</td><td>分析计算回答</td><td>让学生体会一个量由“大于另一个量”逐渐演变为“小于另一个量”的过程中，一般会经历“两个量相等”这一过程</td></tr>
<tr><td>答：当通话时长为250分钟时两种套餐收费一样。
问题：怎样选择计费方式更省钱？
答：①$0 \leqslant x<250$ 选神州行。
②$x=250$ 收费一样。
③$x>250$ 选全球通。</td><td>解设未知数、列方程</td><td></td></tr>
<tr><td>小结：手机计费问题的关键是什么？
1. 通话时长。
2. 计费方式。</td><td>体会分类讨论思想</td><td></td></tr>
<tr><td>3. 列方程。
4. 分类讨论。</td><td>思考，回答</td><td></td></tr>
</table>

解析　本环节教师以问题串的形式，引导学生分析实际问题当中的知识要素；学生通过小组讨论找到解决问题的关键性要素，师生共同解决问题，让学生体会完整的解题探究过程。学科教学的本质就是学科活动，包括教师

教的活动和学生学的活动，其中学的活动是根本。本环节凸显学生学习直接经验，强调身体（动脑）参与，重视感性因素的作用，倡导“用以致学”。小组活动设计既保证学生学习自主性、主动性，又考虑到学生学习的完整性、独立性、教育性。本环节教学活动更注重启于发，激发学生学习兴趣，引发学生积极思考，鼓励学生质疑问难，引导学生在真实情境中发现问题和提出问题，利用观察、猜测、实验、计算等方法分析问题和解决问题。

（三）环节三：深入探究

<table>
<tr><th>教师活动</th><th>学生活动</th><th>设计意图</th></tr>
<tr>
<td>
实践探究，巩固提高
探究 2：探究畅听卡和家园卡哪种套餐更优惠？
图片展示：2007 年，中国移动推出两款套餐：畅听卡和家园卡。我当时使用的是神州行标准卡（黄色）请问我是否该换卡？如果该，我该换哪种卡？
<table>
<tr><th>项目</th><th>标准卡</th><th>畅听卡</th><th>家园卡</th></tr>
<tr><td>月租</td><td>10 元</td><td>10 元</td><td>5 元</td></tr>
<tr><td>本地接听</td><td>免费</td><td>免费</td><td>免费</td></tr>
<tr><td>本地拨打收费标准</td><td>0.2 元 / 分
送打 20 分钟</td><td>0.2 元 / 分
送打 60 分钟</td><td>0.1 元 / 分</td></tr>
</table>
学生独立完成：畅听卡 PK 家园卡。
<table>
<tr><th>通话时长</th><th>畅听卡计费</th><th>家园卡计费</th></tr>
<tr><td>$0 \leq x \leq 60$</td><td>10</td><td>0.1x+5</td></tr>
<tr><td>$x>60$</td><td>0.2（x−60）+10</td><td>0.1x+5</td></tr>
</table>
答案：① $0 \leq x \leq 60$　　② $x>60$
0.1x+5=10　　0.2（x−60）+10=0.1x+5
x=50　　x=70
结论：①当 $0 \leq x<50$ 时，选家园卡；
②当 x=50 时，收费一样；
③当 $50<x \leq 70$ 时，选畅听卡；
④当 x=70 时，收费一样；
⑤当 x>70 时，选家园卡。
</td>
<td>分析图表，提取信息

1. 看表理解收费方式。

2. 讨论填表后独立完成列方程及分类结果。

3. 投影展示。

4. 学生解答，师生共同评价。</td>
<td>掌握看图表的能力，学会看懂收费标准

重点体会分类讨论思想</td>
</tr>
</table>

解析 完整的学科活动应包括实践活动（动手，感性）和认识活动（动脑，理性）两个方面。学科认识活动的核心是学科思维。本环节让学生从具体问题情境中抽象出一元一次方程，实现实际情景与数学表征之间的转化，通过增加问题的复杂性，锻炼学生的数学思维。

（四）环节四：总结提升

教师活动	学生活动	设计意图
总结归纳 回忆本节课研究过程，总结你的收获（可以采用思维导图、文字、表格等形式）	独立思考，积极展示	引导学生从知识、思想、方法等方面进行总结，鼓励学生用思维导图的形式构建本节课的知识关联

解析 具体如下。

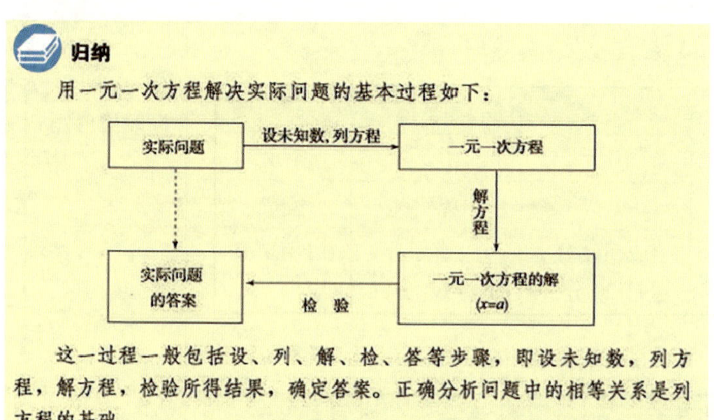
归纳

用一元一次方程解决实际问题的基本过程如下：

这一过程一般包括设、列、解、检、答等步骤，即设未知数，列方程，解方程，检验所得结果，确定答案。正确分析问题中的相等关系是列方程的基础。

教师活动	学生活动	设计意图
布置作业 利用所学数学知识，选择一款合适的手机套餐	简单分析：App 使用流程；流量代替语音；类比思想	利用本节课的知识及研究方法解决实际问题，发展实践能力

解析 合理利用现代信息技术，提供丰富的学习资源，让信息技术助力教学，增强师生互动！为让学生将课堂内容学以致用，采用“希沃白板”中的手机投屏功能将联通 App 进行实物展示。让学生通过实际观察体会：当前影响手机计费的主要因素已经不是通话时间长短而是流量因素。在实际问题

解决中，创设合理的信息化学习环境，提升学生的探究热情，开阔学生的视野，激发学生的想象力，提高学生的信息素养。提升学生的应用意识、创新意识。

五、研究效果

新课标背景下的课堂教学更加注重教师教育理念的改变。本节课例在新课标的思想指导下，教学活动更加突出学生的主体地位；更加注重启发式教学，先思考后交流，先练习后讨论，给学生充分的思考空间；注重板书，给学生规范的示范；课堂上做到讲练结合，及时点评学生的练习；合理运用信息技术，以达到提高课堂效率的效果。本节课作业布置新颖，随着技术发展，通讯费用构成比重发生改变：通话时长→流量费。让学生深刻体会到知识的迁移。

关于数学核心素养的案例分析，明确数学教育的终极目标：会用数学的眼光观察现实世界！数学眼光包括数学抽象和直观想象，体现了数学的一般性；会用数学的思维思考现实世界！数学思维包括逻辑推理和数学运算，体现了数学的严谨性；会用数学的语言表达现实世界！数学语言包括数学模型和数据分析，体现了数学的广泛性。

如何在新课标背景下优化学习内容：学科知识是学科核心素养形成的载体。课堂教学设计关注以下三个方面：

（1）选择：即以学科核心素养为导向选择教学内容。

（2）组织：按教材内容、学科核心素养进阶真实情境下的任务，以学科大概念、学习主题组织教学内容。

（3）呈现：以单元主题呈现，注重层次性、多样性及螺旋式。

如何形成学科核心素养的实践层面：以素养为导向、知识为载体、活动为路径、教师为条件、考评为支撑，确立目标素养化、实现单元主题化、促进学科活动深度化、推进评价显性化。

核心素养导向的教学基本策略：教学内容是基于课程意识和立德树人的

教学，教学主体是基于学生学习的教学，教学方向是基于立德树人的教学。

六、教学评价

附本节课例学习评价表（见表 1）

表 1　学习评价

项目	评价结果			
	不合格	合格	良好	优秀
理解题意				
设未知数				
找等量关系				
列方程				
解方程				
写答案				

解析　教学评价可以将学生的学习活动作为评价要素，也可以将“问题串”作为评价要素，还可以将创新形式（作品、手抄报等）作为评价要素。本节课例采用学生的学习活动作为评价要素，以检测学生的学习效果。教学评价不仅要关注学生数学学习结果，还要关注学生数学学习过程，以激励学生学习，改进教师教学。

聚焦课堂　落实核心素养
——新课标背景下教学研究反思与体会

课程标准的核心素养导向，目的在于引导教学，将学生核心素养培育作为主要任务。那么核心素养培育不仅需要教师有自觉意识，更需要教师引导学生积极参与到教学活动中，在主动的学习活动中形成素养。也就是说核心素养培育的任务，要求教学必须承认学生是教学主体。围绕这样的核心要素，学生的活动才能连续、顺序地展开，让学生进入课程。这样的核心要素，一般来说是这门课程的核心概念、技能或价值。

高质量课堂教学体系一般包括：第一，教师要做到对课标有深刻的理解，其中要关注核心素养以及学业质量的标准。第二，对于教学设计可以采用单元整体的教学设计等方式。第三，课堂教学要以学生学为主。活动的开展以学生为主，充分体现学生学为主体。学科教学的本质是学科活动，包括教师教的活动和学生学的活动，其中学的活动是根本。完整的学科活动应该包括认知活动和实践活动。教学活动的设计形成注重情景问题以及学科的本质，体现学科活动的实践性、思维性、自主性和教育性。

通过研究新课标，我深有体会：学科教师是学科核心素养形成的主要条件，有好的教师才有好的教育。要实现从知识教学转向素养教学，教师必须从知识型教师转变为素养型的教师。那么，作为教师，要发展自身哪些核心素养？其中包括：学科素养、教育素养、信息素养、创新素养、跨学科素养、贡献素养、自我管理素养等核心素养。

初中数学学困生的转化

高嘉伟

一、研究背景

（一）课政的要求

《义务教育数学课程标准（2011年版）》明确指出，初中数学作为培养公民素质的基础课程，要面向全体学生，使每个学生都能获得良好的数学教育，其主旨则是要求教师要关注每一位学生的发展。但由于个体的生理、心理以及智力的不同，还有各自的家庭教育以及成长经历不同等原因，造成了学生中存在一些智力正常但学习效率低下的学习困难学生。《国家中长期教育改革和发展规划纲要（2010—2020年）》中指出："注重因材施教。关注学生不同特点和个性差异，发展每一个学生的优势潜能。推进分层教学走班制、学分制、导师制等教学管理制度改革。建立学习困难学生的帮助机制。"由此看出，学困生的转化问题是新课改实施的一个重要环节，而作为一名一线教育者就必须关注并尽自身最大的努力去转化学困生。

（二）成因分析

学困生的定义为：智力和身心发展正常，但是由于学习能力不足或非智力等因素，表现为其学业成绩不能达到课程标准的这类学生。本课题对数学学困生的定义为：身心和智力正常，但是因数学学习能力或是因其他除智力外的因素导致的缺陷不足，未能达到义务教育数学课程的标准要求，与该要求存在一定差距的学生。

这一类的数学学困生通过一定条件可以达到课程考核的标准，这些条件通常包括数学学困生自己的努力、教师对教学的改善，或者是课下的辅导等。数学学习能力具体包括逻辑推理、学习方法、学习基础、学习策略、运算与思维品质等，这些可以通过测试的成绩表现出来。与数学学习相关的非智力因素包括学习态度、学习动机、学习兴趣和意志等方面。这些都是数学学困生学习困难的根本因素。还存在一定的外部因素，例如家庭、学校、社会等，这些外部因素会通过根本因素来反映。数学学困生通常有这样的表征：数学学习方法不当、基础差、态度不端正、动机较弱、课堂参加度不高、意志弱和缺乏数学思维等。本课题以七年级数学学困生作为研究对象，以七年级同一标准下两次数学考试成绩作为筛选依据，将排名后20%且成绩低于60分（100分制）的学生筛选出来，综合与班主任、数学任课老师沟通了解到的学生情况后确定数学学困生，避免仅用数学成绩评判，防止片面化。

初中阶段的学生处于童年期向青年期的过渡期，这个阶段的学生可塑性极强，是基础知识与技能的掌握与提升的最佳时期，同时也是为以后学习与发展打基础的重要时期。相对小学阶段的学习，在学习内容上逐步深入，知识体系逐步系统化。数学、语文、英语等学科知识开始深奥与抽象，这就要求学生学习能力更高。同时政治、历史、化学、物理等多学科的学习，要求学生投入更多的时间和精力用来学习。这个阶段教师除了对知识的讲授，要更多地注重学习方法、学习能力、学习思维的培养。初中阶段的学习要由小学阶段的消极被动性转变为积极主动性。学习目标明确的学生可以养成良好的学习习惯，但是有一部分学生缺乏自觉与主动性，沉迷于网络游戏、小说等，从而导致学习成绩差，以致成为学困生，故学校、教师、家庭的正确引导尤为重要。数学不同于其他记忆性和实验性的学科，其主要是运用思维解决问题的课程。数学的学习需要学生主动地进行建构，这种建构离不开学生的自主学习，如果一个阶段没有掌握，后面学习内容就很难理解，因此逐渐会失去学习信心。学困生产生的原因具体体现在以下几个方面。

1. 学困生自身的原因

数学知识点七年级相较于低年级更复杂化和抽象化，这就需要学生要形成良好的学习习惯。这里的学习习惯即在课余时间要巩固复习、课前预习、快速适应七年级的学习环境、调整自己的学习节奏。但是由于学习习惯不当，学习态度散慢，怠于请教问题，错过基础知识的夯实阶段，导致学生八年级学习更加吃力，往往成为数学特困生，对数学学习彻底失去学习兴趣。

2. 家庭原因

家庭对于孩子的成长和学习都是很重要的场所。一些家长由于受应试教育的影响或自身工作、学历原因，只以成绩来衡量孩子的学习，而不关注孩子的学习过程、孩子的情绪等，不能做到及时有效地沟通，因此并不了解学生真实的学习状态。学困生是更需要得到外部因素的干预，特别是鼓励支持，学生家长的不理解往往会加重学困生的厌学情绪。

3. 学校原因

在应试教育的影响下，教师在教学中往往更注重学习成绩，而非学习过程。这容易导致学生对数学的学习兴趣降低，产生自卑心理，有疑惑也不敢及时和老师求教，因此得不到正确的方法指导。又因为数学学习的递进性，由于缺乏方法和认可，会导致学习成绩提升困难，对学习数学慢慢失去信心，形成畏难情绪。

二、研究实施过程

（一）以鼓励为主，树立学生信心

教师不仅是学生学习路上的引路人，而且是伙伴，自古便有良师益友的说法。任课老师要扮演多个角色，在学习和心理上引导学生，针对每一个数学学困生的不同状态，制定不同的策略，帮助其改掉不良的学习习惯，树立起学习与生活的信心；要做到课上对数学学困生的特殊关注，多鼓励让学生脱离自卑感，提升师生之间的互动；帮助学生找到正确的学习方法，提高学习效率，进而促进成绩的提升，身心健康发展。

（二）改善教学方法，提升学困生的自主性学习能力

1. 培养学困生自主学习的能动性

这种能动性就是一种意识，意识是一种无形的力量，因此培养自主学习的意识要首先以“情感”唤起学生学习的意识。教学不仅是教与学的关系，更是教师与学生在情感上的沟通。“亲其师，信其道；恶其师，疏其道”，这句话明确地指明了师生关系的重要性。学生喜欢任课教师，课堂气氛自然会活跃，自主学习意识也会增强，反之学生学习情绪就会低落，学习效率也会降低。教师以对学生的爱来唤起学生的自主学习意识，以“趣”来引导学生，培养和激发学生学习的内在动力。学生独立自主学习的程度是存在差异性的，有的学生本身就具有很强的自主学习能力，有的学生需要教师给予稍加指点，有的则需要教师给予更多的关注，故在数学教学中要实行分层递进式教学。即要改变数学学困生学习困境就要改变其畏难的情绪，使其摆脱自卑感，建立信心，教师针对不同班级、不同学生群体进行分层教学。教学目标进行分层化，即依照学生的数学学习能力设置不同层次的教学问题及引导方式，通过教师的引导，提高每个层次学生的参与度，增强不同层次学生的自信心；教学过程进行分层化，课堂小组的成员要均衡，为每个小组成员设定任务，通过课堂观察，发现学困生的学习状态，以此来判定其对知识点的掌握情况，对其不理解的地方及时给予正确的解题思路，提高数学学困生解题的兴趣；在对学生成绩考核时也要进行分层化，教师在对数学测试题设计时，要全面照顾到数学学困生的个体情况，基础性测试题比重不能太少，这样设置不仅可以整体性巩固基础知识，还可以得到较好的教学反馈，更好地掌握学困生的知识掌握情况，在考核后为其制订适合其难度的习题，逐步提升其学习数学的能力。

2. 培养学困生自主学习的能力

自古便有“凡事预则立，不预则废”的说法，学习也是如此，预习是自主学习中很重要的一部分。课前预习是自主学习的一种尝试，对课程内容的理解可以在听课中得到验证和矫正，这样有利于学生自主学习能力的提高和

良好学习习惯的形成。教师在预习导学中以问题的形式引导学生有目的、有重点性地预习，这种引导的目的是使学困生学会带着问题去学习的方法，进而在以后的学习中逐步脱离现成的预习导学，可以真正实现自主学习。以问题引领预习，培养的是学困生的思、查、说的能力，这是属于解决问题的范畴。学生的学习本身就是一个发现问题、分析问题、解决问题的过程。如果在学习中学困生可以自主地发现问题，积极地解决问题，这样会增加其学习兴趣，数学自主学习能力在这种良性循环中逐渐得到提高。

3. 培养学困生反思能力

“反思”一词在《现代汉语词典》中被解释为：“思考过去的事情，从中总结经验教训。”那么什么是数学反思呢？反思是数学思维活动中的核心与动力，只有经过不断地反思，学生自主的学习能力才会得到提升。针对初中数学学习而言，反思是学生对自己学习过程的一种再思考，是一种思维方式，也是一种学习习惯。这种反思包括对学习内容、学习目标、学习态度、学习结果的反思。对学习内容的反思分别是课前的反思、课堂上的反思和课后的反思。树立一个正确的学习目标就像设置了一个指路明灯，可以指引学生取得更好的学习成果。因此在数学学习中，教师要根据学困生的具体情况制定阶段性的学习目标。让学困生对着学习目标进行反思，哪些是已经完成的，哪些没有完成仍需要努力，从中吸取经验教训，为下一阶段的学习目标做准备。一个良好的学习态度对学生的学习起着重要作用，教师要帮学生及时改正不好的学习态度，使学困生产生学习的动力。学习结果的反思则是学生在每一次测试后，对考试中出现的问题在知识点、学习方法、学习态度上的一种综合性的评析。反思可以促进健全知识结构，有利于探索抽象的数学思维方法，提升学生的自主学习能力。

（三）增强学校与家长的沟通，改善学生的学习环境

学困生的家长与数学老师之间要建立密切的沟通，双方可以及时了解学生在学校和家里的学习情况。教师要给予家长关于孩子学习的建议，使家长获得辅导孩子学习的有效方法，改善不良的方法。家长要多监督与陪伴，看

到学生进步的点点滴滴，通过对其鼓励给予学习的信心。

三、研究效果

通过“木桶定率”我们可知提高短板的重要性，在对学生成绩的综合考评中，要重视学困生的成绩，只有均衡成绩，才能提高班级实力。这就要求教师在教学过程中关注每一位学生的学习情况，营造良好的学习氛围。针对数学学困生，要积极引导和鼓励，运用创新的教学手段和家长有效沟通，逐步提升学困生的学习能力，从容提高班级整体成绩。

初中数学学困生的转化的反思

目前我国的初中学生数学提出问题的能力相对薄弱，主要体现在中等生和学困生中相当一部分学生是提不出问题的，提出高水平问题的更是少之又少。学困生的转化是一个必不可少的环节，在转化过程中要做到提高学生提出问题的能力，从研究结果中可以得到几点启示。

1. 转变教师的传统教学观念

教师在数学教学中居于主导地位，教师的教学观念会在一定程度上影响学困生对数学知识的理解，因此数学教师对于数学学科的理解、授课设计以及讲授行为都会对教学产生影响。通过调查研究发现，目前数学教师在教学观念上还是属于传统模式。一般都是培养学生怎样去解决问题，但是对于数学学困生应该是培养学生提出问题的能力。因此想要转化数学学困生，就要转变教师的教学理念，从培养数学学困生的能力出发，提升数学学困生提出问题的能力。

2. 培养数学学困生提出问题的意识

在教学实践中，虽然大部分学生意识到提出问题对学习会有帮助，但是数学学困生由于对数学的认知程度有限，很难提出有价值的问题。如果想要提升学困生提出问题的能力，就必须从学困生自身入手，使其在掌握一定的数学知识的基础上，认识到提出问题对学习数学的重要性，进而跟从教师对其提出问题意识的培养，激发其数学学习思维，提升数学问题提出的能力。

3. 提升数学学困生提出问题的能力

在数学教学中，学生往往不会接受提出问题的方法的指导，但是确实有益于提升学困生对数学提出问题的能力。针对在数学学习中学困生不知道怎样提问的问题，在日常教学中教师要利用类比法、归纳法和小组合作讨论等方法做好数学情境创设，激发学困生数学学习的兴趣，尽可能使每个学生都主动参加到教学活动之中，通过勇敢地提出问题来展示自己。

运用小组积分制助力英语课堂管理的研究

于靖群

一、研究背景

七年级学生刚从小学升入初中，不能很快适应中学的学习生活，在英语课堂上存在诸多问题行为。部分学生课堂习惯较差，注意力不集中，自我约束力和控制力较弱。尤其在口语活动中，学生在课上有了说话的机会，常与同伴或小组成员讨论与课堂无关的内容，严重扰乱了正常的上课秩序。

在英语教育中，小组学习可以促进学生的语言交流和互动，而小组积分制则是在小组学习中激励学生的有效手段之一。通过对小组成员的任务完成情况和表现进行积分，鼓励学生更加积极地参与到小组学习中，同时规范小组成员的行为和表现，从而达到良好的课堂管理效果。

二、研究对象

七年级（3）班和（4）班。

三、研究方法

（一）调查法

通过调查问卷、个人访谈等方式，分析影响英语课堂管理的因素。对所任教的七年级（3）班和（4）班学生开展问卷调查，获取中学生英语学习过程中的学习习惯、自我效能和环境因素等相关的信息和数据，并对其中的信息和数据进行汇总和分析，形成报告。

（二）观察法

根据问卷调查获得的分析报告，形成可行的课堂管理方案，并设置小组积分方案，运用于课堂教学中。通过观察学生的行为以及变化，形成实际的研究结论。

四、研究实施过程

（一）设计问卷、分析问题

为了解学生英语学习现状，探究英语课堂管理问题背后的原因，我设计了英语课堂管理问卷，通过分析问卷结果，总结出以下英语课堂管理影响因素。

1. 学习习惯差

调查结果显示，近 1/3 的学生无法做到主动预习和定期温习，学习过程中不能积极思考和不会反思的学生分别占 19.41% 和 17.92%。在学习能力方面，28.36% 的学生没有明确的英语学习目标和计划，仅有 44.78% 的学生愿意主动参加英语相关的课外活动。由此可见，部分学生在中小衔接阶段没有形式良好的学习习惯，大大增加课堂问题行为的出现频率。

2. 自我效能感较弱

22.39% 的学生认为自己的英语成绩在班级属于下游，25.38% 的学生认为目前的英语学习难度超出了自身的能力范围，31.34% 的学生曾在英语学习的过程中体验到挫败感。步入中学之后，部分同学对相应的学习要求和学习强度不适应，因此英语学习兴趣匮乏，自我效能感弱，加大了课堂管理难度。

3. 家校沟通欠缺

74.18% 的学生认为家长的帮助和督促可以提高课堂约束力。另外，有 82.3% 的学生认为自己努力学习英语是希望获得家长的肯定和表扬。由此可见，家长在学生的学习和成长过程中扮演着重要的角色，家长的监督在课堂管理中也起着不可替代的作用。

以上数据表明，要想确保课堂管理效果，重在培养学习习惯、逐步提高自我效能感、与家长合作共促英语学习。

（二）制订方案

1. 明确细则，培养习惯

基于培养学生学习习惯、课堂习惯的目标，结合英语学科特点，制定小组积分的加减分细则。

每列自然小组自动成为英语学习小组，组长由教师委任，以下规则均以小组为单位加减分。教师给所有小组制定统一标准，学期末超过标准的小组将会获得减免作业的奖励。

加分项

（1）以英语课前演讲为主，每次满分 20 分。各组每周派一名成员完成英语课前演讲，教师从时间控制、语言表达、表现力和问题设置四个方面给学生打分，各项满分为 5 分，共计 20 分。

（2）学案和笔记抽查，每次满分 1 分。教师每周抽查学案和笔记 1~2 次，认真完成的同学可以为小组加 1 分。

扣分项

（1）随便说话，每次扣 1 分。

（2）未经老师允许回答问题，每次扣 1 分。

（3）做与英语课无关的事，每次扣 1 分。

2. 正向引导，激励强化

（1）评分结果可视化。小组积分制实施伊始，部分学生积极性不高，认为该制度（尤其是英语课前演讲）给他们的学习增加了负担。于是，学生们喜欢的小组 PK 机制被引入。每周各组学生课前演讲的分数将在评分板上直观体现，展示时间、语言、表现力、问题设置以及总分数（见图 1）。获得高分和满分的小组无形中给其他小组施加了压力，促使各组重视英语课前演讲，通过课下搜集资料、询问同学、请教老师等方式完善和练习演讲内容。

4班	时间	英语	表现力	问题	总
G1	5	5	5	5	20
G2					
G3	5	5	5	5	20
G4					
G5	5	5	5	5	20

图 1 课前演讲比赛分数

为直观展示各小组每天的分数和累计得分，教师设计了小组积分表（见图 2）。课代表每节课记录当天演讲学生的总分数，以及其他加减分情况，下

Online class!

		第一次	第二次	第三次	第四次	第五次	第六次	第七次
1组	马悦宸②		+2.5					
	闫浩正⑤							
	李一涵④							
	从浩轩②		+2.5					
	彭绍宸③			+5				
	喇炟之①	+5						
	张文锦③							
		5	10	15				
2组	刘浩阳⑤							
	邬佳成②		+5					
	阎美孜⑦							
	李道安①	+5						
	李梓涵④							
	马瑞仁杰⑧							
	郭景昕③							
	王宇浩⑥							
		5	10					
3组	王怿麟①	+4.5						
	杨迦淇②		+5					
	杜炎倬⑧			+5				
	董轩孜④				+5			
	仰洁筠⑤							
	马慎昭⑥							
	魏墨轩⑦							
		4.5	9.5	14.5				
4组	商子诚②		+4.5					
	牛鹏程⑤							
	袁紫阳⑥							
	季天傲③			+5				
	庞启钧①	+5						
	雷沐瑶⑦							
	王煜栋④							
		5	9.5	14.5				
5组	唐孝宸⑧							
	高语晗④							
	周稷泽①	+5						
	耿诗凝⑥							
	金书伊③			+5				
	史昊阳②		+5					
	张曼琪⑦							
	赵力扬⑤							
		5	10	15				

图 2 小组积分表

课后将小组积分表展示到班级公告栏，供全班同学及时查看小组积分。每周五，课代表统计本周各小组的加减分情况。

（2）提出分层要求。针对不同层次的学生，提出不同的标准和要求，以正向鼓励为主。如果达到各自的标准，就能在小组积分中得到高分甚至满分。

以课前演讲为例，英语基础较为薄弱的学生能在老师的指导下完整撰写演讲稿、改正语法错误，并在正式演讲时较为流利地朗读出来就可以获得满分。这样既能鼓励他们参与到小组加分活动中，又能提高他们学习英语的自信心。而对于英语基础较高的学生，鼓励他们采用创新的方式，要求演讲稿不局限于课本内容，声情并茂地完成展示才能获得高分。

随着课前演讲的推进，学生的展示方式越来越用心、越来越独特。从一开始的口头演讲，到黑板上写关键词、展示图片，再到制作精美的课件（见图 3），点滴进步都体现了学生对于英语学习的积极投入。

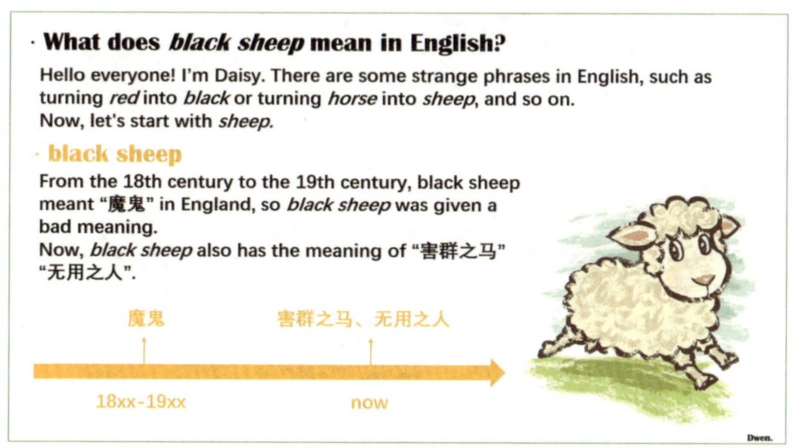

图 3　英语课件截取页

本活动提高了英语学习的自信心和积极性，让学生在掌握语言知识的基础上练习应用，感受英语语言的魅力。

3. 家校协同，共促发展

学生的进步和发展离不开家长的督促和帮助。向家长反馈学生的课堂表

现，不仅使家长更好地了解孩子在校学习情况，更督促他们帮助学生养成良好的学习习惯，助力课堂管理。

每周都会将优秀的学案和笔记拍照留档，并于周五编辑成文档，反馈到家长群。

反馈案例

“结合本周课上学案完成情况、笔记情况和纪律情况，表扬以下同学：

×××、×××、×××、×××……

这些同学能够遵守课堂纪律，紧跟老师思路、积极完成课堂笔记，并用【双色笔】圈画重点，每人为小组 +1 分。”如图 4 所示，为学生优秀笔记照片。

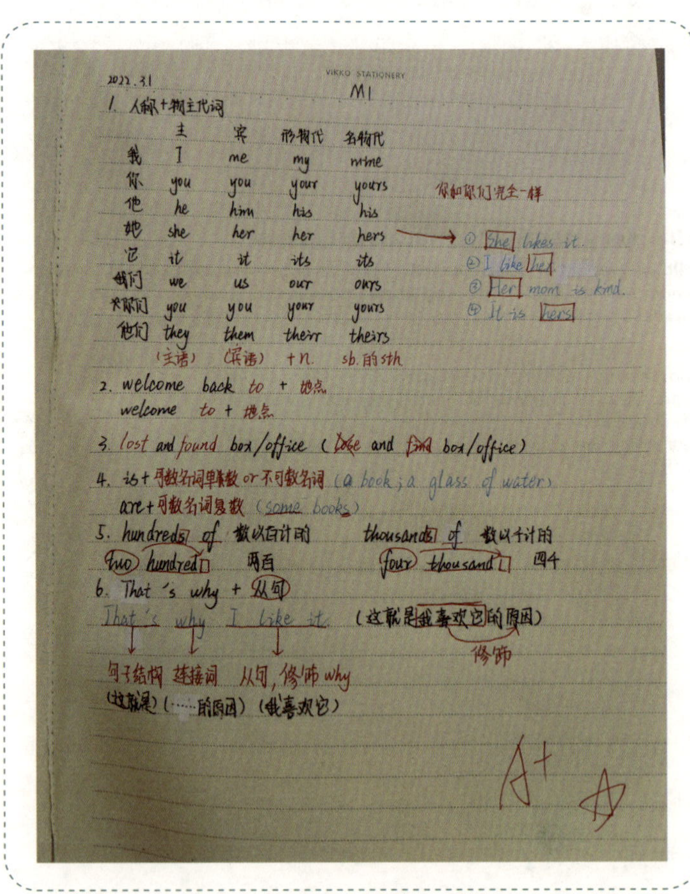

图 4 学生的优秀笔记照片

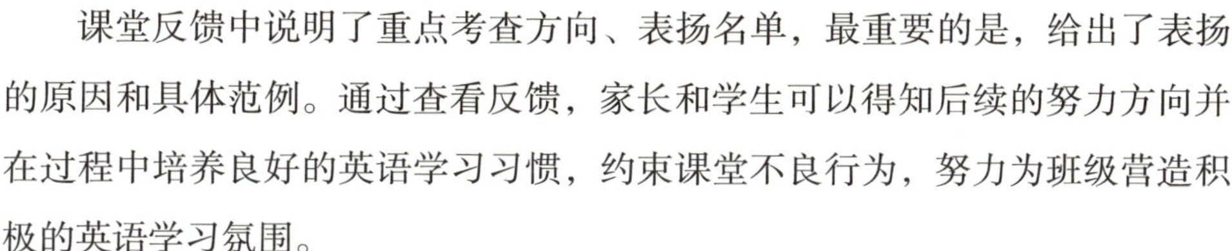

课堂反馈中说明了重点考查方向、表扬名单，最重要的是，给出了表扬的原因和具体范例。通过查看反馈，家长和学生可以得知后续的努力方向并在过程中培养良好的英语学习习惯，约束课堂不良行为，努力为班级营造积极的英语学习氛围。

五、研究效果

积极的学习氛围需要良好的课堂秩序，因此，小组积分制在实行伊始明确提出课堂要求，将课堂常规列入积分范畴。初一的学生在课堂上自我约束力不强，虽然已经意识到自身行为的不当之处，但常常需要教师语言提醒才终止问题行为。小组积分制在学生自我约束的基础上增加了外部的制度约束，使学生在做出不当行为之前提醒自己所做行为带给自己和小组的不良后果，减少课堂上问题行为的出现。

通过实施以上一系列措施，小组积分制的效果初步显现，越来越多的学生能够体会到学习英语的乐趣，主动在课下探讨英语相关的话题，英语学习的动力和积极性明显提高，良好的学习习惯也逐渐养成，课堂管理颇见成效。

善于思考　不断探索

作为新任教师，我在从教第一年就面临了课堂管理的挑战。我想让每个学生都能使用英语参与到课堂活动中来，但开放的课堂又无法与秩序并存。因此，我深感思考和探索的重要性。在此过程中，我不断反思自己的教学实践，并在实践中不断尝试和总结，提高课堂管理水平。

首先，设计小组积分制时，我考虑到学生的个性、特长和学习目标，避免出现小组任务的重复和单调。因此，我在设计学习任务时，尽量考虑到学生的多元化需求和兴趣爱好，让学生能够在任务中发挥出自己的优点和特长。例如，在课前演讲中，我鼓励学生自选主题，根据学生水平调整对应的积分，使学生能够全面提升英语能力。

其次，我在实践中注重通过定期反馈和评估，给予小组及个人及时、真实的评价。每天课前演讲结束后，我都会公布得分，每周五总结小组积分后张贴在信息栏。随着制度的不断深入，我也调整了不同阶段的目标，鼓励学生根据自身的实际情况进行自我反思和调整，进一步加强学生的自我管理能力。

最后，通过本次微课题研究，我深刻体会到思考和探索的重要性。作为教师，应不断探索和尝试，根据学生的具体情况和实际需求进行管理，不断提高课堂管理水平，从而更好地促进学生学习和发展；还应当持续学习和探索教育理论与新型教学方法，进一步拓宽教育研究的视角和深度。

智慧学习环境下提升初中生听后转述能力的研究

冯学华

一、研究背景

听后转述是英语听说考试中的难点，因为此题不仅考查学生的听力理解能力，而且要求学生把通过听力活动获取的信息与所给信息进行整理、加工、整合，最终以符合逻辑的语言形式输出。在整个过程中，不仅考查学生的听说能力，还考查学生的语言知识，如词法、句法、语法和语音语调知识的掌握和应用能力，尤其是对学生的英语语言综合应用能力提出更高要求。学生需要在两分钟之内将表格信息进行加工整理，把关键词和细节信息整理成完整的句子，在这个过程中学生需要考虑句型和时态等因素，然后需要使用适当的连接词把句子连接成比较通顺的文段，最后再以恰当的语气表达出来。可以说，这类题目是对学生英语运用能力的综合考查。因此，研究并实践如何使学生掌握转述要领从而提高英语表达和应用能力显得尤为重要。面对这种情况，要求教师制订出相应的应对措施，使学生能够适应考试的新要求，考出好成绩。在这种背景下，研究如何更好地利用信息技术帮助学生提升听后转述能力就显得格外重要了。

二、研究对象

九年级学生。

三、研究目标

通过调研我校九年级学生使用E听说APP训练英语听后转述的情况，探索提高学生听后转述能力的有效途径和方法。

四、研究方法

（一）调查法

通过调查问卷、个人访谈等方式，全面了解学生英语使用E听说现状，并进行原因分析。针对所任教的学生开展问卷调查，了解中学生使用E听说的感受、优缺点，以便更好地利用软件达到最佳的学习目的。通过问卷收集学生英语学习过程中遇到的主要问题、心态特征、学习动机以及自我激励的方式和方法等，形成报告，并对其中的信息和数据进行汇总、分析。

（二）观察法

通过问卷调查获得的分析报告形成可行的课堂教学方案，运用于课堂教学中。通过观察学生的行为及变化，获得一些实际的研究结论，并将研究结论和之前的调查情况做对比分析。

五、研究实施过程

（1）2022年3月中旬，设计、发放前测问卷，完成初期调研。

（2）2022年3~6月，应用E听说软件，边实践边总结反思，改进制度。

（3）2022年6月末，设计、发放后测问卷，完成后期调研。

（4）2022年7月初，对比、总结前后期调查结果，分析使用E听说提高中学生英语听后转述能力的具体落实方案。

六、研究效果

（一）E听说APP“练、听、说”功能优化问卷调查

1. 听后转述对你而言，是听说测试难度最大的题目吗？

○ 是　○ 不是　○ 一般

2. 使用 E 听说 APP 之前，你的听后转述能力如何？

○ 非常好　○ 好　○ 一般　○ 很差

3. 你觉得 E 听说 APP 对你的听后转述能力有帮助吗？

○ 很大　○ 大　○ 一般　○ 没帮助

4. 你认为 E 听说 APP 的听后转述练习和教材内容一致吗？

○ 符合　○ 比较符合　○ 不符合

5. E 听说 APP 的听后转述练习难度如何？

○ 简单　○ 一般　○ 稍难　○ 比较难

6. 你能完整地完成每次听后转述练习吗？不能的原因是？ *

○ 能　○ 偶尔能　○ 不能 [　　　]

7. 听后转述对你而言难度最大的是？【多选】*

○ 听懂文章内容　○ 听后记录　○ 信息整理　○ 听后转述

8. E 听说 APP 打分准确吗？能举例吗？

[　　　] ○ 准　[　　　] ○ 不准

9. E 听说 APP 能满足你的听后转述练习需要吗？

○ 能　○ 偶尔能　○ 不能

10. 你愿意继续使用 E 听说 APP 提高你的听后转述能力吗？原因是？

○ 愿意　○ 不愿意 [　　　]

11. 你最喜欢 E 听说 APP 的哪个功能？为什么？

[　　　]

12. 如果接下来我们要进行功能优化，你最希望是哪些？

[　　　]

13. 对于老师在 E 听说 APP 上布置的作业，你有什么建议或意见吗？

[　　　]

（二）问卷调查结果

通过问卷调查了解到，81% 的学生认为听后转述是所有听说考试题目中难度最大的。由此可见，研究如何在听说软件的帮助下提高学生的听后转述能力是非常必要且符合学生的迫切需求的。72% 的学生认为自己在使用 E 听说前，听后转述能力是比较差而急需提高的。目前已使用 E 听说一年，从调查问卷统计结果来看，绝大部分学生认为自己在听后转述方面的能力得到了不同程度的提高，其中 66% 的学生认为帮助非常大，在按照老师的要求规范练习后，听后转述能力得到很大的提升，不再害怕当众发言，变得自信了，听说成绩比以前提高很多，每次都能得到 37 分以上的较好成绩，听后转述将近达到满分；25% 的学生感觉有帮助，在一定程度上提高了成绩；剩下 9% 的学生基本没变化。从统计数据来看，绝大部分学生利用 E 听说平台练习提高了听后转述能力。这部分学生都是按照老师的要求认真、规律地完成听说作业，能够发现自身的问题、及时改正，并针对自身弱点有针对性地加强练习，所以锻炼了能力，提升了成绩。

除去个人主观因素，调查问卷显示以下几个方面也是影响学生听后转述能力提高程度的因素。一是练习的题目考点是否与考试大纲的要求一致，题目考察内容是否能够配合教材实现听说能力提高的目的。有 86% 的学生认为 E 听说和教材内容及要点匹配，能够通过平台达到巩固知识和练习听说的目的。说明平台提供的题目内容是符合教学大纲要求的，所以这个因素不是造成个别学生成绩没有提高的主要原因。二是题目的难度是否能够满足不同学生的学习需求。78% 的学生认为练习题目难度适合自己的水平，12% 的学生认为题目较易，10% 的学生认为题目难度超出自己能力范围，无法按要求完成。这个结果显示，绝大部分题目难度是适宜的，学生对此反应不同是由于个人英语水平不同造成的。三是大部分学生反映有时平台有故障，导致学生操作中途停止，另外 65% 的学生反映平台打分准确度有待商榷，一定程度上影响了学生的学习积极性。这个问题客观上造成了部分学生完成作业的情况不理想，听说训练的效果不尽如人意。

综上所述，E 听说 APP 给同学们提供了一个非常好的训练听后转述能力的平台，绝大部分同学在使用一年以后在听后转述能力上都得到了能力的提升。调查说明，少部分同学进步小或没有进步，除了上文提到的平台客观因素，主要还是这部分同学的英语基础薄弱、学习态度不佳及能力不足造成的。90% 的同学表示愿意继续使用 E 听说练习听后转述能力，但希望平台能够在现有基础上改进不足，使同学们在平台的帮助下进一步提高听后转述能力。

（三）根据调查报告采取的教学措施

针对调查中学生反映的问题和学习难点的结果，在教学中对个别提高听说能力困难的学生给予重点关注，了解他们学习困难的原因、难点所在。一方面让他们明确学习目的，建立学习信心；另一方面加强辅导和监督，关注他们在使用平台完成听后转述过程中的困难并及时给予帮助。对于听后转述训练结果反映出的学生的普遍问题和难点，则在教学中有意识地加强这些方面的训练。努力做到教学和平台二者的训练互相配合，通过平台的听后练习巩固课堂学习的知识、检验学习的效果并发现学习的漏洞，再在课堂上巩固知识，二者形成一个良性的循环。调查问卷中，学生普遍反映能听懂文章大意，但是记录信息不完整，不知重点记什么。这也导致学生最后听后转述内容不完整，表达不到位，得分不高。针对学生听后转述的普遍问题，除了日常英语知识的学习和语言能力的训练，我着重做了以下工作。

1. 学习音标是基础

通过调查发现，刚升入初中的学生超过 90% 没有系统学习过音标，发音不准、听力不佳，因为小学教材没有把音标的学习作为重点学习目标。学生自己没有自学单词的能力，只能听音来模仿单词的读音，所以如果听的读音不准确，学生也就跟着读错，在听力考试中很多音都分不清或听不懂。所以学生升入初中的第一个月，我都是系统教授学生音标，使学生看到单词就能读，听到单词就知道什么意思，同时也能根据音节划分和构词法知识写出单词。这样学生掌握和巩固基础知识就比以前容易多了。

2. 掌握听说转述技巧是关键

（1）听后转述考查什么？听后转述所考查的不仅仅是学生的语言能力（主要指语音、语调、词汇、句法等知识的掌握情况），还同时考查学生的策略能力（主要指运用学习策略有效提取信息和观点、弥补知识缺陷或使交际行为更有效的能力），语篇能力（由组句成篇的知识构成）及社会语言能力（由有关语言使用的社会文化知识构成）。综上所述，听后转述题主要考查考生听取信息、记录信息、组织文段的语篇能力和表达过程中的策略能力。记录信息的能力要求学生要了解中考常用笔记符号，用最少的时间记录最完整的信息。因为听后转述的一个很重要的考点就是记录内容和要点的完整性，也就是说如果要点记录得不全，无论转述时多流畅，语音、语调多标准，都还是要扣分的。所以学生在平时练习的时候要养成良好的记笔记的习惯，并且适当地形成自己的笔记符号，方便考试时使用。组织文段的语篇能力以及表达过程中的策略能力是指学生要根据自己的笔记对原文信息进行间接转述，并且保证语音、语法和语义准确。这就要求学生能听懂别人的观点，提炼其中的要点，并在此基础上进行加工处理，变为自己的语言再进行转述。

（2）听后转述解题思路和过程。

第一步：听第一遍录音时，填写表格所缺关键信息，同时快速将表格信息抄写在草稿纸上；

第二步：听第二遍录音时，补全表格信息（补全句子，缺什么补什么）（主谓宾 / 主系表）；

第三步：听第三遍录音时，记关键衔接信息；

第四步：语言组织（人称、句法、时态并加入适当连接词成文）。

下面我们以一道听后记录及转述题为例（见图 1）。

①听什么？重点听主旨大意。围绕主旨大意讲了几个主要内容。

②记什么？动词是一句话的核心，是灵魂所在。一般人一边记忆一边写

Shopping	
When	last ___1___
Where	in a big shopping ___2___
What	bought a T-shirt and a ___3___ in a clothes shop
Total price	___4___ *yuan*
Birthday gift	decided to buy a grey ___5___ at last

图 1　听后记录及转述题

肯定有难度，所以我们在听第一遍的时候先写个动词（有能力的当然可以把其他信息也写上，这里强调的是动词优先），作为唤醒记忆的关键点，听第二遍的时候，再为动词补充主谓宾定状补等，比如疑问词的对象、名词、数词、时间、地点等。

英语录音全文如下

Last weekend，my mother and I went shopping in a big shopping centre. First，we went into a clothes store. I chose a T–shirt. My mother liked a beautiful yellow dress very much，so she bought it. The T–shirt was thirty–five yuan，and the dress was eighty yuan. The total price was one hundred and fifteen yuan. After that，we looked for a gift in a watch shop. Next Saturday is my father's birthday. We wanted to buy a new watch for him. I liked the black one while my mother preferred the grey one. The shop assistant said that the grey watch was much more popular among customers. So we decided to buy it at last.

正确的记法应该是记录所有要点便于转述，而不是试图复述全文！

正确的笔记（见图 2）：

Shopping	
When	last weekend
Where	in a big shopping centre
What	bought a T-shirt and a yellow in a clothes shop
Total price	115 yuan
Birthday gift	decided to buy a grey watch at last

图 2 学生听完录音后笔记

③如何转述？根据逻辑关系，添加连接词，连词成句（见图 3）。

Shopping	
When	last weekend
Where	in a big shopping centre
What	bought a T-shirt and a yellow in a clothes shop
Total price	115 yuan
Birthday gift	decided to buy a grey watch at last

图 3 学生补齐信息后的笔记

（3）速记的技巧和方法。

① Use abbreviations（缩写词）.

如：economy（经济）：E；

education（教育）：Edu；

civilization 或 culture（文明、文化）：C；

politics（政治）：P；

science and technology（科技）：ST；

health（卫生）：H；

tourism（旅游）：T；

environment（环境）：En；

industry（工业）：I；

agriculture（农业）：A.

② Use as many symbols（符号）as you feel comfortable with（用让自己舒服的符号）.

“↑”可用来记录“up，upward，rise，arise，develop，increase，rocket，make progress”等词或短语。如短语“economic development”可记作“e ↑”。

“↓”可用来记录“drop，sink，decline，descend，sudden fall，decrease，reduce，cut down，go down”等词或短语。

“←”可用来记录“return，reverse，back up”等词或短语。

“→”可用来记录“achieve，get to，arrive，teach，obtain，bring on，go forward，go ahead，progress，make for”等词或短语。

“+”可用来记录“plus，add，enhance，male，more”等词。

“-”可用来记录“minus，decrease，cut down，female，disagree，little，few，less，lack of，short of”等词或短语。

“>”可用来记录“more，bigger，stronger，greater，more than，greater than，bigger than，better than，superior to，surpass，transcend，overtake”等词或短语。

“<”可用来记录“less than，lower than，smaller than，inferior to”等短语。

“∵”可用来记录“because，for，since，as，by reason of，owing to，due to，as a result of，thanks to”等词或短语。

“∴”可用来记录“so，so that，therefore，thus，hereby，hence”等词或短语。

“=”可用来记录“up to，equal to，come up to”等短语。

"√"可用来记录"agree，correct，right"等词，如"I agree"可以记作"I √"。

"×"可用来记录"disagree，incorrect"等词。

"~"可用来记录"Approximately，about，around，some，nearly，almost，similar to"等词或短语。

"/"可用来记录"clear，settle，solve，tackle，conquer，eliminate，extinct"等词。

"≠"可用来记录"differ from，different from，distinct，unique"等词或短语。

"$"可用来记录"interest，benefit，money，fund，capital"等词。

t 表示 thousand、m 表示 million、b 表示 billion、1st 表示 first。

③ Use Chinese characters（使用汉字）.

④ 常见的逻辑关系及其对应连接词如图 4 所示。

因果关系	because; since; as; for; in that; due to; therefore; as a result; so; so that
转折关系	but; however; yet; though; even though; in spite of; regardless of
并列关系	and; also; too; as well as; either...or...; both...and...; not only...but also...;
先后关系	first...; to begin with; previously; afterwards; finally; eventually
条件关系	if; unless; once; if necessary

图 4 常见的逻辑关系连接词

（4）组织文段的语篇能力以及表达过程中的策略能力是对学生综合运用语言能力的考查。在记录完成后，学生需要组织文段然后进行最终的转述。这个过程是前面所有工作成果的体现，也对学生的听后转述能力提出了更大的挑战。这是英语综合能力的体现，不是一朝一夕能够提高的，必须要经过刻苦的学习和训练才能够实现。对于故事复述这一部分，导致失分的三个最重要的因素为：信息要点缺失、篇章结构逻辑混乱、人称时态混乱。所以除了充分利用 E 听说平台给学生提供练习资源，在日常教学中我结合课堂学习和训练，做好语言基础知识的落实，使学生掌握学习和生活相关话题词汇和表达；加强英语基本句型和基本时态的练习，如在教学中多做造句等练习；进一步加强转述练习，如分析优秀转述范文，使学生了解并掌握转述的基本要领和技巧；充分利用教材提供的材料在课堂上为学生创设练习转述的条件，如将课文对话或文章改写再进行转述；加强听写练习，训练学生记录关键词的能力；坚持每周一次在听说教室进行模拟练习，每周在E听说适量布置家庭作业进行转述练习；加强对学困生的关注，了解他们的学习难点，有针对性地帮助提高。经过努力和E听说平台的加持，相信学生的听后转述水平会不断提高，从而带动学生整体英语水平的提升。

充分利用教材将听说转述能力的训练融合于日常教学中

从将听说能力纳入英语水平测试中以来，听说考试的题型经历了一系列的变革。尤其从2022年开始，听后转述题变化最大。由表格形式转变为思维导图形式，内容提示从有关键词和细节到只有关键词没有细节，填词题从五道减为完全取消。听说考试总体原则是加强学生的高阶思维能力的考查，导致题目难度比以前大幅增加。因此，如何利用听说资源有效提高学生的听说水平以适应变革的需求迫在眉睫。

在目前教学内容多，学生学业压力大的情况下，怎样利用有限的教学时间训练学生的听说能力尤其是转述能力呢？我想充分利用好教材资源，整合教学内容是关键。同样的文本，根据训练目的的不同，对文本进行改编，例如训练听后转述能力就将练习设计成思维导图形式，让学生听后记录并转述，以满足听说训练的需要。这样既不耽误课时，又能在日常教学中训练学生的听写、记录和转述能力。

用语音识别软件提高学生英语口语能力的实践

袁亦曦

一、研究背景

（一）高考英语听说机考新变化

英语听力与口语一直是高考改革的重点之一。自 2017 年起，英语听力考试与笔试分离，改为计算机考试，学生需要适应新的考试形式与题型。2021 年，英语增加口语考试，口语加听力考试共计 50 分，学生面临更大的挑战。如何帮助学生适应新的考试形式，切实提高口语表达能力，成了我们亟待解决的问题。

（二）新课标对口语表达能力的要求

《普通高中英语课程标准（2017 年版）》中关于学生的语音知识有如下教学提示："教师应重视通过听力练习、口头模仿和朗读训练，帮助学生形成一定的语感、提高表达的自信心和流畅性。"因此，我们希望能找到一种方式让学生可以更加自主地练习朗读，并且在模仿、朗读之后可以自动得到反馈。

（三）学生自己练习朗读时的一些问题

本课题针对的学生为高一年级普通班，口语表达能力是他们听、说、读、写看几个语言技能中比较薄弱的环节。学生课后作业以书写为主，对朗读、背诵课文一类的口语作业积极性不高。学生的语音基本标准，但在语调、连读等方面有所欠缺。不少学生在自己练习朗读时，不注意听课文录音进行模仿，而是自顾自地觉得念熟练了，不结巴就好。还有些学生只关注新学的生词的读音，而忽略一些基本的语法问题，如名词复数的“-s”过去式的“-ed”等都经常被学生漏读。因此，学生在课后练习时往往发现不了自己朗读的问题，只能单纯地提高流畅性，直到老师检查时才发现在准确性上的问题。

二、研究对象

高一年级普通班。

三、研究目标

面对高考改革，我们希望探索新的教学方式，帮助学生适应计算机进行口语考试，提高学生对朗读练习的兴趣，为学生提供自我练习的途径，同时帮助教师及学生发现语音问题，更加客观、高效地对学生的语音做出评价。

四、研究方法

（一）语音识别软件

本课题运用的语音识别软件为科大讯飞股份有限公司的讯飞输入法（见图 1），在科大讯飞的官方网页可直接下载各种版本。各个版本均需连接网络使用。

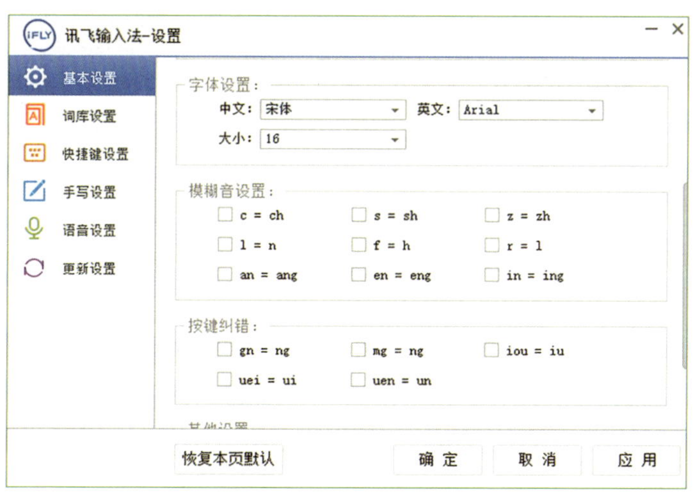

图 1　讯飞输入法设置页

在课堂活动和课后检查朗读课文时，我们使用的是讯飞输入法 windows 版。下载安装后，在“基本设置”与“语音设置”中均选择“英语”，配合麦克风即可在电脑上通过语音识别输入英文。为更有效地检测学生语音的准确性，我们在设置页面将“模糊音设置”全部关闭。

同时，为方便学生课后自行练习，我们将手机版推荐给学生及家长，其使用方法、功能设置与电脑端基本相同。

（二）文本对比工具

本课题所使用的为在线文本对比网站 Diffchecker。使用在线网站受网速影响较大，遗憾的是我们没有找到离线工具。在 Diffchecker 网站，我们在左侧文本框输入课文原文，学生在右侧文本框通过上一节提到的讯飞输入法进行语音识别输入，点击下方的“Find difference”按钮，网站即可自动标出二者的区别（见图 2）。

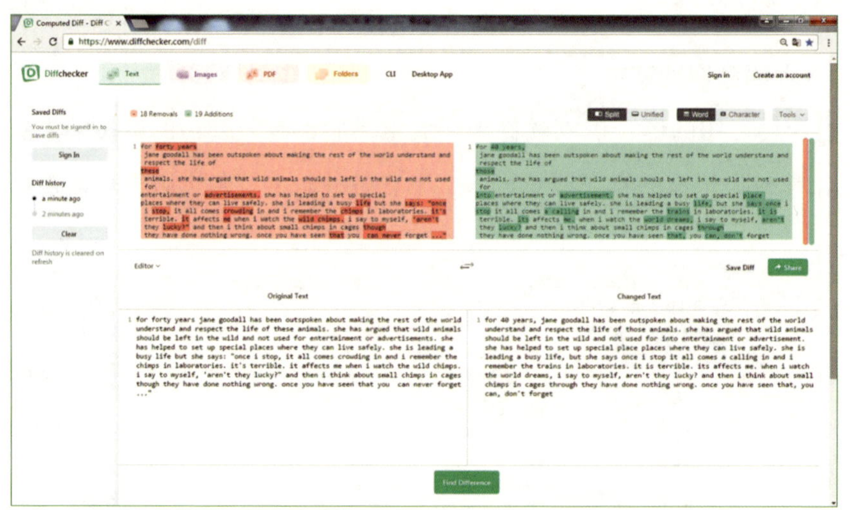

图 2　Diffchecker 网站在线文本对比页面

如图 2 所示，左、右两栏中用颜色标出的即为文本的不同之处。其中有学生读错的单词，如学生将“these”误读成“those”；有学生读得不流畅，重复、修改的词，如“places”，学生先念了一遍“place”，之后又改正为“places”；也有一些不同是由于输入法识别原因造成的标点、数字问题，

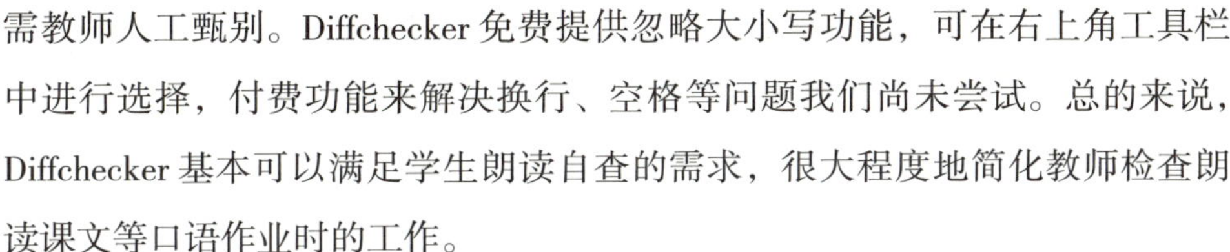

需教师人工甄别。Diffchecker 免费提供忽略大小写功能，可在右上角工具栏中进行选择，付费功能来解决换行、空格等问题我们尚未尝试。总的来说，Diffchecker 基本可以满足学生朗读自查的需求，很大程度地简化教师检查朗读课文等口语作业时的工作。

（三）课后对学生朗读课文的检查

以前，我们使用传统的方式检查学生朗读课文，学生念得不准确时老师会有遗漏，且主观性较强。现在，我们借助语音识别技术，打开网页，让学生对着话筒念，念完即可在电脑屏幕上看到与原文的比对结果，操作简单，结果清晰、直观。

（四）课堂上的朗读、背诵活动

我们在课堂中也运用语音识别技术做了一些尝试，比如小组背课文活动，具体操作如下：学生 4~5 人一组，小组成员依次上前背诵，第一个人背诵第一句，识别完全正确则继续由第二个人背诵第二句，识别有错误，则第二个人重新背诵第一句，若再次出错，则由第三人继续重复，直至有人背诵识别为全对，最先背完全文的小组获胜。学生对此项活动很有兴趣，参与度非常高。

五、研究实施过程

1. 语音识别软件可识别的情况

（1）读错音，如表 1 所示。

表 1　读音易错点分析

原文	错误识别为	可能原因
chimp	chip，cheap，sheep	鼻音发音不到位
mining company	meaning company	将 /ai/ 念成 /i/
these	this	长元音发音不到位
insect	inside	将 /e/ 念成 /ai/
though	so	将 th 念成 s

学生将单词读音念错或念不准确，主要有两种情况：一种是新学的词汇，学生掌握不牢，容易读错；另一种是汉语中没有的读音。

（2）读错词。学生常常混淆各种形近词，如county-country，though-through，form-from等。主要原因是有些学生读课文时不管句意，只是挨个读出单词。

（3）词形变换问题。除了语音的准确性，语法的问题也可在朗读中被识别，如未读出的过去式“-ed”，第三人称单数“-s”，名词复数“-s”等。这类错误非常普遍，也是学生自己练习时特别容易被忽略的地方。

（4）卡顿、重复。语音识别输入的文本能在一定程度上反映学生朗读的熟练度。过长的停顿会被识别为逗号或句号。学生重复念的某个音节或单词都会被识别

2. 语音识别软件无法识别的情况

（1）专有名词。受词库范围影响，一些专有名词尚无法识别，有些常见的人名、地名可以识别，但准确率明显不如其他词汇。

（2）同音词。在同音词的选择上，识别软件可根据上下文进行判断，但准确性有待提高。

（3）长词。有一些音节比较多的词，学生即使念得不太准确，机器也识别为正确的单词，单词越长越是如此，比如especially /ɪˈspeʃəli/ 学生念成 /eˈspeʃəli/ 并不会影响识别结果。

（4）重音。一些词在作不同词性使用时重音会发生变化，如record，作名词时重音在前，作动词时重音在后，学生读错时语音输入无法做出不同标记。

（5）语调。此类问题主要体现在疑问句、感叹句等。学生念书时不带感情，就算如念经一般语调毫无变化，只要语音准确就不会影响识别结果。

（6）断句。学生未能按照语意正确断句时，只要停顿时间不太长便不会影响识别结果。

3. 个案分析

在此，我们选取了一个比较有代表性的案例与大家分享。这是一位平时英

语成绩在班级中等偏下的学生，朗读的是人教版《高中英语必修三》第一单元大课文 Festivals and celebrations 中的一段。绿色下画线为电脑自动比对出的与原文不同之处，其中红色字为学生读音不准确的地方，其他主要为标点问题。

原文为：

Harvest and Thanksgiving festivals can be very happy events. People are grateful because their food is gathered for the winter and the agricultural work is over. In European countries, people will usually decorate churches and town halls with flowers and fruit, and will get together to have meals. Some people might win awards for their farm produce, like the biggest watermelon or the most handsome rooster. China and Japan have mid-autumn festivals, when people admire the moon and in China, enjoy mooncakes.

在检查读课文时，学生由于准备不充分，读的第一遍很不理想：

harris and thanksgiving festival can be very happy event people are grateful because their food is gathered for the winter. and the aggression co work it over the european countries. people will usually decorated church and turn has why? with flower and fruit and will get two together to have news. some people might win awards for their from produce like the biggest watermelon or the most handsome dudes. china and japan have mid autumn festivals when people are the man to moon and in china enjoy moon cake,

从以上可以看出学生朗读不准确的词主要有：harvest，agricultural，town halls，meals，farm，rooster，admire，其中 agricultural，rooster，admire 为本单元生词。另外，该学生经常忽略名词复数。从标点上也可看出一部分断句的问题。但学生认为是自己不适应话筒、太紧张，要求重读。然而第二遍读并没有多大改观：

harvest and thanksgiving festival can be very happy event people are grateful because their food is gathered for the winter and the agriculture work is over. in european countries, people, are you usually decorated? come on, church and somehow with flowers and fruit. there will be can't will get together to have meals. some people in our world for their from produced next the biggest water, and for the most handsome rooster, china and japan have mid autumn festivals when people admire the moon and in china enjoy moon cake,

之后学生终于正视自己的问题，按照记录下的错误一一纠正，回家练习后第二天又读了第三遍。这一遍有很大进步：

harvest and thanksgiving festivals can be very happy event people are grateful because their food is gathered for the winter and the agricultural work is over in european countries, people will usually decorate country churches and town hall with flowers and fruit. and we'll get together to have meals. some people might win awards for their farm produce like the biggest watermelon or the most handsome rooster. china and japan have mid autumn festivals when people admire the moon and in china enjoy moon cake.

六、研究效果

语音识别软件与文本对比软件的结合使用，虽然目前还存在无法准确识别重音、语调、节奏等问题，但可以帮我们准确、迅速地找出学生读错的单词，方便教师统计学生朗读中出现的问题，进行更有针对性的教学。学生的每一次口语练习都留有文本记录，便于自己发现问题、改正问题，可以明显地看到自己的进步，这极大地提高了学生的学习兴趣和成就感。我们相信，随着技术的不断发展，语音识别技术将在英语教学中得到更广泛的应用。

我是好奇宝宝

我最初参与微课题研究是因为好奇这种新鲜的研究形式，“微”听起来应该不是很复杂的样子。后来事实也证明，微课题这种形式确实适合像我这种脑子里有一些零零散散的想法，却又凑不出一篇正儿八经论文的情况。其实大家平时教学中都会经常琢磨这里怎么教更好，那里要是那么处理一下会怎么样……这些一点一滴的经验要是积累起来并记录下来，着实是很大一笔财富。微课题就是这样一个契机，让我们把小想法提升到科研层面来。我当时就正好在琢磨语音识别技术能不能用到教学里来，于是就有了这一项微课题研究。

一旦有了想法，后面的事就都不难了，我只要做好一个观察者、记录者。观察、记录的过程中，我的好奇心得到了满足，同时我发现学生的好奇程度不亚于我，我应该好好利用他们的这份好奇。于是我们一起尝试，经过大量的朗读和识别，发现了讯飞输入法语音识别的优势和局限性。往小了说，我完成了我的科研小任务；往大了说，满足好奇心是最快乐的学习方式，我和学生都从中获益。

另外，只要保持一颗好奇的心，在研究一个问题的过程中就常常会发现其他新的问题，冒出新的想法。比如，利用语音识别，我发现了一些以前没有关注到的读音问题，学生自己也可以简单明了且及时地发现自己的问题。但发现问题后如何解决？语音识别技术能否帮我们纠正口音？除朗读课文外，可否用语音识别、口头回答问题或者口头作文，再配合 Word 文档的语法检查功能帮我们提高口语表达能力？这些想法都很值得一试，也许就会成为下一个微课题。而这一系列的想法也许就会串联出一个“大”课题了。

再比如，在我用语音识别记录了许多学生读的课文之后，我发现有不少学生读错的地方软件能自动纠错，按正确的词语记录。如果连语音识别技术都不介意我们浓重的中式英语口音，那我们是否还有必要人人都学一口地道的伦敦音、纽约腔？不仅语音识别如此，现如今的机器翻译水平也已经足够我们出国旅游及日常生活，而且这些技术还在飞速进步、更新，那我们还有必要学外语吗？我们这样问自己，学生也会这样问我们。这就又回归到外语学习的核心问题了。所以，在我看来，课题无论大小，科研其实就是在好奇心的驱使下不断思考，并从中学习、收获的过程，其间每一个想法、每一分收获都值得被记录。

使用希沃技术帮助学生在西语课堂上记忆单词的研究

周晓煦

一、研究背景

在语言教学中，最大的难题就是学生疲于背诵单词。但是单词量是语言学习的基础，听力练习、阅读练习等都需要学生拥有一定的词汇量。常规模式的背诵、记忆单词提不起学生兴趣，西语作为本校特色课程，学生在学习英语的同时还要背诵西语单词，有很大的学习压力。本学期学校换了新的教学设备，引进了希沃技术，希望可以通过这些活动寓教于乐，帮助学生更好地记忆单词。

目前国内使用希沃技术的学校很多，使用课堂活动教学的老师也很多，但由于是新型课堂，所以专业研究不多。

二、研究对象

高二年级西班牙语实验班学生。

三、研究目标

本节课为专题复习课，本单元学生已经学习了如何使用西班牙语描述人物外貌及其性格，为了巩固本单元所学，设计了本节课内容。本节课旨在让学生能够学以致用。本节课上，学生除了可以正确理解西班牙语信件内容外，最主要的就是要能够理解并应用所学单词及句型，熟练掌握如何使用西班牙语描述人物

外貌及性格。教师为调动学生的积极性，在课堂中运用希沃技术，加入游戏环节，采用分组比赛形式，增加同学间的评比和竞争，寓教于乐。

四、研究实施过程（涉及希沃技术教学过程）

<table>
<tr><th colspan="2">教学环节三：词汇理解及记忆（El uso del Vocabulario I）</th></tr>
<tr><th>教师及学生活动</th><th>设计意图</th></tr>
<tr><td>通过希沃技术中的课堂活动（游戏），复习巩固本单元内容。
1. 游戏 1：
“词义”抢答
两组竞争抢答，每道题 7 秒钟，共 10 道词义问答题，通过这个游戏巩固学生对于单词的中文词义记忆。
2. 游戏 2：
反义词问答（判断正误）
两组分别上台回答，每道题 7 秒钟，共 8 道反义词问答题，检验学生单词的辨析能力。
3. 游戏 3（附加游戏）：
选词填空
所有小组抢答环节，找出词语正确的使用方法</td><td>通过游戏的方式帮助学生巩固理解词汇。这 3 个游戏的设置让学生不再枯燥地背诵单词，而是通过游戏竞争的方式从“词义”“反义词记忆”“选词填空”三个方面帮助学生回忆本单元内容。学生既能够增加西语使用的熟练度，锻炼思维和口语，又能够“寓教于乐”。
“词义”抢答
回忆单词的中文意思，巩固单词的背诵记忆。
反义词问答（判断正误）
在正确记忆单词的基础上通过反义词游戏明确词义，更好地辨析单词
选词填空
帮助小组弥补失误或扩大优势，利用本环节选出优胜小组</td></tr>
<tr><th colspan="2">教学环节五：活动：他 / 她是信中的人！</th></tr>
<tr><th>教师及学生活动</th><th>设计意图</th></tr>
<tr><td>1. 根据听力和文章内容，总结 Julia 信中的三个人的特点，填写表格：
<table><tr><th>Preguntas：</th><th>• Cómo son?</th></tr><tr><td>• Cómo es su profesor favorito？</td><td></td></tr><tr><td>• Cómo es Paula？</td><td></td></tr><tr><td>• Cómo es Ofelia？</td><td></td></tr></table>2. 一起用希沃技术拼出 Julia 信中的人物。</td><td>利用活动，检验学生对于文章的理解是否正确，词义是否掌握</td></tr>
</table>

五、研究效果

本课内容容量适当，重点是希望学生熟练掌握本单元单词，在记忆的同时学会正确地应用。授课过程中，教师巧妙利用了希沃技术，将游戏运用到课堂中，寓教于乐，抢答环节激发学生的竞争心理，小组比拼可以引导学生以团体作战。这些游戏环节反复出现单词，“中译西”“西译中”等方式，但过程不再简单枯燥。学生反应热烈，对知识的掌握情况良好。

我们在后续教学中也常常使用即时交互技术，包括希沃中的小游戏，ClassIn 软件中的抢答器、小黑板、选择题等功能。这些功能都增加了学生在课堂中的参与度，使课堂不再是教师枯燥的讲解或者“一言堂”，学生有了更多的表现欲，课堂气氛更加活跃。另外，此类功能的应用帮助教师能够更快速、更直观的看到教学效果和学生的掌握情况，在课堂上也可以及时调整教学内容。通过即时交互技术在课堂上的应用，让老师们的课堂更加多样，也让课堂上的师生关系有了更良好的变化，从而营造出了更加活跃的课堂氛围。

让交互式技术在课堂上成为好帮手

科学技术的进步使课堂更加丰富，不仅帮助老师们能够更好地传授知识，也提升了学生学习的兴趣和效率。教师的教学内容是灵活的和广泛的，在课堂中利用游戏的设置、实验的 3D 演示、课堂模型的建构等环节，可以让学生更加直接地参与到课堂中，通过学生在课堂中的展示可以更好地激发他们的学习兴趣，也可以更好地避免学生在课上“走神开小差”。各种生动的教学技术手段也可以增进教师和学生之间的交流，教师可以通过学生在课堂中的参与更好地了解学生对于本节课内容的掌握程度，而各种功能的设置也可以更加直接地帮助学生“立体地”掌握知识。但是，运用科学技术的同时，我们也应该明白，这些技术归根结底是服务于课堂的，是为了更好地达成教学目标而设立的，教学的基础还是要建立在课程标准上，让即时交互技术成为课堂的帮手而不是负担。同时，技术要真正融入日常课堂教学中，以人为本，重视学生，建立以学生学习为中心的课堂教学，不能为了使用科学技术而影响最终的教学效果。

将信息技术与常规实验相结合的研究
——以测电源电动势和内阻为例

平　静

一、研究对象

高二年级学生。

二、研究目标

（1）摸索出可以与常规实验相结合的信息技术。

（2）运用技术与实验相结合突破教学难点。

三、研究方法

1. 改进教学顺序

以往进行实验课教学时，通常是教师先讲课，学生再按照老师给的实验步骤进行模仿式实验，缺少探究与讨论。本节课例中，从学生熟悉的化学原电池入手，给出恰当的引导，鼓励学生根据实验原理设计合理的实验方案，培养学生的物理核心素养。

2. 搜寻合适软件，迅速将数据成图

学生对描点作图法已经很熟悉，但对图像进行数形结合以便进一步分析、结论的能力还有待加强。因此，引入了用 Excel 软件功能精确作图的方式，帮助学生快速得到图像信息，并找到其中对应的物理含义。

3. 引入仿真实验

学生在做电学实验时，若连接有误，会发生无实验现象或过载烧表等问题，为了让学生能够放心大胆地去探究，本课引入 NB 物理实验仿真实验软件，学生可通过仿真实验进行多次尝试、预判结果，再通过实物操作验证结论，提高成功率。

四、教学实施过程

教学阶段	教师活动	研究评析
情景引入	师：同学好。日常生活中我们接触过各种电池，最熟悉的莫过于干电池，一节新的干电池的电动势为 1.5V。这里有一盏工艺灯，我将它与两节干电池相连，请大家观察现象。 生：很漂亮。 师：在高一化学课中，我们学过水果电池，知道只要是电解质溶液就可以做原电池。如果采用铜片和锌片作为两极，同学们知道哪个电极是正极吗？ 生：铜片。 师：很好，我这里有 5 杯串联好的盐水溶液电池，我们先用万用表来看看两节干电池和 5 杯盐水电池的电动势是多大？ 生：约 4V。 师：我现在用盐水电池给灯供电，看看这盏灯有什么现象？ 生：没亮。 师：我们把后盖打开，看看里面的灯究竟亮没亮呢？ 生：灯亮了，只是没有之前的亮。 师：两种电池的电动势近似，灯的亮度明显不同，这可能是什么原因呢？ 生：盐水电池的内阻大。 师：很好。我们知道电池的两个重要参数是电动势和内阻。造成这种现象的原因可能是内阻太大，导致电流太小。那么，一杯盐水电池的电动势和内阻到底多大呢？若将盐水换成其他电解质溶液电池呢？电解质溶液电池与干电池有着怎样的差别呢？接下来，我们就来一起探究一下	从学生最熟悉的干电池切入，引出化学课中学生比较了解的电解质溶液电池，展示两种电池对同一盏自制工艺灯供电的亮度对比。常规实验真实可见，引导学生猜想原因，激发兴趣，使其对下面测定两种电池的电动势和内阻充满期待

续表

教学阶段	教师活动	研究评析
新课教学	**【设计实验】** 师：设计实验方案的一般流程有：明确实验目的、思考实验原理、选择实验器材和设计实验步骤等。今天的实验目的很明确，就是测量电池的电动势和内阻。电池是我们的研究对象。下面请同学们思考一下实验原理是什么？ 生：根据闭合电路欧姆定律 $E=U_{外}+I_{干}r$。 师：今天我们的研究对象是电池，电动势 E 和内阻 r 未知，需要我们通过实验得出。那么，从原理公式上看，我们必须知道什么才能求得 E 和 r 呢？ 生：路端电压 $U_{外}$和干路电流 $I_{干}$。 师：那么我们通过什么实验器材可以得到 $U_{外}$和 $I_{干}$呢？ 生：电压表和电流表。 师：很好，我们用伏安法来测电源的电动势和内阻。那么电压表测的是谁呢？ 生：路端电压（电池两端的外电路电压）。 师：电流表测的谁？ 生：干路电流。 师：$I_{干}r$ 表述的什么含义？ 生：电池内电压。 师：很好，也就是说，$I_{干}$就是通过电源内电阻 r 的电流。同学们请再思考：有了电压表和电流表后，实验只出一组数据，可以进一步根据原理公式得到 E 和 r 吗？ 生：不行，至少需要两组数据。 师：只测量两组数据，通过联立方程解得 E 和 r，看起来比较简单，误差却可能较大。 生：多次测量，求平均值。 师：好，这样操作可以减小误差，但会增大计算量。其实，我们还可以多次测量，用描点作图的方法，画 $U_{外}$-$I_{干}$图像，对数据进行处理，这样能够减小误差和工作量。那么，要想记录多组 $U_{外}$和 $I_{干}$的结果，我们还需要什么仪器呢？ 生：滑动变阻器或电阻箱。 师：在做实验前，我们除了要明确实验目的和原理，还应确定实验电路	通过电路的选择，培养学生设计实验和制定方案的能力； 渗透一部分误差分析方法

续表

教学阶段	教师活动	研究评析
	师：请大家思考，图 1 这样的电路图，电压表测量的是不是真实的路端电压？ 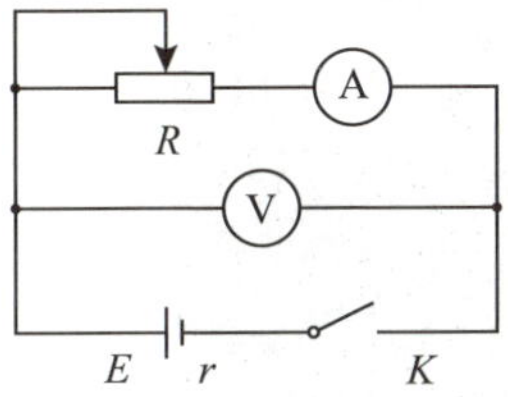 图 1 师：那么，电流表测量的是不是真实地流过电源内电阻的干路电流？ 生：不是，电压表会分流。 师：因此，电流表的测量值比真实的干路电流偏小。因此，如果我们用这个电路去做实验，必然存在系统误差。那么我们怎样能解决这个问题呢？ 生：将电流表放在电源旁边。 师：好，那我们来看图 2。 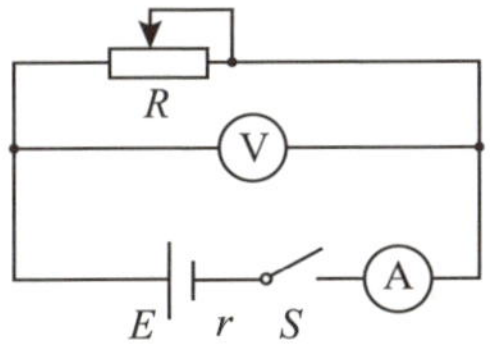 图 2 师：电流表测量的是真实的干路电流，但由于电流表的分压，电压表测量的不是真实的路端电压。看来，这两种电路都存在着系统误差，下节课，我们会根据今天的实验结果来具体分析面临不同内阻的电池时究竟该选哪一个电路图来做实验，这节课我们先统一用图 1 来测量电池的电动势和内阻	
	【实物图连接】经典研究片段 师：根据我们已经选定的实验器材及实验电路，我请一名同学上来连一下实物图（见图 3）。 师：谢谢这名同学。我们来看一下，闭合开关前，滑动变阻器上的划片应该放在什么位置？	利用东城区智慧教育云服务平台（NB 物理实验），形象地模拟实物连接情况，避免学生有不当操作而

续表

教学阶段	教师活动	研究评析
	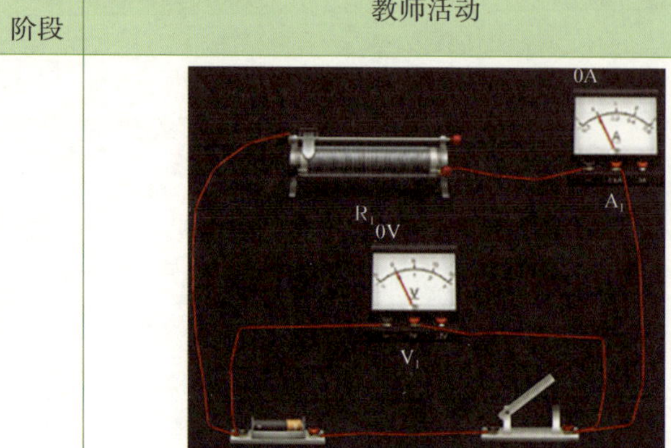 **图 3** 生：最大阻值处。 师：因为我们只测量一节干电池的电动势和内阻，所以电压表量程选择 3V 即可；由模拟动画可看出，电流表选择 0.6A 档，数值变化较均匀，但是电阻阻值过小时，可能有烧表的危险，因此滑动划片时，请同学们小心调节。 师：在大家动手实验前，我们来说一说实验步骤：①连接电路，置电阻箱阻值最大；②选好电表量程；③闭合电键，改变电阻箱阻值，在 Excel 表格中记录 6 组电压与电流值，断开电键；④拆卸电路，整理器材；⑤保存表格，点击“Win+R”键，复制表格于“gongxiang”文件夹中。 师：好，现在大家开始动手实验，实验器材要摆放在黑色垫子上	损毁实验器具；帮助学生夯实基础；培养严谨的实验精神；模拟实验易于得到理想结果；对于电路实验，可让学生更加清晰地看清电路的连接；模拟试验与习题中的实物连接非常相近，有利于学生回归习题。 学生常规实验操作仍是教学重点。 借助 Excel 软件功能精确作图，减小偶然误差，数理结合分析图像规律，得出结果。 用腾讯会议直播各小组实验操作情况及进度，加强学生间相互学习
	【数据处理】经典研究片段 师：好，我们一起来看这一组的数据。计算机直接拟合出来的图像趋势线公式为 $y=-1.9x+1.4$（见图 4）。根据闭合电路欧姆定律我们知道 $U_{外}=-rI_{干}+E$，请同学进行数理结合来思考，x 前面的数字代表的物理含义是什么？加号后面的数字呢？可以看出，这个小组的干电池的内阻比较小，仅约为 0.59 欧姆，电动势约为 1.29 伏特	培养学生对科学探究过程和结果进行交流、评估和反思的能力；培养学生数理结合的科学思维方法。 利用共享文件夹分享各组实验数据处理结果，并对比、分析两种电池的数据，找到它们的区别

续表

教学阶段	教师活动	研究评析
	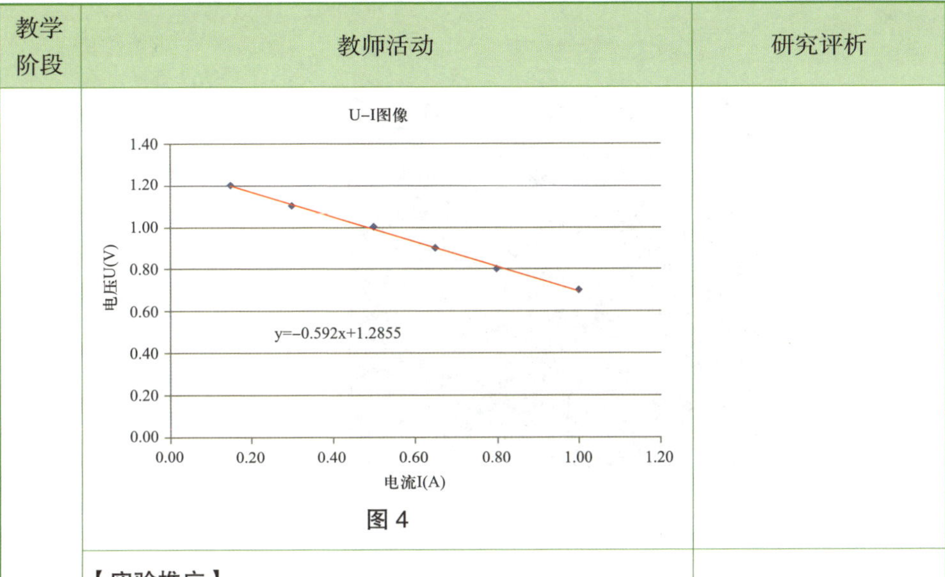 图 4	
	【实验推广】 师：我们刚才用来做实验的干电池比较旧，它的内阻比一节新电池的内阻要大，尽管如此，也仅有几欧姆。那么，电解质溶液电池的内阻又为多大呢？我们继续通过实验来解决这个问题。 师：每个小组的桌上各有一种电解质溶液电池，南侧三组为可乐，北边三组为果汁。这一次实验我们只用一块电压表配合电阻箱来完成，请同学们思考一下，在没有电流表的情况下，如何得到电流值呢？ 生：电压除以电阻，将电压表连接在电阻箱两端（见图 5）。 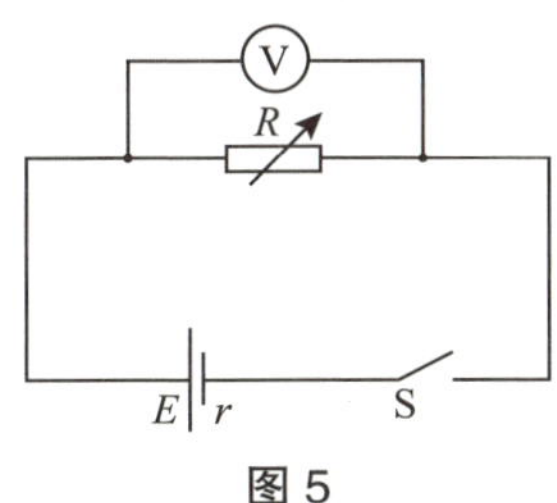 图 5 师：很好。下面我们就按照这样的电路，根据另外一个 Excel 表格中电阻箱数值的要求，改变电阻箱的阻值，记录多组电压值 U 的数值。注意：测量应尽量迅速，测完将两金属片放在清水中涮后放在桌面上！ 师：实物图直接给大家（见图 6）。现在开始实验	学生通过利用闭合电路欧姆定律公式变形来设计测量电池电动势和内阻的实验方案，既提高了实验探究能力，也培养了学生的创新思维能力

续表

教学阶段	教师活动	研究评析
	图 6	
	【数据处理】 师：好，我们来看这一组同学的数据。对应公式可知，果汁的内阻约为 415 欧姆，电动势为 0.61 伏特。看来电解质溶液电池的内阻相较而言还是非常大的，回路中电流就会比较小，这就可以解释为什么电动势更大的 5 杯串联盐水无法让工艺灯更明亮了。 师：其实我们还可以通过类似的方法，只用一块电压表和电阻箱配合，来测量电池电动势和内阻 图 7	将创新的交互技术引入课堂，让学生感受到数字信息时代的高精度和便捷对科学研究的价值
课堂小结	师：今天这节课，我们学习了用伏安法测定电池电动势和内阻，可以更灵活地运用闭合电路欧姆定律，并且再一次熟悉了用图像法处理实验数据。下节课，我们将对这一实验进行误差分析，敬请期待。 那么，这节课就上到这里，下课	对知识进行系统总结，明确物理实验研究的一般方法。培养学生归纳、总结的学习习惯

五、将信息技术与常规实验相结合的策略、方法

（1）由于学生实际操作电路连接的经验比较少，仪器正负极方向的连接、量程的选择、滑动变阻器的连接和使用以及读数等问题，若出现在题目中，大部分学生可以解答出来；但若连接实物，就特别容易出现错误，轻则实验数据出不来，重则烧表。为了保证学生操作正确，我用NB物理实验先仿真模拟一遍连接过程，并强调、嘱咐注意事项后，学生再动手实操，成功率明显提升。

（2）通过腾讯会议，借助手机，将学生连接电路、测量数据的全过程在大荧幕上实时展现出来，既方便教师关注所有小组的实验进度和问题，又方便各小组学生间相互学习、借鉴。值得注意的是，此方式在一些微观演示实验时，可以代替不可移动的实物投影仪，更加清晰、方便，但日常上课，多台手机同时播放，视觉上会比较混乱，因此，应根据课程具体内容进行选取使用。

（3）描点画图是学生用图像法处理实验数据必会的一种方法，已在前面的教学中多次练习过，但作图全过程并不是高考重点，所以可以在本节课中弱化。而教材里明确写明了用excel软件处理图像的方法，因此，本节课在收集了学生的实验数据后，我利用软件展示了作图的过程。如果条件允许，可以以学生实验小组为单位，组织学生利用软件处理实验数据，效果会更佳。

（4）以往展示学生实验数据时，多是利用实物投影，清晰度较差，也浪费时间。在这节课中，我借用了在局域网中共享文件的技术，让学生实时上传实验数据的excel表格，快捷的同时，更可直接处理数据做出图像。

六、研究效果

东城区智慧教育云服务平台（NB物理实验）模拟练习实验、Excel软件处理实验数据、腾讯会议以及共享文件夹协同操作等现代信息交互技术的应用，既可以帮助学生解决实物连线以及实验操作上的问题，又可以精确处理数据，利用数形结合拓展学生思维，还可以为课堂增加实时互动效果，真正实现智慧教育。

将信息技术模拟实验与常规实验相结合，可以迅速有效地解决学生缺乏空间想象力及学生计算水平低浪费课时等问题，直观、高效地突破常规实验的重难点教学。

随着信息化技术的不断发展，教师首先要打开自己的思维，打破固有的教学模式，勇于创新，敢于尝试，这样才能引导和培养学生的创新思维能力和学科核心素养，做到智慧教育。选择“测电源电动势和内阻”这个实验作为研究载体，是因为这是高考考查的重点和热点，也是学生学习的难点。

（一）仿真实验高效辅助课堂教学

NB 物理实验成功帮助学生解决了连接实物电路时的常见问题，并生动、形象地展现出了实验操作注意事项。这个软件中还有很多有价值的仿真实验可以在今后的课堂教学中被应用，尤其是一些无法在实验室呈现出来的实验，可以通过仿真模拟让学生有一个直观的感受，更有利于学生对复杂概念、规律的深层理解和灵活应用，培养逻辑思维能力。

（二）电子软件辅助解决学生重、难点问题

图像法处理数据及进行误差分析是新课标对这个实验的重点要求。鉴于学生可通过大量课后练习进行描点画图的训练，本次设计并没有过多强调学生手动画图，而是利用 Excel 软件，依据学生实验结果直接迅速作图，并进行数形结合，进而得到电池电动势和内阻的测量结果，不但减小了实验的偶然误差，保证了课程容量，还让学生感受到了现代信息技术的价值，拓展了学生的思维方式，收到了事半功倍的效果。

（三）即时交互软件拓展教法新模式

为了让实验操作过程和实验结果在课堂上第一时间呈现，我使用了腾讯会议远程教学和共享文件夹协同操作。腾讯会议可以直播学生实验过程，师生可以通过屏幕直接看到所有小组的实时实验操作过程，及时发现问题，相互借鉴，避免有些小组在教师顾及不到的时候无法正常推进实验。共享文件夹可以将学生的实验结果通过局域网第一时间共享到讲台教师电脑上，利于

展示所有小组的实验结果，进行对比与分析，真正实现智慧教育。

经过探究与实践，我已基本完成了本次微课题的研究目的，摸索出可以与常规实验相结合的信息技术以及运用技术与实验相结合突破教学难点。

种信息技术的种子开常规物理实验的花

信息技术以其多媒体展示的集成性、超文本链接的选取性、大容量存储的丰富性、高速传输的便捷性、人机交互的操作性和超时空交流的共享性等特点，在高中物理实验教学中形成了强大的技术优势。它实现了传统课堂实验在时间与空间上的延伸，实现了一个数字化、开放化、人性化的学习环境。信息技术与常规实验相结合的研究和实践，将对构建新型教学模式、提高实验教学水平、改善实验环境、优化实验教学过程、培养具有创新意识与创新能力的应用型和复合型人才产生深远的影响。

此次微课题的研究，是将过往教学经验在新课程内容上的整合实践，追求更高效的教学效果。虽在实施过程中遇到了不少问题，体验到了课题研究的艰辛，但我相信，“将信息技术与物理实验相结合的研究”是一个与时俱进、值得深入研究的主题，本次微课题研究只是相关研究的起点。在教研组老师的帮助下，我将不断探索、不断发展、不断深入，使我的教育教学工作开出艳丽之花，结出累累硕果。

在信息技术支持下设计物理合格考

周敬妍

一、研究背景

我自2021年9月开学开始，负责北京市第109中学美术高中高二物理合格考班级学生的物理教学任务。从当年9月开学至期末结束，坚持尝试利用最新版Seewo触屏黑板+ClassIn软件+iPad进行常态化教学。并利用ClassIn软件建立电子班级，在电子班级内不定期发布作业、发布测试、上传复习资料、电子板书，等等。给学生们提供下载资料、在线答疑的班级平台。两个班级共计71名学生，具有3个半月的使用软件经验，所以我两个班级学生的信息技术水平以及技术素养相对其他未使用班级学生较高。

本阶段课程是针对美术高中高二年级合格考学生的物理复习课。美术专业学生在高一入学时各科成绩就相对薄弱，再加上是合格考学生，对物理知识的理解与掌握都不够充足。在掌握物理原理、解决生活中的实际应用问题等方面都存在障碍，学生有很强的畏难情绪，缺乏可以通过物理合格考考试的自信心，答题步骤以及作答书写都需要强化。针对此种学情，我设计了课堂上师生共同利用iPad的学习场景，结合ClassIn软件实现学生与老师及时交互、答题、书写，等等；下课后利用知儿软件进行强化训练。加强学生对物理学科的学习兴趣，从主观上减少对物理学科的畏难情绪，让学生觉得物理是一门好理解、好上手、生动有趣的科目。

二、研究对象

美高二年级合格考学生。

三、研究实施过程

1. 课上部分（以生活中的圆周运动复习课为例）

首先，利用 ClassIn 软件进行游戏环节（抢答功能、摇骰子、随机选人功能）完成课前检测，发现学生基础薄弱，物理知识遗忘较多等问题。

其次，复习梳理圆周运动的概念、公式、应用解题步骤，等等。在 ClassIn 的 EDB 板书内呈现 3 个典型圆周运动的物理模型，利用软件强化学生做物理受力分析的过程，并规范书写圆周运动方程的表达式，培养学生标准的作答习惯。（请学生到触屏黑板前利用软件作图，示范书写过程）

再次，利用软件内的答题器工具，让学生作答刚刚讲授完的知识，进行精准测验。软件可以及时反馈学生的作答正确率，授课教师进行分析判断，从而迅速调整教学，更快更准确地找到学生的薄弱点后进行更有针对性的讲解与训练。

最后，利用软件内的小黑板工具，让学生完成一道学业水平合格考真题，学生利用 iPad 作答期间，授课教师可以同屏看到全班同学的作答情况、解题步骤、分析思路等。教师发现问题，及时指出，如：学生受力分析时少了一个力、方向画错、列方程错误、单位忘记写了，等等。全班学生的作答内容，老师也能以图片形式留存电子版。

上课期间，会针对回答问题较好的学生以及作答书写工整标准的学生颁发小奖杯以资鼓励。利用定时器把握课堂节奏，把控答题时间，等等。在下课前，对全班同学进行表彰并呈现奖励排行榜，激励更多的学生积极参与课堂，规范书写，提高学科素养！

2. 课下部分

首先，在 ClassIn 软件的电子班级内上传课堂电子课件以及电子版复习资料并布置相关下载任务，以便教师可以查看有多少学生确实查看并下载了资料。学生在软件上操作，教师端账号可以掌握学生情况并形成数据包。教师还可以在软件内点击“提醒完成”按钮，线下见到学生也可以再次督促，从而实现“有效复习”。

其次，利用知儿软件，每周定期发布两次选择题强化训练，每次题量不大——10道选择题。学生可以利用移动终端（手机、iPad等设备）在碎片化时间：回家路上的公交车上或周末刷手机间隙完成本次强化训练。由于合格考选择题难度并不大，10道物理选择题，学生10~15分钟就能完成。完成的同时，知儿软件就能根据作答情况立刻给出分数，并订正答案。学生可以根据自己的作答情况，及时发现自己的错题和薄弱知识点。教师在软件平台可以看到每一名学生的作答情况以及每次完成强化训练作答时间，从而更有针对性地进行辅导，实现因材施教。

最后，通过为期2个月的强化训练，每位学生作答上百道选择题，8套测试卷的客观题，没占用课堂上的时间，而是利用课下碎片化时间，无纸化、免人工批阅、免人工订正，利用信息技术以及强大的智慧软件，轻松地完成复习任务。教师也收集到美术高中学生在物理合格考学科的各项数据，每名学生不同阶段的成绩、进步退步情况、班级每道题正答率、班级整体薄弱知识点，等等。教师可以根据数据，实现精准教学。

四、研究效果

（1）利用iPad教学充分提高学生的兴趣，增加课堂上师生、生生交互，更生动高效地实现教学目标。

（2）利用ClassIn软件实现线上、线下融合教学，通过信息技术手段，即时收集学生作答情况并同步在教室大屏幕上，教师根据反馈的数据结果可以迅速调整教学节奏、把握教学深度，课后为学生提供个性化指导。

（3）利用知儿软件作为强化训练的媒介，通过软件提供的各项数据，教师制订更精准的教学计划，为学生提供个性化辅导。学生通过软件，利用碎片化时间实现轻松、高效复习。

本阶段复习课取得了较好的教学效果，顺利完成教学目标，最终实现美术高中高二年级学生以高通过率完成合格考考查。学生与教师课上、课下互动效果很好，用硬件 iPad、手机等移动终端结合信息技术软件 ClassIn、知儿等 APP 进行线上、线下融合式教学与学习，助力艺术类考生（美术生）克服种种障碍，解决生活中的实际问题，上好物理专题复习课，提高学生学习兴趣，增强物理学科学习自信，完成智慧融合式学习。

信息技术赋能物理合格考复习小反思

本次微课题是我教师生涯的第一次课题研究尝试，多少有些不成熟还处在各种尝试与摸索中。有些环节可以再反复推敲和优化细化，比如前期可以给学生设计并发放调查问卷，以便教师能够更加了解艺术类学生物理学科的学习态度以及对合格考考试的心理预期；比如可以在强化训练期间，增加积分激励机制，从而提高整个复习过程的趣味性以及竞争性，增强学生学习动力。

总之，利用信息技术手段可以助力教师的教与学生的学。线上、线下融合式智慧教学我也会进一步探索与尝试。青年教师多探索、多实践、多创新、多整合，让学生获得更好、更轻松的学习方式。培养学生解决问题的能力，提高学生的综合素养，为社会输出具有创新思维和综合能力的全面型人才，是每一位教师的最终目的。我也会更加努力，多多思考，不断实践，勇于创新，打磨出更优秀的课题研究成果。

高中物理磁感应强度教学设计的优化研究

相　岳

一、研究背景

1. 课改的要求

为了贯彻落实习近平总书记在2018年9月10日全国教育大会上的重要讲话精神，更好地发展学生的核心素养，教学工作者对概念教学、规律教学等各学科不同知识的教学方法进行了大量的研究，相关领域研究人员数量明显增多，撰写的相关论文数量也越来越多，这些都为开展更深层次的研究夯实了基础，提供了有力的帮助。

高中物理磁感应强度教学是属于物理的概念教学，磁感应强度这一物理量是描述磁场基本性质的物理量，其抽象性是学生学习的一个难点。设计出符合科学方法中心论的物理概念与物理规律教学要求的磁感应强度教学设计，对于学生加深对这一物理概念的理解，深切感受其物理意义，提升学生核心素养有很大帮助。

2. 电磁学教学背景

电磁学在实际生产生活中应用广泛，是物理学的一个重要分支。在高中物理课程中，电磁学所占比例很大，学好电磁学相关知识要求学生有一定的物理基础。本部分内容以静电场、恒定电流、磁场、电磁感应等内容为主，教学内容安排较为集中。不但电磁学在中学物理学科中占有重要地位，而且由于高考“指挥棒”的作用，该部分知识被更多人片面重视，导致当前中学物理学科电磁学教学的现状面临以下问题。

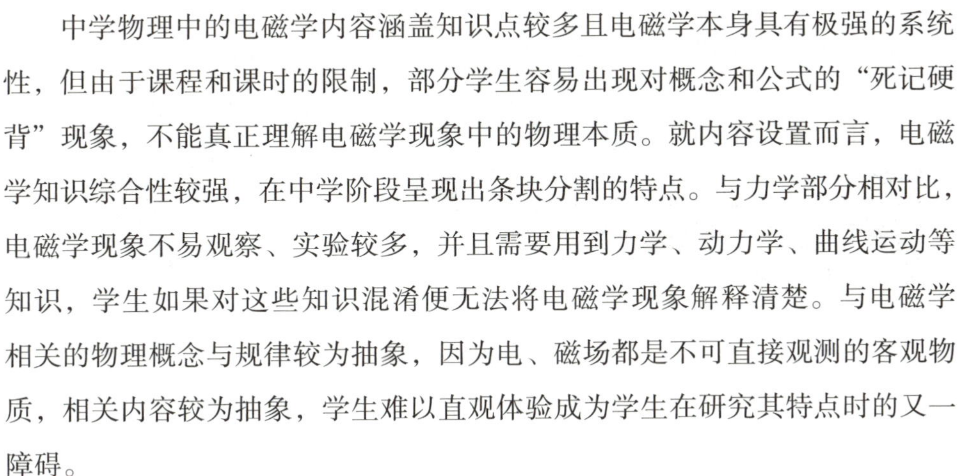

中学物理中的电磁学内容涵盖知识点较多且电磁学本身具有极强的系统性，但由于课程和课时的限制，部分学生容易出现对概念和公式的“死记硬背”现象，不能真正理解电磁学现象中的物理本质。就内容设置而言，电磁学知识综合性较强，在中学阶段呈现出条块分割的特点。与力学部分相对比，电磁学现象不易观察、实验较多，并且需要用到力学、动力学、曲线运动等知识，学生如果对这些知识混淆便无法将电磁学现象解释清楚。与电磁学相关的物理概念与规律较为抽象，因为电、磁场都是不可直接观测的客观物质，相关内容较为抽象，学生难以直观体验成为学生在研究其特点时的又一障碍。

二、研究目标

本课题提出符合物理科学方法教育教学逻辑的物理概念和规律教学的要求，将其尝试应用于磁感应强度教学，提出可操作性实践建议，以期指导中学物理教师把物理科学方法教学理论应用于教学实践，使得广大高中物理教师能够找到物理概念和规律教学的科学方法，从而提高整个高中物理概念与规律的教学质量。

三、研究实施过程

1. 创设物理概念规律建立的情境——体验磁场的强弱

【学生活动】讲台上有 4 块大小形状不一的磁铁，请两位同学各挑选其中一块磁铁吸起讲台上的钩码，吸起钩码数量最多者即挑战成功。

总结　日常生活中我们经常见到这样的场景，陆地上最快的交通工具——磁悬浮列车从杭州到上海只需 20 分钟；有的电磁铁能吸引成吨的钢铁，而实验室的磁铁却只能吸引一定数量的大头针（见图 1）。实际上，生活中的磁场到处可见，有的磁场强，有的磁场弱。通过比较，大家一起总结，发现不同磁体的磁性强弱不同。我们这节课就来研究磁场的强弱和方向。

设计意图　通过动手体验，亲身感受，让学生意识到磁场就在我们身边，

图 1　体验磁场的强弱

激发学生兴趣，引发学生思考。

2. 运用科学方法建立物理概念与规律——得出磁感应强度

（1）探究磁场的方向——选取小磁针（铁屑）为检测物。

提问　磁场和力场一样都是看不见摸不着的物质，但人们却可以根据它所表现出来的性质来认识它，研究它。我们可以通过观察物体在场中受力的情况间接研究场的强弱和方向。我们可以类比研究力场的方法来研究磁场，那么，都有哪些物质在磁场中会受到力的作用呢？

回答　初中做的小磁针在磁场中偏转的实验，还有放在纸上的铁屑放在磁场中，在振动纸片时铁屑有规律地排列的实验都说明小磁针或者小铁屑在磁场中受到磁场力的作用，如图 2 所示。

分析　通过初中的学习，我们了解到按照这样的方法可以描绘出磁感线的分布，我们看见磁场的方式就是通过在磁场中引入小磁针这种检测物。下面我们就来回顾初中用小磁针来探测磁体周围磁场的实验。

【学生活动】

①将小磁针放在条形磁体周围的不同位置，并画出磁针 N 极的指向，你觉得条形磁体周围的磁场是如何分布的？

②在条形磁体的上方放一块透明玻璃板，将铁屑（被磁化后相当于小磁针）均匀地撒在玻璃板上，轻轻敲击玻璃板，保证铁屑可以自由移动。注意观察铁屑的排列情况，在白纸上将铁屑的指向用一些曲线描绘出来。

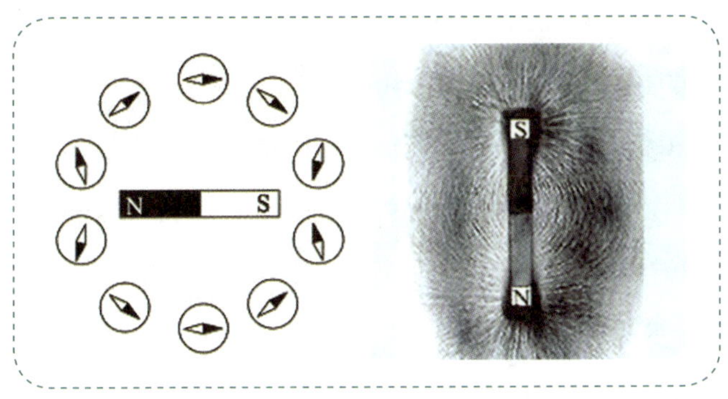

图 2　磁场分布

小结　为了方便、形象地描述磁场，我们可以引入一些带箭头的曲线将小磁针的排列情况描绘出来，我们把这样的曲线叫作磁感线。结合实验与磁感线的图示，我们可以认识到，磁感线密集的地方，磁场对小磁针（铁屑）的作用力强，我们就说这里的磁场强；磁感线稀疏的地方，磁场对小磁针（铁屑）的作用力弱，我们就说这里的磁场弱。我们规定，小磁针静止时 N 极所指的方向定为该点的磁场方向。

设计意图　通过实验，回顾初中磁感线和磁场方向的知识，加深学生对磁场方向的记忆。

（2）探究磁场的强弱。

①选取通电直导线为检测物。

提问　研究了磁场的方向后，接下来我们来探究磁场的强弱。磁感线的疏密只能粗略地描述磁场的强弱，怎样精确地测量、探究磁场的强弱呢？我们是否可以依旧采用小磁针作为探测物？

回答　不能。小磁针在磁场中静止时，两个磁极所受的磁场力等大且反向，小磁针作为整体所受合力为零。小磁针的磁极不能单独存在，而且小磁针受力涉及转动平衡的问题，在高中阶段不方便展开研究，因而在实验室用测量小磁针在磁场中受磁场力的大小来确定磁场强弱的方法难以实现。

进一步提问　那么，磁场还对哪些物质有力的作用呢？

回答　磁场不仅对磁体有作用力，还对通电直导线有作用力。当然电流是电荷定向移动形成的，因此，磁场也可能对运动电荷有力的作用。

追问 选取哪种物质作为检测物更方便实验呢？

回答 运动电荷是微观粒子，其受力和速度不易测量。综上考虑，通电直导线作为检测物更适合定量研究磁场的强弱。我们可以通过研究通电直导线在磁场中受到的磁场力的大小进而定量研究磁场的强弱。

设计意图 通过三次提问回答环节，对学生进行思维引导，找到探究磁场强弱的最佳检测物——通电直导线。

②定性研究磁场的强弱。

a. 实验设计。

提问 我们应该如何设计实验比较磁场的强弱？

回答 选取同一通电直导线放在不同的磁场中，观察其受到的磁场力的大小情况进而可以比较磁场的强弱，即选取相同的“比较对象”进行比较。

再问 “比较对象”指的是什么？

回答 导线的长度、通过导线的电流和导线在磁场中摆放的位置。

b. 进行实验：教师进行演示实验（如图 3 所示）。

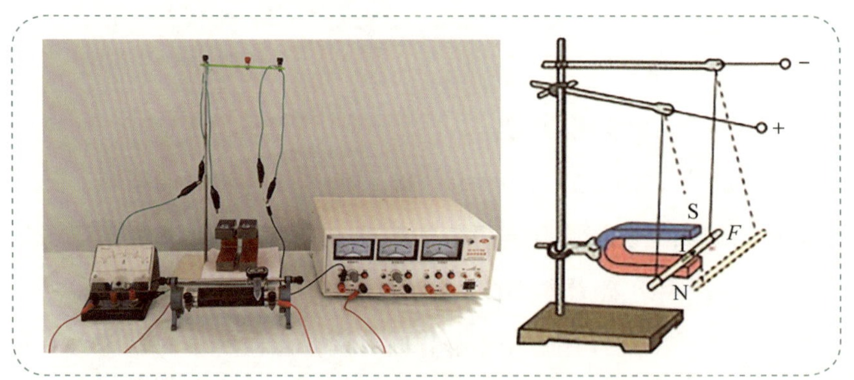

图 3 定性演示实验

c. 实验结论：当导线长度、通过导线的电流和导线在磁场中摆放的位置相同时，导线偏转角度大，说明导线受到的磁场力大，该磁场更强；导线偏转角度小，说明导线受到的磁场力小，该磁场更弱。

设计意图　通过讨论得出比较磁场强弱的方法，再用实验验证假设成立，让学生直观地从实验现象看到理论的真实性，这样操做更具有说服力。

3. 借助传感器定量研究磁场的强弱

①设计实验方案。

提问　如果“比较对象”（导线的有效长度、通过导线的电流和导线摆放位置）不同将如何比较磁场的强弱？

提示　在初中学习速度概念时，我们通过比较两个物体在相同的时间内（相同比较对象）通过的距离大小（比较的标准）进而比较物体运动的快慢。如果物体运动的时间（比较对象）不同，我们便按照比值定义法呈现四步骤，即：选取比较的对象（物体运动的时间）——选取比较的标准（物体通过的距离）——研究比较的意义（利用除法——距离除以时间，即单位时间物体通过的距离大小来比较物体运动的快慢）——得到比较的结论（$v=x/t$）。对于不同磁场强弱的比较我们也可以采用类似的方法。

a. 选取比较的对象——导线的电流与长度的乘积（导线垂直磁场放置）；

b. 选取比较的标准——导线受到的磁场力；

c. 研究比较的意义——F/Il，即比较单位长度的导线通以单位电流受到的磁场力的大小来比较磁场的强弱；

d. 得到比较的结论——$B=F/Il$。

讨论　小组讨论实验器材。

最佳讨论结果　为了精确地定量研究磁场的强弱，本次实验用电流传感器替代了电流表，用微力传感器测量磁场力的大小，传感器能实时记录电流与力的数据。实验还需要磁性不同的两组强磁体、匝数可调的线圈、滑动变阻器、电源、开关、导线。实验装置如图 4 所示，接入电路中的线圈上端连接微力传感器，线圈最底下的边处于匀强磁场中。

设计意图　通过层层递进的提问，并以初中熟悉的速度概念的例子，使学生逐渐理解定量探究磁场强弱的方法；通过小组讨论得出实验最佳方案，使学生加深对实验器材作用的了解，并且清楚地知道实验原理。最终使学生对于实

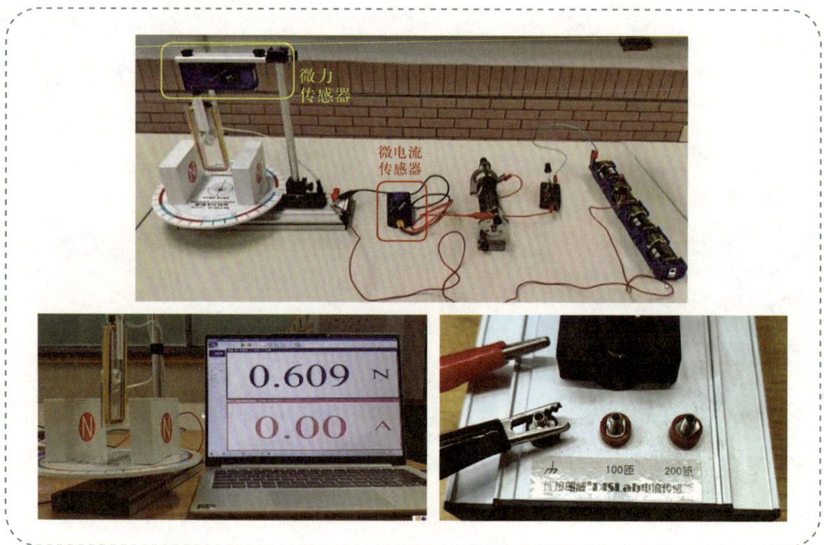

图 4 定量演示实验

验的目的更加明确，并且清楚地知道实验步骤和注意事项。

②讨论实验步骤。

第一步：组装实验器材，调整线圈位置使得线圈方向与磁场方向垂直，线圈匝数选择 100 匝，对微力传感器进行调零，滑动变阻器调制阻值最大处，开关断开；

第二步：闭合开关，调节滑动变阻器至适当位置，记录此时电流和磁场力的数值于表格中，断开开关；

第三步：重复上述步骤再做两次实验，记录相应数据于表格中；

第四步：改变线圈匝数为 200 匝，重复第二步骤，再做三次实验，记录相应数据于表格中；

第五步：更换另一磁场，重复以上步骤，将相应数据记录在表格中；

第六步：实验完毕，整理实验器材。

③进行实验：学生分工合作进行演示实验。装置提前组装好后，一位同学负责调节滑动变阻器和线圈匝数，一位同学负责改变开关的断开与闭合，一位同学负责读取电流和磁场力的数值，其余同学负责记录数据在表格中，

表格样式如表 1 所示。

表 1　探究磁场强弱实验表格

对象	变量	测量数值					
磁铁 A	*F*（*N*）						
	L（匝）	100	100	100	200	200	200
	I（*A*）						
	F/（*IL*）						
磁铁 B	*F*（*N*）						
	L（匝）	100	100	100	200	200	200
	I（*A*）						
	F/（*IL*）						

设计意图　学生分工明确，各司其职，合作完成实验步骤和实验数据的记录。在实验器材有限的情况下，使学生尽可能多地参与到实验中去，提高学生学习兴趣，加深学生对整个实验的记忆和理解，避免学生被动接受知识，使物理知识在学生头脑中提炼与升华。

④实验数据分析。

实验数据具体如表 2 所示。

表 2　实验数据统计

对象	变量	测量数值					
磁铁 A	*F*（*N*）	0.034	0.067	0.133	0.066	0.133	0.199
	L（匝）	100	100	100	200	200	200
	I（*A*）	0.25	0.5	1	0.25	0.5	0.75
	F/（*IL*）	0.039	0.038	0.038	0.038	0.038	0.038
磁铁 B	*F*（*N*）	0.056	0.113	0.222	0.112	0.225	0.328
	L（匝）	100	100	100	200	200	200
	I（*A*）	0.25	0.5	1	0.25	0.5	0.75
	F/（*IL*）	0.064	0.065	0.063	0.064	0.064	0.062

横向分析　从表格中数据横向比较可以发现，I、l 变化则 F 变化，但是 F/Il 不变，同一磁体同一位置的 F/Il 相同，说明该比值只与磁场本身有关，与

I、l、F 无关。

纵向分析 从表格中数据纵向比较还可以发现，不同磁体的 F/Il 不同，磁铁 A 的 F/Il 约为 0.038，磁铁 B 的 F/Il 约为 0.062，说明该比值是磁场本身的一种属性，可以反映不同磁体的磁场强弱。

图像分析 以磁场力 F 为纵坐标，以电流和线圈长度的乘积 Il 为横坐标，将表格中数据输入做出图像，如图 5 所示。从图像可以看出，磁体 A 的 F 与 Il 的关系式为 $y=0.0378x+0.0006$，磁体 B 的 F 与 Il 的关系式为 $y=0.0623x+0.0033$。由关系式可以看出，在误差允许范围内，同一磁场 F 与 Il 成正比，即 F/Il 为定值。磁场 A 的 F 与 Il 的比值为 0.0378，磁场 B 的 F 与 Il 的比值为 0.0623，两磁场的 F 与 Il 的比值不同，即同一磁场 F 与 Il 的比值相同，不同磁场 F 与 Il 的比值不同。

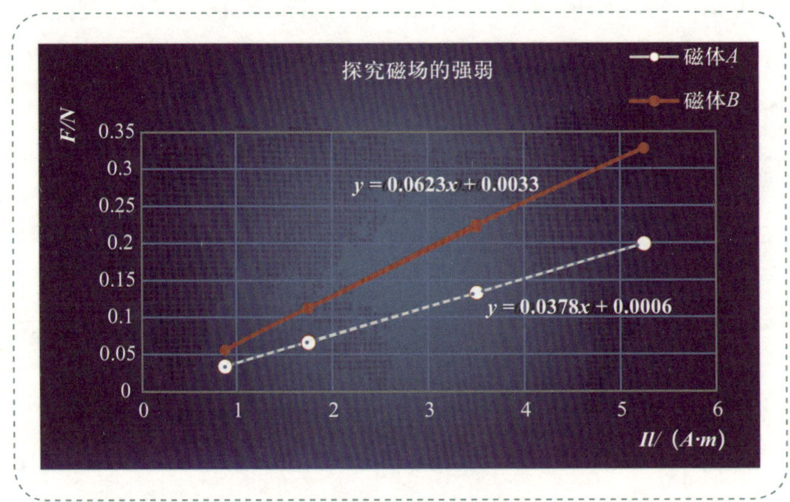

图 5 探究磁场强弱实验

设计意图 通过对实验数据和图像的横向、纵向分析，使学生很顺利地理解磁感应强度这一抽象的难以理解的概念，符合学生逻辑思维方向，使磁感应强度的教学达到水到渠成的境界。

⑤实验结论。

通过比较，发现 F/Il 这个比值很有意义，它能表示磁场本身的性质，磁

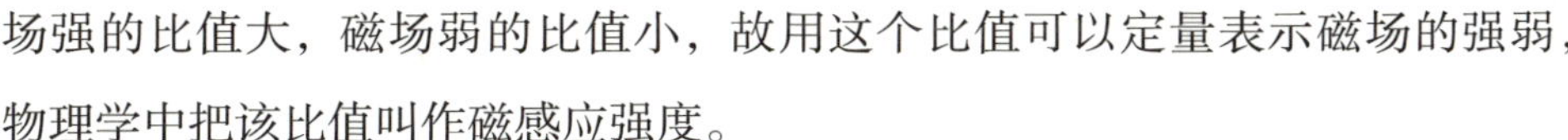

场强的比值大，磁场弱的比值小，故用这个比值可以定量表示磁场的强弱，物理学中把该比值叫作磁感应强度。

4. 理解物理概念与规律的本质——强化对磁感应强度的理解

（1）定义磁感应强度。

①定义：在磁场中垂直于磁场方向的通电导线，所受的磁场力 F 跟电流 I 和导线长度 l 的乘积 Il 的比值叫作通电导线所在处的磁感应强度，用字母 B 表示。

②定义式：$B=F/Il$（比值法）。

③单位：特斯拉（tesla），简称特，符号 T；$1T=1N/(A\cdot m)$。

（2）强调：磁感应强度是矢量，方向与该点磁场方向相同。

（3）特别提醒：磁感应强度与通电直导线受力情况无关，与其放置方向无关，与电流大小无关，仅由磁场本身性质决定。

5. 借助科学方法应用物理概念与规律——将所学知识应用于生活

（1）例题精讲。

【例 1】某磁场中放置一根与磁场方向垂直的通电直导线，导线长 $l=1$cm，电流强度 $I=2.5$A，若它所受的磁场力 $F=0.05$N。

①求该位置的磁感应强度 B；

②若导线中电流强度变为 5A，则这个位置的磁感应强度 B 多大？该通电直导线受到的磁场力又是多大？

解析　本题考查对磁感应强度的理解以及公式的应用，利用比值定义法公式 $B=F/Il$ 可以求出磁感应强度的大小；利用数学法将公式变形可以得到磁场力的表达式，代入数据即可求出磁场力的大小。①当通电直导线与磁场垂直时，根据磁感应强度定义式 $B=F/Il$，代入数据可得，$B=2T$；②磁感应强度与通电直导线受力情况无关，与其放置方向无关，与电流大小无关，即使导线中电流强度变为 $5A$，该位置的磁感应强度大小仍为 $2T$，根据 $B=F/Il$ 变形可以得出磁场力的表达式 $F=IBl$。当导线中的电流增大为 $5A$ 时，磁感应强度不变仍为 $2T$，有 $F=BI'L=2\times 5\times 0.01\text{N}=0.1\text{N}$。

【例 2】下列说法中正确的是（　　）

A. 磁场中某一点的磁感应强度可以这样测定：把一小段通电直导线放在该点时受到的磁场力 F 与该导线的长度 l、通过的电流 I 乘积的比值，即 $B=F/Il$。

B. 通电直导线在某点不受磁场力的作用，则该点的磁感应强度一定为零。

C. 磁感应强度 $B=F/Il$ 只是定义式，它的大小取决于场源以及在磁场中的位置，与 F、I、l 以及通电直导线在磁场中的方向无关。

D. 通电直导线所受磁场力的方向就是磁场的方向。

解析　本题考查对磁感应强度的理解，通过比值定义法公式 $B=F/Il$ 可以测量某处磁感应强度的大小，其中通电直导线需要垂直于磁场放置，A 错；若通电直导线平行于磁场放置，所受磁场力为 0，但该点的磁感应强度不为 0，B 错；磁感应强度 $B=F/Il$ 只是定义式，它的大小取决于场源以及在磁场中的位置，与 F、I、l 以及通电直导线在磁场中的方向无关，C 正确；通电直导线所受磁场力的方向与磁场的方向垂直，D 错。

设计意图　从比值定义法定义物理量的含义、磁感应强度公式的使用条件、磁感应强度的物理含义三个方面设置练习题供学生练习，借助科学方法应用磁感应强度，有助于学生对磁感应强度这一物理量有更深的理解，有利于学生对本节内容的掌握。

（2）用磁传感器测量身边的磁感应强度。

【学生活动】教师介绍使用磁感应强度传感器（见图 6）探测磁性器材周围磁场强弱的使用方法和注意事项。

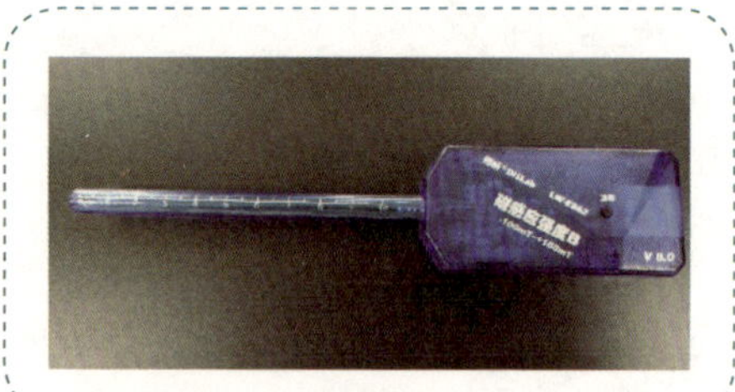

图 6　磁感应强度传感器

小组合作完成以下任务。

①测量实验中的两个磁场的磁感应强度，和实验数据对比分析，讨论两组数值不同的原因；

②测量地磁场的磁感应强度，感知地磁场的强弱；

③测量身边其他磁体的磁感应强度。

设计意图　联系生活实际，在生活中磁场无处不在，虽然我们看不见摸不着，但同学们可利用磁感应强度传感器测量不同位置的磁感应强度，从而去感知它。学生自己动手探究，发散思维，能够最大限度地调动学生的主动性。

（3）介绍自然界中各种磁源的磁场强弱的数量级（见表3，表格中数据的单位为T）。

表3　自然界中各种磁源的磁场强弱的数量级

磁源	数量级
人体器官内的磁场	$10^{-13 \sim -9}$
地磁场在地面附近的平均值	5×10^{-5}
我国研制的作为 α 磁谱仪核心部件的大型永磁体中心的磁场	0.1346
电动机或变压器铁芯中的磁场	0.8 ∽ 1.7
电视机偏转线圈内的磁场	约 0.1
实验室使用的最强磁场	恒定 37，瞬时 10^3
中子星表面的磁场	$10^{6 \sim 8}$

设计意图　介绍一些磁场的磁感应强度，使学生对于磁场有更进一步的了解，使学生了解磁感应强度的单位特斯拉是一个很大的单位。

（4）课后思考。

众所周知，我国古代火炮（见图7）是战场上的重要军事武器。其原理是利用火药急剧燃烧放出的热量推动子弹前进，将火药的化学能转换为弹丸的动能对弹丸进行加速。它的缺点是弹射速度不快导致射程近、精准度不高。请大家利用本节课所学的知识设计一种弹药速度快射程远的武器，要求简要说明其原理并画出原理图，参考图见图8。

设计意图　物理源于生活并且应用于生活，将本节课所学知识应用于生活生产，提供有趣的学习内容、丰富的实践活动，帮助学生了解当今科学的发展，使学生所学的知识具体化、生活化，提高学生学习兴趣，激发学生爱好科学、学好物理的强烈愿望。

图 7　古代火炮

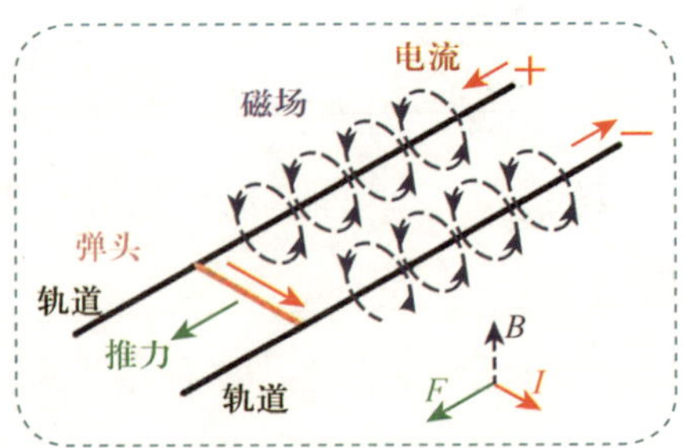

图 8　电磁炮原理

四、研究效果

本次教学设计和传统的教学设计分别对两个平行班有序实施教学过程，课后对学生进行相关知识的检测并进行数据对比分析，可以有效反馈教学设计是否合理，进而得出研究结论。

1. 以物理概念与规律教学要求为理论基础，优化磁感应强度教学设计

本教学设计以符合科学方法中心论的物理概念与规律的教学要求为理论基础，即创设物理概念规律建立的情境—运用科学方法建立物理概念与规律—理解物理概念与规律的本质—借助科学方法应用物理概念与规律—教学效果评价。其中“运用科学方法建立物理概念与规律”环节对于用比值定义法定义的概念，呈现过程包括以下四个步骤：①选取比较的对象；②选取比较的标准；③研究比较的意义；④得到比较的结论。

我依据符合科学方法中心论的物理概念与规律的教学要求编写了磁感应强度教学设计并进行实际教学研究。本教学设计具有重要的理论指导意义，符合课程标准的要求，适应教学对象的特点，具有较强操作性。

2. 按照物理概念与规律教学要求编制的磁感应强度教学设计实践效果良好

我在教学实践中积极实施了本课题提出的符合物理概念与规律教学要求的教学设计，通过对比分析实验数据得出研究结果。实验前，实验班和对照班的成绩没有显著性差异。对实验班进行基于重构后的物理概念与规律教

学要求理论基础上的教学设计的教学实践和对照班进行传统教学实践后，两个班的学生进行体现核心素养的试题后测，对后测成绩进行统计分析，两个班的成绩有显著性差异。通过真正的教学实践证明，在磁感应强度的教学过程中，实施符合物理概念与规律教学要求下的磁感应强度教学设计比传统的经验教学模式下的教学设计更有助于学生对磁感应强度的理解和对比值定义法定义物理量方法的掌握，更能提高课堂教学的效果。学生通过这样的学习，更能提高发现问题、分析问题、解决问题的能力，更能培养动手协作能力、交流能力，在原有的基础上得到积极主动的发展。理论实践研究证明，基于物理概念与规律教学要求下的磁感应强度教学设计合理、可行。

“高中物理磁感应强度教学设计的优化研究”反思

1. 以科学方法为中心，整合教学设计

教学设计需要以现代化的教育教学理论为依托，理论和实践研究发现，教学设计的编写应强调以科学方法为中心。借助科学方法研究物理问题，强调客观的证据和数据，避免了主观意见和偏见的干扰，从而使科学研究的结果更加真实和可靠；科学方法要求实验和观察必须是可重复的，这意味着其他人可以通过相同的方法来验证研究的结果，从而确保研究的准确性和可靠性；科学方法注重精确的测量和数据分析，这使得研究结果尽可能地准确和精确；科学方法要求研究必须具有系统性，即必须按照一定的程序和方法进行，从而确保研究的完整性和可比性；科学方法要求研究必须具有可证伪性，即必须能够通过实验和观察来验证或证明研究的假设或理论，从而使研究结果更加可靠和有说服力。综上所述，科学方法具有客观性、可重复性、精确性、系统性和可证伪性等优势，这些优势使得科学方法成为一种强有力的研究工具，对科学研究的发展和进步起到了重要的推动作用。以科学方法为中心展开的教学设计逻辑明确，脉络清晰，容易使学生在学习中建立良好的认知结构，形成有序的知识结构。

2. 超越教材局限，优化教学设计

物理是一门较为抽象的科学，教材的理论内容过于抽象，学生难以理解；物理知识与实际生活息息相关，但教材的应用实例过少，学生难以将理论知识应用到实际生活中；物理学习不仅仅是计算，还需要培养物理思维能力，但教材过于注重计算，轻视物理思维的培养。

教学设计应该根据学生的学习特点和需求，选择适宜的教学策略和方法，设计丰富多样的教学活动，以激发学生的学习兴趣和积极性，促进学生的主动参与和深度思考。教学设计还应该注重学生的个性化和全面素质，引导学生在知识、技能、情感和价值观等方面得到全面培养。教学设计应该充分考虑学生的背景、兴趣、特长和需求，为学生提供个性化的学习体验和成长空间，让每个学生都能够在教学中获得自我认知、自我实现和自我价值的提升。因此，教学设计应该超越教材的局限，以学生为中心，以教育为本位，以实现教育目标为出发点，构建多元化、个性化、深入化、全面化的教学模式，为学生的成长和发展提供有力的支撑。

在物质检验和测量中构建并应用思维模型的研究

王永兴

一、研究背景

物质的定性检验和定量测量是贯穿高中阶段化学学习的重要内容，在生产、生活中更是具有实际应用价值。在教学中，这部分内容能很好地体现化学学科价值，实现对学生学科核心素养的培养。

学生在初中阶段学习过很多物质的检验方法，学习的内容随着对元素化合物认识的不断丰富而深入，随着对反应原理认识的深入而严谨。但面对真实的定性检验和定量测量，受体系复杂性的影响，往往会顾此失彼，不能进行全面有序的分析。因此，针对物质检验和测量进行思维模型的构建就十分必要。

《普通高中化学课程标准（2017 年版）》在课程性质与基本理念中提出：以发展化学学科核心素养为主旨，立足于学生适应现代生活和未来发展的需要，充分发挥化学课程的整体育人功能，构建全面发展学生化学学科核心素养的高中化学课程目标体系。

化学学科核心素养包括“宏观辨识与微观探析”“变化观念与平衡思想”“证据推理与模型认知”“科学探究与创新意识”和“科学态度与社会责任”5 个方面。其中“证据推理与模型认知”的具体培养内容为：具有证据意识，能基于证据对物质组成、结构及其变化提出可能的假设，通过分析推理加以证实或证伪；建立观点、结论和证据之间的逻辑关系。知道可以通过分析、推理等方法认识研究对象的本质特征、构成要素及其相互关系，建立认知模型，并能运用模型解释化学现象，揭示现象的本质和规律。

二、研究对象

高三（1）班。

三、研究实施过程

微课题研究设计方案如下。

阶段名称	任务	初步设想	研究成果呈现方式
第一阶段	进行学情调查	调查的内容计划分成两类：第一类是对学生化学学科知识中检验、测量问题的掌握情况的学情调查，属于知识和方法范畴；第二类是对学生对于检验、测量问题感受的学情调查，属于情感范畴	学情调查内容、调查结果和问题剖析
第二阶段	设计并实施单元整体教学	围绕物质的检验和测量，从学生的学情出发，逐步培养学生对体系的整体认识，对思维模型重要性的认识，建立和应用思维模型解决化学问题。单元整体教学设计的初步设想方案如下： 第 1 课时：物质和离子的检验方法复习。 第 2 课时：复杂体系中微粒的定性检验。 第 3 课时：复杂体系中微粒的定量测量。	呈现单元教学设计的框架流程，重点课程呈现完整教学设计、课堂视频实录和学生作品等内容
第三阶段	再次学情调查访谈	实施单元教学后再次学情调查访谈。问题的解决情况与微课题实施前的学情调查进行数据对比分析，综合全面地评价微课题实施效果	学情调查内容、调查结果和微课题实施效果分析

（一）学生调查问卷内容、问题类型，设置角度和学生回答情况统计

第 1 题	题目内容	你认为在高三复习阶段，物质检验的问题属于什么难度
	题目类型	开放型主观题
	设问角度	针对学生的学习情感进行调查
	学生回答情况	20 名学生认为比较简单，直接用特效的检验试剂就可以检验，属于容易题目 10 名学生认为大部分时候比较容易，但有的时候有多种方案，或者和以往成熟的检验方法相比有变化，这比较棘手，属于中等题目

续表

<table>
<tr><td rowspan="4">第 2 题</td><td>题目内容</td><td>对于某种物质进行检验，可以从哪些方面入手，一般的方法是什么</td></tr>
<tr><td>题目类型</td><td>开放型主观题</td></tr>
<tr><td>设问角度</td><td>针对学生的学习方法进行调查</td></tr>
<tr><td>学生回答情况</td><td>21 名学生认为选择正确的检验试剂是首要的任务
5 名学生认为从物理性质入手比较简单
4 名学生提到将物质拆解为离子再进行检验</td></tr>
<tr><td rowspan="4">第 3 题</td><td>题目内容</td><td>Fe^{3+} 的检验方法是什么</td></tr>
<tr><td>题目类型</td><td>开放型主观题</td></tr>
<tr><td>设问角度</td><td>针对学生的学科知识进行调查</td></tr>
<tr><td>学生回答情况</td><td>24 名同学答出了：使用硫氰化钾（KSCN）溶液，溶液变红
6 名同学答出了上述答案之外的其他多种方案，如：观察溶液是否显黄色，加入碱溶液后是否有红褐色沉淀等</td></tr>
<tr><td rowspan="4">第 4 题</td><td>题目内容</td><td>依据化学性质进行物质检验时，需要优先考虑哪些因素</td></tr>
<tr><td>题目类型</td><td>开放型主观题</td></tr>
<tr><td>设问角度</td><td>针对学生的学习方法进行调查</td></tr>
<tr><td>学生回答情况</td><td>19 名学生认为检验方法需要最直观，便于观察
7 名学生认为检验的反应要快速且容易发生
2 名学生认为检验中的试剂需要价格便宜</td></tr>
<tr><td rowspan="4">第 5 题</td><td>题目内容</td><td>在复杂体系中进行物质检验时，你会考虑什么因素</td></tr>
<tr><td>题目类型</td><td>开放型主观题</td></tr>
<tr><td>设问角度</td><td>针对学生的学习方法进行调查</td></tr>
<tr><td>学生回答情况</td><td>8 名学生认为，不需要考虑其他只要挑选检验试剂就好
9 名学生认为，需要看体系的 pH，如果酸碱性不合适，需要调节
13 名学生认为，需要看体系中的其他微粒是否干扰到检验试剂，如果有干扰，需要先除去</td></tr>
<tr><td rowspan="4">第 6 题</td><td>题目内容</td><td>你认为在高三复习阶段，物质测量的问题属于什么难度</td></tr>
<tr><td>题目类型</td><td>开放型主观题</td></tr>
<tr><td>设问角度</td><td>针对学生的学习情感进行调查</td></tr>
<tr><td>学生回答情况</td><td>5 名学生认为比较容易，一般都有思路，大多能做对
19 名学生认为比较难，因为涉及到计算，有时还有很多步骤至少是中等以上的题目
6 名同学认为直接放弃含量测定的计算</td></tr>
</table>

续表

<table>
<tr><td rowspan="4">第 7 题</td><td>题目内容</td><td colspan="4">在物质测定中，你认为最困惑的问题是什么</td></tr>
<tr><td>题目类型</td><td colspan="4">开放型主观题</td></tr>
<tr><td>设问角度</td><td colspan="4">针对学生的障碍点进行调查</td></tr>
<tr><td>学生回答情况</td><td colspan="4">17 名学生认为步骤过于烦琐，思路被各种操作步骤牵制，逐渐不能理解操作意图
8 名同学认为不能很好地厘清各种试剂用量的关系，不会计算
5 名同学认为同一物质的检验在不同环境中会有不同方法，不易理解</td></tr>
<tr><td rowspan="4">第 8 题</td><td>题目内容</td><td colspan="4">在解决物质的过程中你花费时间最多的环节是什么？
A 阅读题目找出实验目的
B 分析连续装置的实验中各部分的作用
C 解答在课本基础知识上稍加变化的问题
D 解答与课本基础知识关系不大但与实验目的紧密结合的问题</td></tr>
<tr><td>题目类型</td><td colspan="4">客观选择题</td></tr>
<tr><td>设问角度</td><td colspan="4">针对学生的解题方法进行调查</td></tr>
<tr><td>学生回答情况</td><td>A：0 人</td><td>B：14 人</td><td>C：5 人</td><td>D：11 人</td></tr>
<tr><td rowspan="4">第 9 题</td><td>题目内容</td><td colspan="4">物质测定中，你最怕遇到或最容易放弃的问题是什么？
A 题目中实验装置过长或实验装置中有未知因素（如试剂、现象等）
B 对于某装置中实验现象的描述
C 对于某装置中实验目的的描述
D 有关计算的问题</td></tr>
<tr><td>题目类型</td><td colspan="4">客观选择题</td></tr>
<tr><td>设问角度</td><td colspan="4">针对学生的解题方法进行调查</td></tr>
<tr><td>学生回答情况</td><td>A：8 人</td><td>B：5 人</td><td>C：7 人</td><td>D：10 人</td></tr>
<tr><td rowspan="4">第 10 题</td><td>题目内容</td><td colspan="4">在解答物质测定题目的过程中，在没有引导的情况下，你是否结合实验目的想过题目中连续装置的设计原因？
A 从没想过，认为根本不需要，只要解答问题就好
B 偶尔能进行主动分析，但只是针对某一两个装置进行思考
C 有时能想一想，一般针对某一段 2~3 个装置进行整体分析
D 找出实验目的后，阅读实验装置前会有意识想一下大致框架轮廓</td></tr>
<tr><td>题目类型</td><td colspan="4">客观选择题</td></tr>
<tr><td>设问角度</td><td colspan="4">针对学生的解题方法进行调查</td></tr>
<tr><td>学生回答情况</td><td>A：16 人</td><td>B：9 人</td><td>C：3 人</td><td>D：2 人</td></tr>
</table>

（二）调查问卷结果分析

（1）通过第 1 题和第 6 题可以发现：从学习情感上，学生认为物质检验比物质测量要容易解决。因为前者侧重于定性，在笔记和课本中有据可查，大部分题目比较简单；后者来自实际的测定实验或者工业生产检测，侧重于定量，步骤烦琐，需要找准关系再进行计算，大部分题目属于中、难等题目。

（2）通过第 3 题，结合近期学生的作业练习和课堂回答表现发现：到高三后期的复习阶段，大部分学生的基础知识掌握情况良好，但在实际问题中灵活应用基础知识的能力有待提高。

（3）通过第 2、4、5 题可以发现：从学习方法上，多数学生只是记下来是什么，而不去主动分析为什么。重视学习的知识结果，忽略获得知识的方法过程。

（4）通过第 7~10 题可以发现：从问题的解决上，多数学生能有明确的目的性，但思维的连续性不够，对思维链条中各个环节的主次关系没有合理的认识，误以为考试题目中设置的问题重点就是思维链条中思考的难点，这就造成学生容易被试题牵引着、被动地理解问题，而不是自发地站在整体思维上主动分析问题。

综上所述，我选择“物质检验和测量”作为知识载体进行单元教学，在教学中引导学生构建并应用思维模型。通过这一教学的前后进行对比分析，研究在思维模型的引导下，学生能否站在更高的角度，更全面有效地分析物质检验和测量问题。

（三）单元复习总体设计

根据学生的学情，我针对物质定性检验和定量测量问题进行了高三学生高考前的单元复习教学设计。其中共包含 3 课时的内容，具体情况如下：

课时序号	授课时间	授课题目	主要学习目标
第 1 课时	2019-04-22	物质和离子的检验方法复习	1. 学生复习巩固常见物质和微粒的检验方法、试剂和现象。 2. 通过 Fe^{3+} 的化学性质和检验方法的对比，认识到物质检验方法的选择依据。 3. 完成对复杂体系微粒检验的思维模型的初步建立（为第二课时做铺垫）。
第 2 课时	2019-04-24	复杂体系中微粒的定性检验	1. 学生通过溴乙烷消去产物中乙烯的检验问题分析，认识到建立“复杂体系中微粒的检验”思维模型的重要性。通过归纳课前同学的总结，提炼出思维模型的框架结构。 2. 学生通过分析熟悉的实例，认识到“复杂体系中微粒的检验”思维模型框架结构中的核心问题和解决策略。 3. 学生通过复杂的实例分析，逐步细化、完善、补充微粒检验的思维模型。 4. 学生通过信息对简单的化学问题提出假设，依据假设设计实验方案，对多种实验方案进行评价和优化，收集证据得出结论，促进模型的建构。
第 3 课时	2019-04-29	复杂体系中微粒的定量测量	1. 学生在“用牙膏清洗茶垢的实验”中了解牙膏中摩擦剂的作用，理解牙膏中摩擦剂碳酸钙含量的测定的意义，激发化学学习兴趣，感悟科学对生活的贡献。 2. 学生在“牙膏中摩擦剂碳酸钙含量的测定”的实验设计中了解定量实验设计的思维框架，感受到实验方案制订的重要作用。 3. 学生在方案制订的学习中感受到化学学科特有的宏观到微观、定性到定量的学科思维方法，体会到逻辑思维展现的严谨之美，初步尝试用以上思想方法和严密逻辑思维解决化学问题，从而提高化学学科核心素养。

（四）单元复习

具体的实施过程。

1. 第一课时：物质和离子的检验方法复习

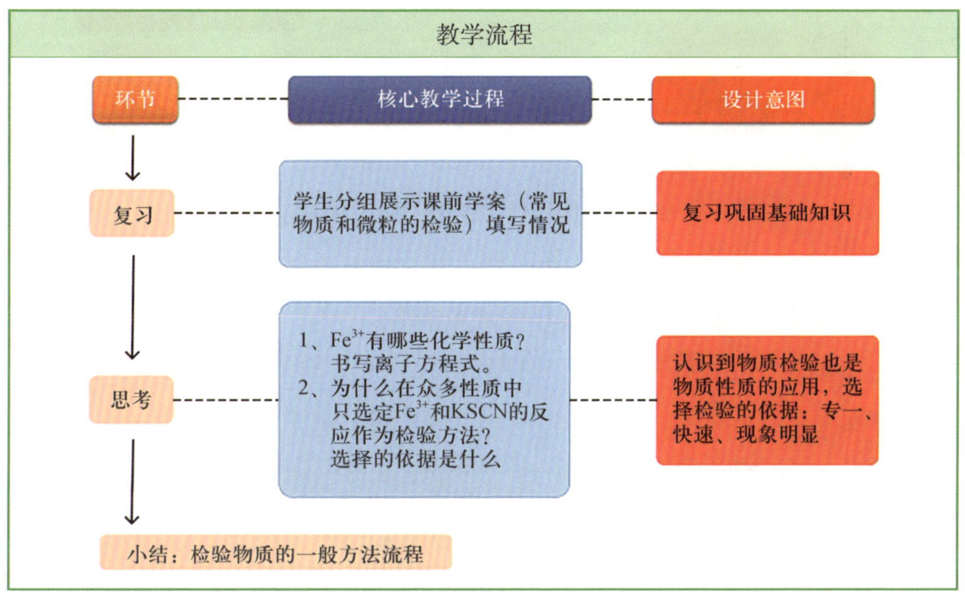

2. 第二课时：复杂体系中微粒的定性检验。

学习重点和难点　微粒检验思维模型的建构和完善过程

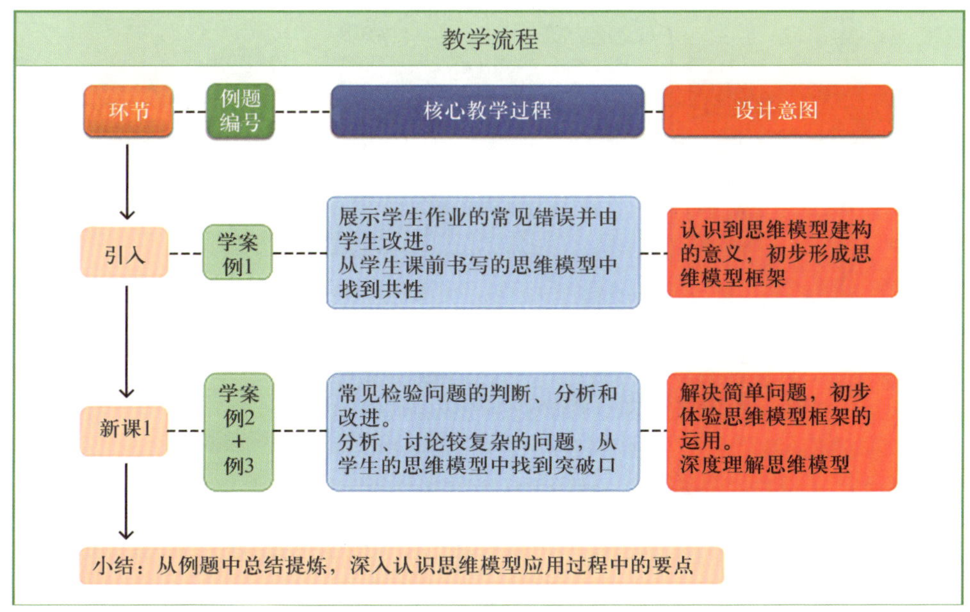

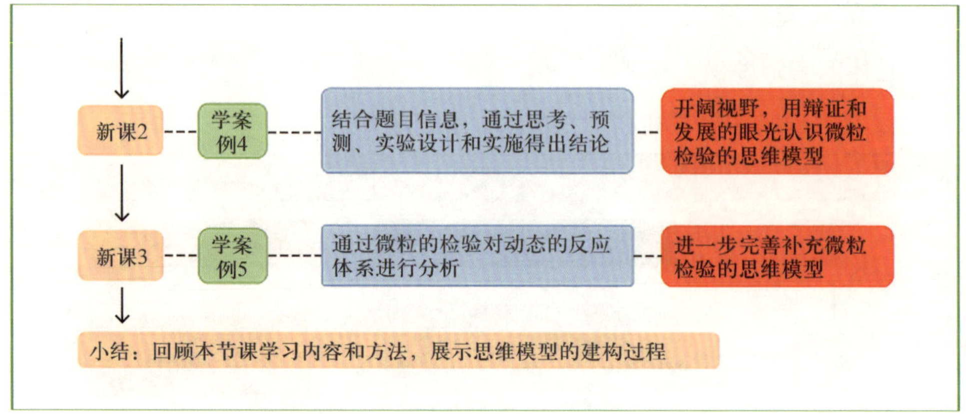

3. 第三课时：复杂体系中微粒的定量测量

学习难点 引导学生利用本节课方案设计的方法通过交流讨论逐步完善最终的装置。

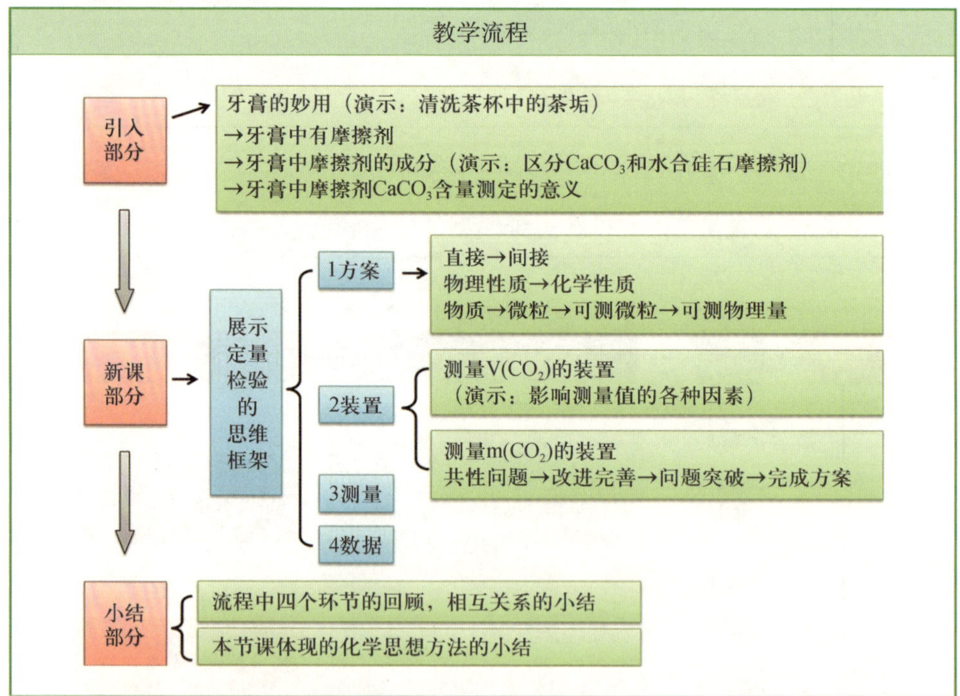

（五）微课题后期学生的再次访谈和调查

1. 针对第 2 课时中“复杂体系中微粒的定性检验”的调查访谈

调查访谈的题目	通过第 2 课时的学习，你对“复杂体系中检验某种微粒”的认识有哪些提升？请在你原有的思维模型中用红笔加以补充
学生作品 1	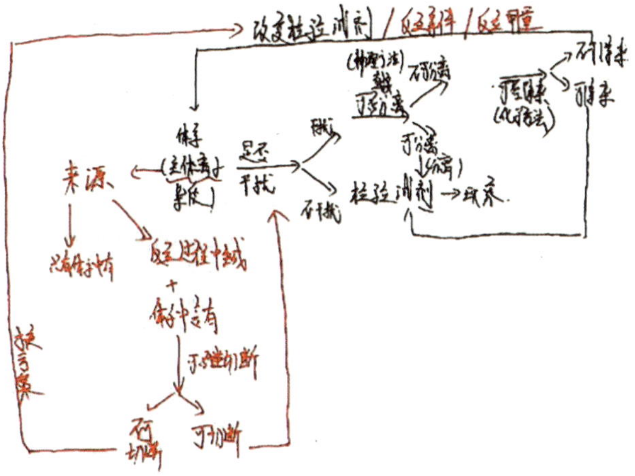
学生作品 2	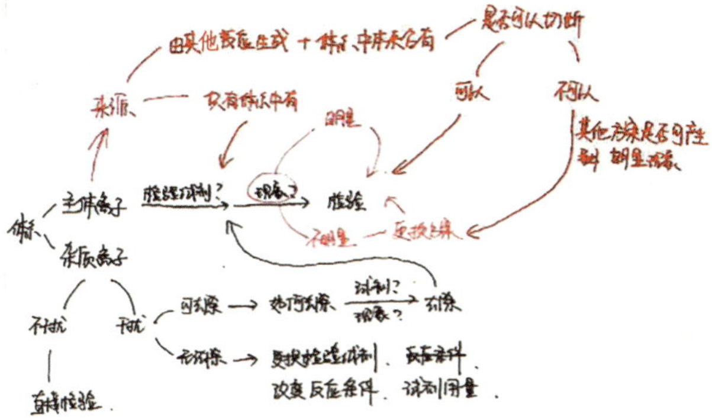
学生作品 3	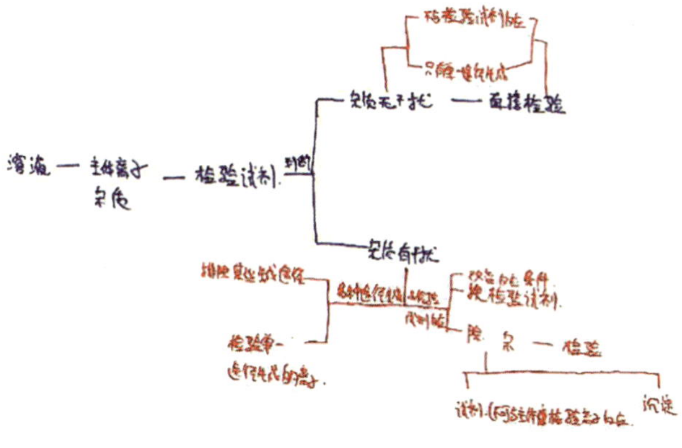

续表

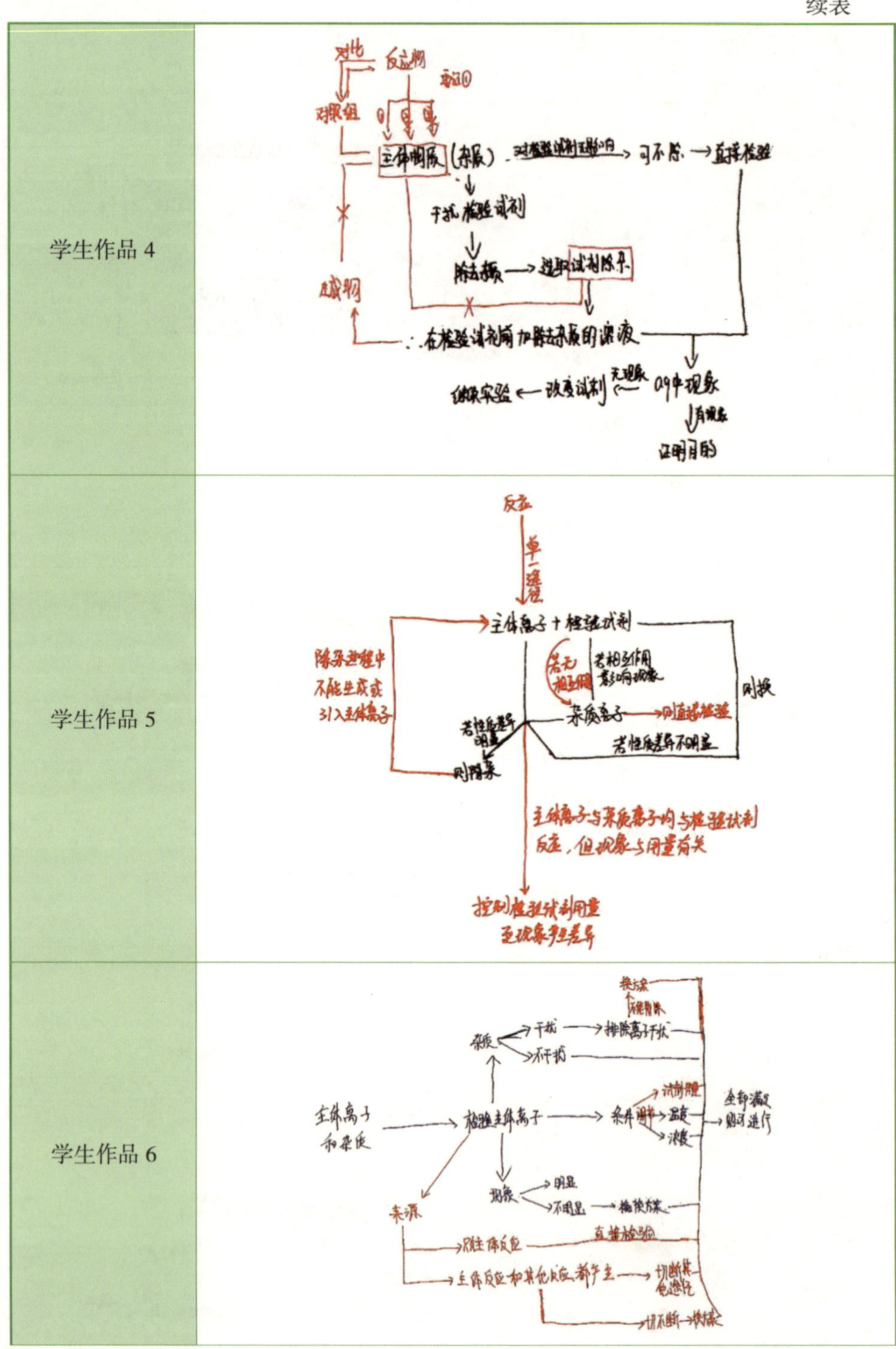

学生作品 4
对比
反应物
对照组
主体物质（杂质）
干扰检验试剂
除去杂质
选取试剂除杂
生成物
在检验试剂前加除去杂质的溶液
无现象
改变试剂
继续实验
有现象
证明目的
学生作品 5
反应
单一途径
主体离子＋检验试剂
除杂过程中
不能生成或
引入主体离子
杂质离子
则直接检验
则换
则除杂
若性质差异不明显
主体离子与杂质离子均与检验试剂
反应，但现象与用量有关
控制检验试剂用量
至现象产生差异
学生作品 6
主体离子
和杂质
检验主体离子
杂质
干扰
排除离子干扰
不干扰
换方案
条件
温度
浓度
全部满足
即可进行
现象
明显
不明显
替换方案
来源
直接检验
主体反应和其他反应都产生
切断其他途径

续表

访谈题目的反馈结果	经过本节课的学习，绝大部分学生在课前自身原有的思维模型上有了不同程度的发展，在后期的相关练习中，学生也从本节课中受益，更加主动自觉地从体系中全面认识微粒所处的环境，从排除杂质离子和更换检验试剂两个角度思考复杂问题，对于综合性的微粒检验问题不再惧怕，敢于进行大胆尝试

2. 针对第 3 课时“复杂体系中微粒的定量测定”的调查访谈。

调查访谈的题目	已知绿矾（$FeSO_4 \cdot 7H_2O$）可用于制造蓝黑墨水、医用补铁剂、植物补铁剂、染料、净水剂、除草剂、鞣革剂等。且硫酸亚铁固体在高于 500℃时分解为 Fe_2O_3、SO_2 和 SO_3。 现有一份绿矾（$FeSO_4 \cdot 7H_2O$）样品失去了部分结晶水。请设计实验：测定某绿矾（$FeSO_4 \cdot xH_2O$）样品中结晶水的含量（请画出装置图、简述实验步骤和数据处理）
访谈题目设计意图	1. 检测学生是否能够主动进行实验方案的初步设计。 2. 检测学生在方案设计中可否用宏观与微观的结合、定性与定量的结合以及变化观念进行方案设计。
访谈题目的反馈结果	1. 23 位学生（76.7%）能够有意识自主地进行方案设计，有些学生是一种方案，有些是多种，有的方案简单，有的复杂。但和课前 16 位学生（53.3%）认为不需要进行方案设计，只需解题相比有大幅度的提高。 2. 在 23 位进行方案设计的学生中，几乎所有学生都有针对结晶水的方案设计。这主要是因为题目问题设置的是测定结晶水含量，因此学生很容易想到直接加热（低于 500℃）使结晶水挥发。 其中有的学生设计用干燥剂吸收水蒸气，测量干燥剂的增重从而直接测得样品中结晶水含量；有的学生设计测量固体样品加热前后的质量差，从而直接测得样品中结晶水含量。极少数学生利用了题目信息所给的反应，设计将样品在高于 500℃时加热，使样品充分转化为 Fe_2O_3，将 Fe_2O_3 的质量转换为 $FeSO_4$ 的质量，最终间接求得样品中结晶水的含量。 3. 在 23 位进行方案设计的学生中，有 17 位学生（占班级人数的 56.7%）有将晶体拆解成 Fe^{2+} 和 SO_4^{2-} 的意识。其中有的学生设计将 Fe^{2+} 完全氧化为 Fe^{3+} 继而转化为 $Fe(OH)_3$ 沉淀；还有学生设计将 SO_4^{2-} 完全转化为 $BaSO_4$ 沉淀。两种方法均通过沉淀的质量转换为 $FeSO_4$ 的质量，最终间接求得样品中结晶水的含量。

微课题研究过程中的感悟

本次微课题之前，我对做课题研究还是有一点恐惧心理的，总觉得一个课题从开题到实施到结题，是一个特别庞大和烦琐的工程，认为自己理论水平不够，做不了研究。在教科研黄玉凤老师的鼓励和支持下，我尝试着进行了此次微课题的研究。其中也有自己的一点感悟。

首先是课题的选择。做研究，能够解决实际教学问题，才是有价值的。而实际的教学问题就在教学一线，在课堂中，在学生学习的障碍点中。因此，课题的选择要源自真实的教学问题，进行深入的研究找到解决问题的办法，才有研究的价值。此次微课题，我选择了“在物质检验和测量中构建并应用思维模型”这个内容。选择它的原因是我在教学中发现，学生在初中阶段学习过很多物质的检验方法，学习的内容随着对元素化合物认识的不断丰富而深入，随着对反应原理认识的深入而严谨。但面对真实的定性检验和定量测量，受体系复杂性的影响，往往会顾此失彼，不能进行全面有序的分析。因此，针对物质检验和测量进行思维模型的构建就十分必要。

其次是课题的设计。为了达到课题研究的最佳效果，我将课题的整个过程设计为如下三个环节：进行学情调查、设计并实施单元整体教学、再次学情调查访谈。其中，“环节一 学情调查”的内容分成两类：第一类是学生对化学学科知识中检验、测量问题的学情调查，属于知识和方法范畴；第二类是学生对于检验、测量问题感受的学情调查，属于情感范畴。“环节二 单元整体教学”中依次进行了《物质和离子的检验方法复习》《复杂体系中微粒的定性检验》《复杂体系中微粒的定量测量》三个递进上升的课程的实施。“环节三 再次学情调查访谈”是单元教学后再次学情调查访谈。调查的内容是根据新问题的解决情况与微课题实施前的学情调查进行数据对比分析，综合全面地评价微课题实施效果。

最后是课题结果的呈现。通过学生的反馈，确实体现出本次微课题研究的价值：对于物质的定性检验和定量测量，学生的思维由零散、无序开始走向逻辑化、系统化。同时学生构建了解决此类问题的个性化的思维模型，并在解决新问题的过程中应用和完善。

此次微课题的研究过程中，我感受到作为一线教师参与课题研究的辛苦与满足。在课题研究的前期、后期访谈调查题目的设计、整理、分析和单元教学的实施过程中，确实相比日常的常规教学工作更加辛苦。但是，经过一番辛苦后，看到学生突破了以前的思维瓶颈，我的满足感和学生的成就感早已超越了当初的一点点辛苦。

这次微课题的研究过程仅仅是一个开始，我也在这次尝试中像学生一样学会自己在教学中发现问题，设计方案并通过实施解决问题，这更可以说是我成长的一个新起点。在以后的教学工作中，我会更加有意识地挖掘问题而不是躲避，迎难而上，乐于尝试去进行突破！

提升高中化学必修阶段实验教学效果的研究

王永兴

一、研究背景

1. 教材使用的背景

自 2019 年 9 月我校开始使用人教版（2019 版）教材后，高一的元素化合物部分无论是教学顺序还是教学素材都有了比较大的变化，而这部分内容也是初高中过渡过程中最困难的。第一轮教学过程中，我自己对于教材使用还有些遗憾之处。经过三年一个周期后的反思，有些问题可以在必修阶段及时解决，不仅可以为自己下一轮的教学积累经验，也可以为教研组其他年级的教师提供参考。

2. 中考考试改革的背景

中考考试改革后，生物、化学两门考试，取分数高的记入中考成绩。由于生物中考在八年级学年末进行，当学生生物得到满分或接近满分后，在九年级就会更容易忽视化学学科的学习，将更多的时间投入到其他科目中。虽然很理解学生的做法，但这种情况确实也对学生化学启蒙思维的建立、高一合格考通过甚至高二选科都产生了很大影响。

二、研究过程

根据我校教学的具体情况，我将上述问题分为对教学内容、对习题的研究两个部分。

（一）对教学内容的研究

1. 对教学栏目的研究

在人民教育出版社《普通高中教科书　化学（2019 版）》中，教材内容包括课文正文、图片和各种教学栏目。其中，各教学栏目及说明整理见表 1。

表 1　教材中各教学栏目及说明

序号	栏目名称	栏目说明
1	课文文本	
2	实验 ×-×	针对相关内容设置的实验，可教师演示、边讲边做或学生自己完成
3	探究	体现探究过程和思路的活动，以实验为主，兼顾其他形式
4	实验活动	课程标准中要求的“学生必做实验”
5	思考与讨论	与学习内容相关、有思考性的问题，需要独立思考后相互讨论
6	方法导引	呈现科学探究、化学学习等过程中常用的一般方法
7	科学史话	有关化学家、化学史料和化学发现等的拓展性内容
8	科学·技术·社会	有关科学、技术、社会和环境等的拓展性内容
9	资料卡片	与学习内容相关的背景、解释和常识等拓展性资料
10	化学与职业	与化学相关职业的特点、工作内容和知识背景等的简介
11	信息搜索	拓展学习内容的信息搜索方向及检索渠道
12	研究与实践	拓展学习内容的课题、项目研究和实践活动
13	练习与应用	针对每节内容，依据课程标准中的学业要求编制的习题
14	整理与提升	针对各章内容，从提升认识和概念角度进行的归纳与总结
15	复习与提高	针对各章内容，依据课程标准中的学业要求编制的复习题

其中序号 2~6 属于与核心内容相关的课堂教学中的活动设置，包括实验、探究、实验活动、思考与讨论、方法引导等；序号 7~12 属于拓展性、介绍性内容；序号 13“练习与应用”是教材中的节后习题；序号 14“整理与提升”是教材中对全章知识的归纳与总结；序号 15“复习与提高”是教材中的章后习题。

2. 对必修元素化合物教学内容按教学栏目进行分类

（1）在必修阶段，元素化合物教学的涉及如下章节内容，如表 2 所示。

表 2 必修阶段元素化合物教学涉及的内容

教材	章名称	节名称
化学必修第一册	第二章《海水中的重要元素——钠和氯》	第一节《钠及其化合物》
		第二节《氯及其化合物》
	第三章《铁　金属材料》	第一节《铁及其化合物》
		第二节《金属材料》
化学必修第二册	第五章《化工生产中的重要非金属元素》	第一节《硫及其化合物》
		第二节《氮及其化合物》
		第三节《无机非金属材料》

（2）在研究中，我将上述元素化合物的教学内容中的相关知识点（累计 93 个）的呈现方式整理如图 1 所示。

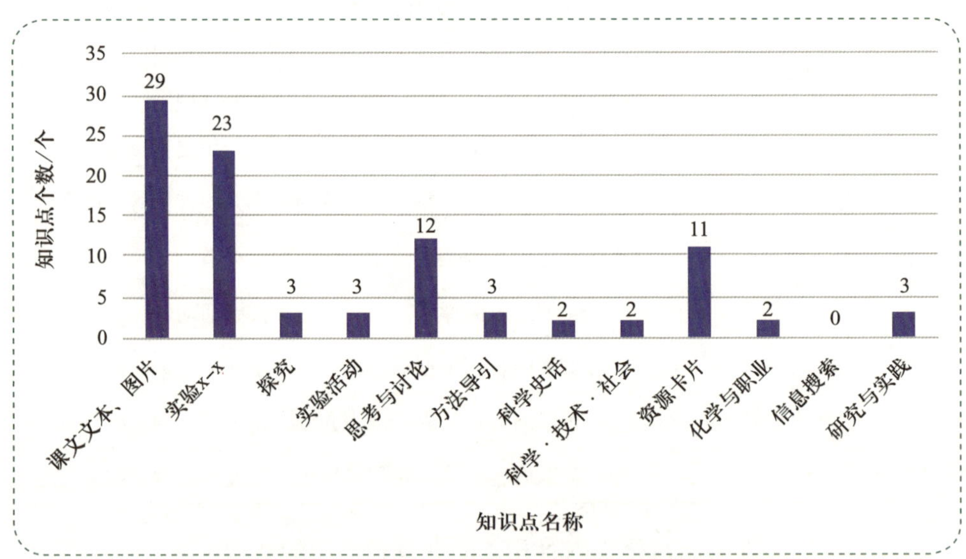

图 1 元素化合物的教学内容中的相关知识点呈现方式整理

（3）对必修元素化合物教学内容按教学栏目分类后的研究。对图 1 中数目最多的四类进行分析，可以发现一些规律。

用“课本文本、图片”方式呈现的教学内容多为学生初中已经具备的知识（如第一册第69页，铁和非金属单质、酸、盐溶液的反应）、通过阅读比较容易掌握的简单知识（如第二册第3页，二氧化硫和氧气的反应）、学业要求比较低的非重点内容（如第二册第23页，碳纳米材料）、离学生生活比较远的工业生产知识（如第二册第5页，工业制硫酸的原理）等。

用“实验 ×-×”方式呈现的教学内容多为核心重点知识，在教材中有实验装置图或实验照片、详细的实验步骤介绍、实验观察要求等，这部分内容都会有相关的分析、结论或化学用语的规范表达。

以“思考与讨论”方式呈现的教学内容有归纳总结的（如第一册第45页，燃烧的条件和本质；第一册第69页，铁在不同反应总化合价的差异及原因）、有开放性的实验设计（如第一册第70页，铁和水蒸气的反应；第二册第7页，粗盐中可溶性离子的去除）、有对化学史发展的理解（如第一册第44页，氯气到氯元素，化学研究历史的启示）等。

以“资料卡片”方式呈现的教学内容为学生提供了相关知识的背景、解释和常识等拓展性资料，是学生学习的有益补充，有的与健康生活密切相关（如第一册第70页，人体中的铁元素；第二册第4页，食品中的二氧化硫）、有的为学生高二选考做内容铺垫（如第一册第81页，铝制品的表面处理；第二册第19页，硅酸盐的结构）等。

（二）对习题的研究

对必修阶段的“练习与应用”（即节后习题）、“整理与提升”（即章后习题）和使用该版本教材后（即2020年9月~2021年7月）三次北京市普通高中学业水平考试合格性考试（以下简称北京合格考）试题进行了归纳分析，发现在上述93个知识点中，涉及“练习与应用”（即节后习题）的有34个，占总数的36.6%；涉及“整理与提升”（即章后习题）的有20个，占总数的21.5%；三次北京合格考涉及的有25个，占总数的26.9%。

在“练习与应用”（即节后习题）中，学生通过阅读和简单学习即可作答的基础题占比较高，在34个题目中有28个，占比82.4%；在“整理与提升”

中，学生学习全章后，需要将知识综合运用，因此提高题比较多，20 个题目中有 14 个，占比 70.0%；在三次北京合格考中，基础题占比较高，在 25 个题目中有 24 个，占比 96.0%。

结合上述数据，从教材习题的设置来说，节后习题主要是帮助学生进行巩固复习的，因此整体难度不大；章后习题涉及整章的内容，不仅包括节与节之间的综合，还包括高中必修和初三知识的综合，以及必修和选修之间的过渡等，更能体现学科思想方法，所以题目综合程度有所提升；北京合格考是高中全体学生在高一学年末参加的市级考试，考试如果不合格，会影响到学生高二选科和高中毕业，考卷会有一定比例的容易题，但是，作为学生在高中学习化学一年的成果检验，试卷中也有一部分信息量大、综合程度高的题目。它们大都以学科核心素养为导向，将学科各模块的知识和学科能力进行综合，不仅仅局限在必修元素化合物这一部分，因此没有纳入上述统计中。

三、问题解决方案

通过以上研究分析，结合 2019~2021 年的人教版教材使用体会，提出高中必修阶段元素化合物教学的解决方案，具体如下。

1. 注重研读课程标准和教材，精准掌握学情，在教学中做到有的放矢

面对有限的教学时间，把宝贵的课堂时间留给最核心的知识传授和能力培养上。

对于新课教学所必须的初中储备性知识，教师可以布置学生课前温习，如第一册第 69 页铁和非金属单质、酸、盐溶液的反应知识，引导学生提前做好整理，课上就能够快速地进入新课教学。

对于比较简单的陈述性知识，教师可以布置学生进行归纳整理，引导学生将课文中的文字以表格对比的方式罗列整理，如第二册第 22 页高纯硅的应用、二氧化硅的应用等，既能提高课堂实效性又可以培养学生对化学信息的提取和整合能力。

对于重要的实验，首先要完成教材栏目提出的实验要求，以元素化合物性质学习为载体，学科核心素养为导向，侧重于对学生学科能力的培养，如科学探究的流程、理论预测的合理性分析、实验方案的科学性讨论、实验中的变量控制设计、实验后的反思评价等。

对于部分课本没有重点讨论的实验，但又涉及重要的知识点，如氯气和碱溶液的反应等，在条件允许时可请学生做实验方案的简单设计，并配以现场实验展示。这样既能提高学生的综合实验能力，又能加深学生对重要知识的理解。

2. 注重初高中的衔接，突出学习方法的培养和发展

进入高中，学生普遍反映化学的知识量陡增，各种化学反应和性质也是零零散散难以成为系统。

在元素化合物教学中，将学生初中的学习经验带入高中，指导高中新知识的学习。如，从初中讲授过的碱和酸能发生中和反应、金属氧化物能和酸反应指导学生学习高中铁的氢氧化物、铁的氧化物和酸的反应，让学生以一类物质的性质代替另一个物质的性质进行学习。

当然，初中的方法在高中还是有一定局限性的，也可以利用这种局限性有意识地在学生学习中形成认知冲突，从而产生强烈地学习新知识的愿望。如学生初中学习过石蕊在不同酸碱性环境中的颜色。教师在讲授高中钠和水的反应时，就可以将课本实验中的酚酞改为石蕊，将水改为极稀的盐酸。学生预测实验中钠和盐酸发生反应，生成中性的氯化钠，石蕊颜色由红色变为蓝色。当学生看到改进实验中的溶液变为紫色时，很是惊讶。教师由此可以引导学生大胆预测钠和水发生了反应生成了碱性物质，从而带领学生进入新课的探索中。

3. 注重引导学生进行知识的归纳总结，提升学科思维

如，在钠的化合物的教学中，可以引导学生通过对比的方法认识碳酸钠和碳酸氢钠的相似性和差异性，从而更好地厘清两者之间的转化关系。同样，在浓硫酸的性质学习中，可以从组成微粒角度将浓硫酸和稀硫酸进行对比分

析，认识两者化学性质差异的根本原因；同时，也可将浓硫酸和浓硝酸、稀硝酸进行对比，认识三者在氧化还原反应中所体现的共性，从而深入理解氧化性酸的含义。

在铁及其化合物的学习中，可以引导学生利用价类二维图将凌乱的性质进行归纳，凸显无机化学学习中“价”和“类”两个重要视角，同时还可进一步对陌生反应进行解释，对陌生物质的性质进行预测。

4. 注重习题的处理，将分析问题思路外显化，提升分析问题的能力

高一学生在写作业过程中，常常会觉得题目过难，思维容量大，容易失去信心，导致逐渐放弃。由此可见，教师对作业的讲评非常重要，如果注重处理方法，能起到事半功倍的效果。

例如，教师在基础习题的讲评中，要回归教材原文、原实验，提升学生的学习信心，加强学生作答规范性的培养。

在有一些难度的习题的讲评中，重在讲怎样做，为什么要这样做。如，第一册第51页第3题，题目的背景知识是次氯酸的漂白性，但放在特定装置中，不同的操作下有不同现象，学生看到就没有思路。教师可以从次氯酸的成因——水和氯气两个变量同时存在为切入点，利用学生初中变量控制的“√ × 法”引导学生对该题目中不同实验中的变量情况进行分析，就能取得较好的效果。

又如第二册第10页第4题，题目的背景知识是浓硫酸的各种特征、性质、现象很多，学生往往无从下手。教师可以将现象转化，以流程图的方式呈现出来，引导学生将每个节点现象的成因挖掘出来，最终就能够梳理出完整过程。

研究源于教学　研究推动教学

在学校教科研的组织和指导下，我参加了微课题研究，题目是“提升高

中化学必修阶段实验教学效果实施方案的研究”。

在进行课题选题时，我对自己近几年的教学工作进行了回顾和反思，发现困惑最多的地方在于新教材的使用和把控上。2019~2022年是高中新教材使用的第一轮，前期虽然有各种教材培训和研讨，但真正走进课堂教学时，我还是感觉很仓促和慌乱。2017年教育部颁布了新的高中化学课程标准。经过两年的学习我本以为对课标有了一定的理解，直到使用新教材教学，才发现自己的很多认识是比较肤浅的。

借助微课题的研究，我将自己过往三年教学中的体会进行梳理，针对学生必修阶段学习的难点——元素化合物部分的内容所涉及的教学栏目、表述方式、书后习题、北京市合格考试题进行分析整理。整理过程中，我发现了很多自己原有教学中从未注意到的细节，反思了原有教学方法，同时也设想了更好的教学策略。

我会将这次微课题研究的感悟融入新一轮的高中必修教学中，同时也会将研究方法带入其他模块的教学研究中。

教学生活化对初中生理论学习理解能力提升的实践研究

——以《习近平新时代中国特色社会主义思想学生读本》课堂教学为例

吕　华

一、研究背景

习近平新时代中国特色社会主义思想在马克思主义发展史、中华民族复兴史、人类文明进步史上都具有重大而深远的意义。我们要积极地学习理论并努力践行。

但八年级学生缺乏理论学习的背景和理解能力，逻辑思维更趋向具体形象的内容，在学习中会出现不理解、听不懂的情况，很难达到教学效果。要学生们深刻学习和理解《习近平新时代中国特色社会主义思想学生读本》(以下简称《学生读本》)的内容和精神，需通过教学生活化，即采用贴近学生学习和生活的场景内容和具体事例，结合理论的学习，以此增强学生对理论的理解，进而更好地在学习和生活中实践。

初中道德与法治学科很多学科内容都是习近平新时代中国特色社会主义思想的具体化，与其思想有着紧密的联系，所以将这一重要思想与初中道德与法治学习的内容结合教学，理论学习的教学生活化，有利于学生的理解和实践。

二、研究对象

以八年级学生为研究对象。

三、研究目标

通过教学生活化，提升学生理论学习的理解能力。

（1）对比学生在两种不同教学方式下对于理论学习理解能力的影响效果。

（2）提升学生对理论学习的理解能力。

四、研究方法

问卷法，前后两次调查，看学生们的变化，探究前后变化的原因和结果；观察法，观察学生们在两种不同教学方式下，课堂的听课反应、课后作业等的不同变化。

五、研究实施过程

开学时完成前期的调查问卷，发现存在的问题。将《学生读本》的内容与八年级的教材，联系学生生活中的例子进行教学生活化，让学生多了解时事，教学贴近学生的生活。将生活与理解紧密结合，增强学生对于理论的理解，提升理解能力。授课后完成第二次问卷，对比效果，阐述教学生活化对于八年级学生理论学习的理解能力的变化并分析其变化的原因，从而发现问题和改变策略，形成本课题的研究发现，达成研究目标。

（一）前期问卷调查及分析

（1）调查对象：八（2）班、八（3）班全体学生，共 49 名。

（2）调查时间：2021 年 10 月 15 日。

（3）问卷调查结果统计。

问题 1 你了解“习近平新时代中国特色社会主义思想”吗？

调查结果 “比较了解”4 人占 8.2%，“一般了解”13 人占 26.5%，“不了解”32 人占 65.3%。

问题 1–1 如果你“比较了解”，你的了解方式是什么？

调查结果 新闻、自媒体、长辈间聊天。

问题 2 简读其中的“新时代我国社会主要矛盾”的内容，是否容易理解？

调查结果 “容易理解”9 人占 18.4%，“一般理解”25 人占 51%，“不理解”15 人占 30.6%。

问题 3 你觉得影响你不了解和不理解的原因是什么？

调查结果 陌生难懂，离自己很远，很少接触的内容，不关心时事，很少看新闻……

问题 4 面对上述的问题，你有什么解决建议？

调查结果 多看新闻，能不能变成我们能理解的方式，看政治老师的能力（靠老师讲明白），多学习多参观；政府、社区需要宣传……

问题 5 对于此类内容，你觉得上课最佳的呈现方式是什么？

调查结果 不要直接照书本内容讲，太难懂，变成我们能懂的方式和内容；上课方式要活跃一些，喜欢视频、图片和讲故事……

（4）问卷调查结果分析。

从了解的情况和方式来看，少数学生是有输入途径的，主要通过新闻时事、自媒体视频和长辈聊天内容了解，而其他学生缺乏主动性和积极性，缺少了解方式，所以不了解；从原因来看，学生们主要是因为自己的认知方式、年龄问题、内容偏专业化等原因，不能很好地理解相关内容；从习得途径来看，学生倾向于输入性学习，希望通过社区、教师、家长等通过生动易懂，适合他们的方式去教授内容。所以，鉴于初二学生的思维习惯、认识方式和生活经验的不同，需要教师在教学内容、教学模式和教学方法等方面进行调整和改进。

（二）具体的教学实践

为了将习近平新时代中国特色社会主义思想与初中道德与法治学习过程教学生活化，我们进行了具体的教学实践（见表1）。

表1　具体的教学实践

习近平新时代中国特色社会主义思想内容	教学生活化	学生活动
新时代我国社会主要矛盾的转化 中国特色社会主义进入新时代，我国社会主要矛盾已经转化为人民日益增长的美好生活需要和不平衡不充分的发展之间的矛盾	1. 通过视频、图片呈现和对比三代人的早餐变化。 2. 海外代购火热现象可见，国家发展，人民需求日益增长，但不能得到满足。	1. 对比爷爷、爸爸和我的早餐情况，做成PPT、视频、图片分享。 2. 采访家长是否有海外购的经历以及海外购的原因。
坚持以人民为中心　坚持人民至上 进入新时代，人民对美好生活的向往更加强烈，这更需要坚持以人民为中心的发展思想，把实现人民幸福作为发展的目的和归宿，做到发展为了人民、发展依靠人民、发展成果由人民共享	1. 2020年11月中国实现全面脱贫。 2. 播放“无穷之路”之“悬崖村”如何脱贫。	观看“无穷之路”并总结出中国全面脱贫的原因和措施。
“五位一体”——政治　民主 人民民主是社会主义的生命，是创造人民美好幸福生活的政治保障。我们要走中国特色社会主义政治发展道路，发展社会主义民主政治，体现人民意志、保障人民权益、激发人民创造活力，用制度体系保证人民当家做主	1. 中学生模拟政协提案活动。 2. 参与小区如“如何遛好宠物，保护小区环境”“老旧小区能不能安装电梯”等重要事宜的决定过程，积极提出意见。	1. 小组合作探究“如何写好一份提案”。 2. 采访社区居委会工作人员，了解小区近期有哪些重要事情。 3. 关注和了解两会。
坚定“四个自信”——文化自信 文化自信是一个国家、一个民族发展中更基本、更深沉、更持久的力量	1. 2020年北京中轴线申遗保护三年行动计划。 2. 网红李子柒的原创短视频获得国外YouTube 1410万订阅量。	1. 了解北京中轴线。 2. 观看李子柒的经典视频，找出她火的原因。

续表

习近平新时代中国特色社会主义思想内容	教学生活化	学生活动
人民军队是中国的坚强柱石 我们的军队是人民军队，我们的国防是全民国防。要在全社会大力弘扬军爱民、民拥军的光荣传统，不断发展坚如磐石的军政军民关系。全社会关心国防、热爱国防、建设国防、保卫国防，才能为实现中国梦、强军梦凝聚强大力量	1. 讲述并播放2008年汶川地震人民军队的英雄壮举。 2. 致敬喀喇昆仑5位戍边英雄：祁发宝、陈红军、陈祥榕、肖思远、王焯冉。 3. 2021年夏郑州特大暴雨，人民军队抗洪救灾，露天吃住。	1. 列出1937~1953年，人民军队的重要战役有哪些。 2. 致敬戍边英雄（100字）。 3. 收集并分享“我最尊敬的军人”，以视频、图片展示。
人类命运共同体 中国始终是世界和平的建设者、全球发展的贡献者、国际秩序的维护者，愿扩大同各国的利益交汇点，推动构建以合作共赢为核心的新型国际关系，推动形成人类命运共同体	1. 我国的维和部队的情况。 2. 2021年我国支援其他国家抗疫的情况。 3. 最近半年，我们家买过哪些国家的商品？ 4. 中国参加2021年联合国气候变化大会，完成《巴黎协定》实施细则。	1. 调查家庭中的电器、生活用品的产地。 2. 收集世界各国见面礼集锦。

（三）后期问卷调查及分析

（1）调查对象：八（2）班、八（3）班全体学生，共49名。

（2）调查时间：2021年12月15日。

（3）问卷调查结果统计。

问题1 通过课堂学习，你了解“习近平新时代中国特色社会主义思想”吗？

调查结果 “比较了解”40人占81.6%，“一般了解”9人占13.4%，“不了解”0人。

问题2 你理解“新时代我国社会主要矛盾”吗？

调查结果 “理解”45人占91.8%，“一般理解”4人占8.2%，“不理解”0人。

问题2-2 你通过什么途径理解“新时代我国社会主要矛盾”？

调查结果 老师讲的例子和课后调查，我关注一些这方面新闻时事报道……

问题 3　哪些方面的例子让你更能理解和明白？

调查结果　跟我生活相关的例子；跟我学习相关，如历史；讲述一些人物的事迹，可帮助我理解……

问题 4　对老师的授课，如果需要改进，你有什么建议？

调查结果　我喜欢老师让我们调查，有意思，印象还深刻；课上我们的活动可以多一些；课上举例，可多举家庭、学习、社区等身边比较熟悉的例子……

（4）问卷调查结果分析。

可见，改变教学方式，将理论和生活实践相结合，实现教学生活化，会增强学生的理解；同时增多学生课堂、课后的参与和实践活动，可以增加学生的学习主动性和积极性，更加深对理论的理解，有利于实践，做到知行合一。

六、研究效果

《礼记·大学》：修身，齐家，治国，平天下。可见一个人的成长是循序渐进的过程，要符合其生理和心理的成长特点。

而初高中政治课的教材逻辑正符合此特点，八年级学生正处于“修身，齐家”的状态和水平，所以理论的学习必须教学生活化，通过一系列的生活学习中的实例，让学生从熟悉中产生兴趣，激励学生参与到课堂教学中去，借助生活事件引导学生分析与学习；在课堂学习的同时，鼓励学生关注社会生活热点，学会了解、分析时事，在时事中体现书本反映的理论，从而更全面地培养中学生道德与法制素养。

微课题研究反思

作为道德与法治课教师，尤其是党员教师，应认真阅读和学习《习近平新时代中国特色社会主义思想》，深刻理解理论精神和思想内容，才能深入浅出地将理论结合实际，给学生上好每节课。

教好学生是备课和教学的第一位。八年级学生正处于青春叛逆期，属于“顺毛驴”期，多沟通、多交流有利于师生教学相长；他们的思维逻辑和学习习惯，更倾向于具体、非抽象的，所以教学素材的选择更倾向于学习和生活中熟悉的事例，授课方式多以视频、图片等方式具体呈现。

学生的参与程度会影响教学效果。八年级的教学任务涉及宪法内容，教学压力大，学习负担重。而《习近平新时代中国特色社会主义思想》的理论知识丰富，理解难度大，但课时较少，因而给学生的课堂活动和课后拓展实践的时间就不充足，会影响学生参与的兴趣和主动性，进而影响课堂学习效果和教学目标的达成。因此，教师对课程内容的科学设计显得特别重要。

巧用多媒体教学提升初中历史课堂有效性
——以《明朝的科技与文学》一课为例

许宇芳

一、研究背景

近年来，随着教育改革的不断深入，多媒体教学在初中历史课堂中作为教师教学以及学生学习的方式，发挥了越来越重要的作用。多媒体技术与历史教学相结合，以学生为主体，教师为主导，充分发挥学生的主观能动性，提高教师教学效率。初中学生年龄较小，在历史教学中更应该多使用多媒体资源，提高学生的学习兴趣，丰富教学形式。然而，在以往的历史教学中，部分初中历史教师对于多媒体教学仍存在误区，不知道如何充分利用多媒体资源提高教学效率和优化教学内容。他们对于多媒体资源利用浮于形式，没有调动起学生的学习积极性，只是让学生“图个热闹”。所以，对于多媒体资源在中学历史教学中运用的研究还需要进一步加强。

二、研究方法

本课题以部编版初中历史七年级下册第十六课《明朝的科技与文学》为例，探讨初中历史教师在展开历史教学活动的过程中，通过灵活使用多媒体技术来提升初中历史课堂教学有效性的实践尝试，以求教于方家。

本课题主要采取以下研究方法。

（一）文献研究法

对中学教育界有关教学中使用多媒体资源的文献进行全面的搜集、分析、整理和归纳，了解前人的研究现状和不足之处，同时阅读与本论文相关的专著，在此基础上进行本论文的写作。

（二）案例分析法

以部编版七年级历史下《明朝的科技与文学》一课为例，对初中历史教学中使用的多媒体技术进行总结分析，帮助历史教学实践。

三、研究实施过程

（一）通过多媒体介绍，深化历史情境

初中阶段学生的自我意识不断发展，在学习历史的过程中，对教师单一的讲述以及纯文字的内容容易失去学习兴趣，造成课堂氛围沉闷。而多媒体教学的引入为学生提供真实历史情境，可以将学生置于当时的历史环境中，有利于学生在课堂中积极思考，调动课堂氛围。在《明朝的科技与文学》这节课中，我将多媒体技术与项目式学习结合在一起，为学生深入了解历史知识、感受历史人物的情怀和渲染历史氛围等有相当的助益，从根本上提高了学生的学习兴趣，也提高了课堂的教学效率。项目式学习主要是以团队的方式进行，每个人都可以在项目中扮演不同的角色，并且不断地进行轮流，学生们要在协作中理解概念、定义问题、全面思考问题、构建框架。因此，小组交流展示环节是《明朝的科技与文学》这节课的重中之重。

《明朝的科技与文学》一课，要求学生通过了解《本草纲目》《天工开物》《西游记》《水浒传》等书籍了解明代科技与文学的成就与影响。学习这两部分内容，应在明朝政治、经济和社会发展的大背景下，把握它们与时代背景之间的内在联系。我根据课标要求，制定项目式学习任务，以“如果你有幸穿越到明朝，并且有志于做一名书商发家致富，那么你会如何推销自己的书籍？”作为任务要求，将班级学生分为五组，让学生利用多媒体来推销明朝具有代表性的科技与文学书籍，以期创建操作性强、适用性好的师生互动活

动模式。学生根据任务要求，择优选择幻灯片、视频等创设生动活泼的明朝书市现场，在推销明朝具有代表性的科技和文学著作同时，运用多媒体技术播放相关图片、视频，展示明朝时期璀璨繁华的科技成就和文学艺术，同学们走进历史现场，感知明朝浓厚的科技与文学氛围，体悟明朝科学家和文学家超前的智慧，从而深化历史情境，拉近学生与历史的距离，使整个课堂教学变得生动活泼。

（二）借助历史图片资源，激发学生兴趣

初中学生对于课堂教学活动是否有足够的兴趣，往往会决定他历史学习的效果。因此，在采用多媒体技术进行历史教学的过程中，初中历史教师应致力于不断提高学生的学习兴趣。巧用历史图片资源能够很大程度上提高初中学生历史学习专注力。《明朝的科技与文学》这一课所涉及的历史人物有李时珍、宋应星、徐光启、吴承恩、罗贯中、施耐庵等，历史实物主要包括《本草纲目》《天工开物》《农政全书》《西游记》《水浒传》《三国演义》等。例如，在讲解《三国演义》这本明朝小说时，以漫画图片的形式，展现《三国演义》中具有代表性的事件，如赤壁之战、空城计等帮助学生理解《三国演义》的具体内容，激发学生共鸣。

我在讲述明朝科技发展的变化时，向学生示历史各阶段世界科技发明情况（见图 1），学生通过比较分析，能够直观地体会到在明朝中后期中国科学

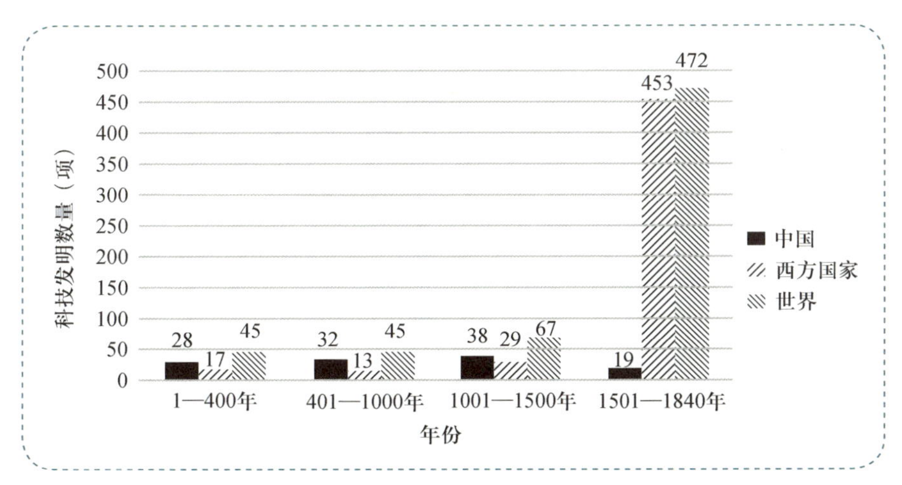

图 1　历史各阶段世界科技发明情况

技术开始落后于西方，进而引发思考“这一时期，中国的科技逐渐落后于西方的原因”，以此展开后续的学习。

图片的使用能吸引学生的课堂注意力，让学生在形象化的图片中记住历史知识。图片也可以把相关联的历史知识结合起来，通过历史发展顺序把教材中相隔较远的历史知识串联起来。因此在初中历史课堂教学中，如何科学选取历史图片资源，成为教师使用多媒体技术一个极为关键的能力。

（三）拓展文字史料资源，倾听历史回声

历史课程的教学要求以学生为本，充分考虑学生学习历史、认识历史的特点，通过学生自主探究的学习活动，体现学生在教学中的主体地位。本课的核心问题是“明朝中后期科学技术为何逐渐开始落后于西方”，所以一方面要让学生感悟明朝时期绚烂的科技成就，另一方面也要引导学生对明朝科技衰落问题的深入理解，因此在《明朝的科技与文学》这一课中利用史料辅助教学尤为必要。例如：

材料一：由于地理上的相对隔绝、政治上的相对独立稳定，古代中国人独自走着自己的文化发展道路，形成了技术型、经验型、实用型为主的科技体系。……中华民族先人在科学技术上的独特建树，一直保持着其永恒的魅力。

——摘编自吴国盛《科学的历程》

材料二：明朝的科学技术水平在当时的社会可以说是比较先进的，这主要体现在明朝对于当时西方先进的科学技术的吸收和借鉴，对于当时的先进科学技术，明朝并没有一概的拒绝，而是通过一些思想开阔，具有远见思维的学者们的大力推荐，陆陆续续引进了不少的先进技术。

——李约瑟《中国科学技术史》

初中历史教学要着眼于历史知识的夯实，《科学的历程》和《中国科学技术史》两本书内容浅显，对于七年级学生来说难度不大。学生通过分析材料一、材料二，能够总结出明朝涌现出许多优秀科技巨著的原因。由于七年级

学生的理解能力和阅读能力还不够强，所以本课使用的史料需尽量避免过于生涩难懂的文言文和学术性的文章，应尽量选择学生可以自主阅读或是在教师的适当提示下可以总结的文字史料，以此促进学生史料实证和历史解释能力的提高。为了使学生进一步理解本课的核心问题，我择取以下史料：

材料三：无论是明朝还是清朝，在火器上几乎没有任何自主创新，全部都是模仿西方或者引进，为什么中国的火器技术停滞不前，而西方的火器技术却日新月异？火药是中国人的发明，而西方人了解到火药的存在后，发明了基于化学工程式的硝化甘油，由于硝化甘油的出现，东西方火器的威力马上就被拉开很大的距离。其次，中国古代的封建王朝，害怕杀伤力巨大的火器流入民间以后对朝廷造成威胁，于是对火药和火器进行严格限制，在明朝的时候，可以接触火药和火器研制的人，只有军器局和王恭厂等少数部门的头领和工匠，而这些人养尊处优根本不会前往一线战场，火药和火器发不发展与他们毫不相干，这也就严重限制了热兵器发展的可能性。在创造力被约束以及火药技术被严格限制的双重背景下，才使得火药发明者的火器技术反而被西方超越，这也正是值得我们反思的地方。

材料三以明朝的火器为主线，通过简单直白的语句向学生勾勒出明朝火器发展停滞不前的历史画面，从课堂反馈可知，学生根据材料可以较为迅速地总结明朝科技落后的原因主要有缺乏创造力、中国封建王朝的落后性等。因此，适当拓展文字史料资源，有利于增强学生阅读和语言分析能力。

（四）巧用网络视频资源，领悟家国情怀

我经过搜集整理，将适合本课的影视资源列表如下（见表 1）。

表 1 《明朝的科技与文学》相关影视资源

类型	标题	网址
纪录片	《历史纵横——大明王朝兴衰史》	https://www.bilibili.com/video/BV1UK411L7Tg/

续表

类型	标题	网址
纪录片	《中国通史》	https：//www.bilibili.com/bangumi/play/ep326270
综艺	《典籍里的中国》	https：//tv.cctv.com/lm/djldzg/index.shtml
电视剧	《西游记》	https：//tv.cctv.com/2012/12/03/VIDA1354534828865268.shtml
电视剧	《三国演义》	https：//www.bilibili.com/bangumi/play/ss33626

《明朝的科技与文学》这一课内容主要包括明朝具有代表性的科技与文学著作。该课可以利用的网络影视资源较多，巧用这些视频资源有利于提高课堂效率，激发学生学习积极性。我们在利用这些网络视频资源时可以采用多种方法，将视频资源再加工，深化教学内容。本课的教学目的，不仅是要让学生理解明朝中后期科学技术衰落的原因，更要升华本课的教学主旨，让学生充分感悟中华传统文化的博大精深。因此，我选取纪录片《大明王朝兴衰史》中关于明朝科技成就介绍的片段，让学生体会到书中所列举的只是明朝科技中很小的一部分内容，明朝时期还有许多让世界惊叹的科技成就。这样能够使得学生的历史情感得到进一步的迸发，提升民族自豪感，彰显历史教学的家国情怀。

善之本在教，教之本在师

李觏《广潜书》云“善之本在教，教之本在师”。一个人是否善良就看他受的教育如何，他受的教育如何又应看他的老师。因此教师在日常工作中，需要不断提升自己的教学能力。我们生活在一个科技快速发展的时代，信息的传递方式也随之快速发展。这对于我国的教育工作者来说，既是机遇，又是挑战。对于历史学科而言，由于其学科特殊性，多媒体资源的运用对历史教学改革产生较大影响。这种全新的教学模式以学生为主体，教师为主导，

改变了传统的以教师为中心的历史课堂教学模式。对于课外历史教学资源的开发，则更能帮助学生实现自主学习。

作为刚入职不久的新教师，其实我对于多媒体技术的使用，仍存在许多疑问和误区，因此本次微课题的研究，也使我对多媒体技术以及多媒体资源的利用有了更进一步的认识。在本课题中，我选取部编版七年级下册第三单元第16课《明朝的科技与文学》作为研究案例，本课主要学习明朝在科技和文学艺术方面取得的突出成就。我将项目式学习法和多媒体技术相结合，以学生为主体，教师为主导的方式开展学习。在课前，我将同学们分为五个小组，并设置组长，提前一周将项目活动“假如你是明朝的一名书商，你会如何推销你的书籍”布置下去，由组长带领，组员参与，共同完成本次项目式学习。在项目式学习的过程中，我关注学生个性发展趋向，针对学生不同特征提出相应且适应提升该学生能力发展的不同任务和要求，并要求各小组同学充分利用多媒体技术来提升推销效果。

通过教学实践，我发现多媒体技术在初中历史课堂中的运用方式多样，文字、图片、视频、音频为课堂创设生动活泼的历史情境，能够很大程度上提高学生历史学习的有效性。而多媒体教学更加考验教师对于网络资源的筛选，如何选择科学性、实用性较高的多媒体资源，还有待教师各方面能力的不断提升。同时，本课题以一课为例，普适性有待提高，在以后的教学实践中，我会继续加强理论学习并结合实践，展开更为深入、更全面的实践研究。

网络教学情境下 ClassIn 平台教学实例研究

——“澳门：一座海风吹来的城市”课例

孙瑞男

一、研究背景

移动互联网技术正在深刻影响我们的社会，培养和锻炼学生掌握信息平台技术成为当代教师难以回避的时代命题。但面对课堂教学如何与信息技术相结合并能够更进一步推动课堂教学质量有效提高成了目前教育界的难题。因此，本节课将借助 ClassIn 教学平台，立足《义务教育历史课程标准（2022 年版）》，采用“交互式”教学模式落实历史五大核心素养发展。利用信息技术改变以教师传授知识为主的教学方式，突出学生在教学中的主体地位，组织以学生为主体，以师生互动和生生互动为特征，以探究历史问题为目的的教学活动。教师通过先进的信息技术平台设置合理的教学活动，以训练学生表达观点、交流观点的能力，在不断完善历史认知的过程中培养学生五大历史核心素养。

二、研究对象

七（1）班学生，共 35 人。

三、研究内容

（一）课例分析

本节课是七年级下册第三单元《明清时期：统一多民族国家的巩固与发

展》第 15 课《明朝的对外关系》中《葡萄牙殖民者攫取澳门居住权》部分的讲授与延伸。本课将以“澳门在不同阶段的变化与发展”作为核心问题贯穿始终，重点阐释“①为何葡萄牙要攫取澳门居住权？②为何葡萄牙能攫取澳门的居住权？③葡萄牙殖民者在华有哪些掠夺行径，其后果与影响如何？④为何澳门回归后经济得到快速发展？”这四个问题。

本节课以澳门城市发展的历史作为教学主线，以此连接了中国古代史、近代史以及现代史内容。通过创设澳门城市发展历程的历史情境，让学生感受到中国由古代史向半殖民地半封建社会近代史转变的悲剧性历史必然，再感受 1949 年后逐步走向社会主义现代化建设伟大成就的历史性跨越。明清时期中国社会走向封建社会的顶峰，但封建专制体制成为中国社会发展的巨大障碍。新航路开辟后，葡萄牙殖民者为扩大利润以及保障贸易稳定，通过贿赂欺诈的方式攫取在澳门的居住权。随着西方殖民者不断扩张，葡萄牙人不再满足于在澳门的居住权。1840 年鸦片战争后，中国开始逐渐沦为半殖民地半封建社会，葡萄牙殖民者趁机霸占我国澳门地区。近代时期澳门人民虽奋起反抗，但奈何中国国力衰弱，最终未能收回澳门。1949 年中华人民共和国成立，党和国家领导人十分重视澳门问题。改革开放后，在“一国两制”思想的指导下，最终在 1999 年 12 月 20 日收回了澳门主权。澳门回归后，深刻贯彻落实了“澳人治澳”的政治方针，深刻融入中华民族伟大复兴的进程之中，截至 2019 年，澳门人均 GDP 地区排名已位居世界第二（见图 1）。

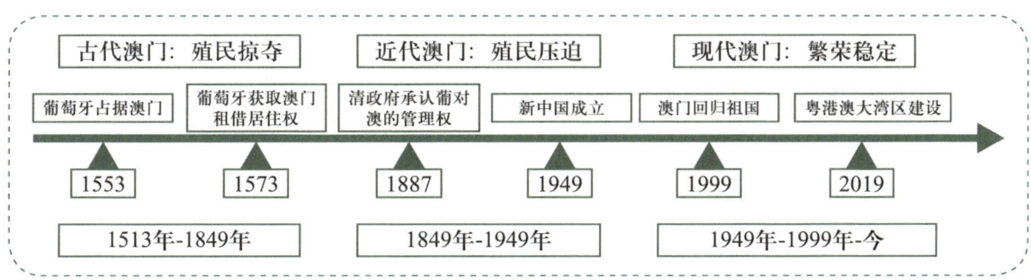

图 1　澳门在不同阶段的变化与发展

（二）学情分析

经过近一年的历史学习，学生可以对历史史料完成初步的判断与分析，故本堂课重点通过翔实的历史史料展示澳门兴衰的历史变迁。借助 ClassIn 平台，学生可利用教师展示的史料，以小组讨论的形式分析历史事件背后的成因与意义。由于本课内容横跨中外，贯通古今，若采取常规教学方式，对七年级学生而言难度较大。故本课采用了大量生动的历史地图、图片和视频，降低数据和抽象文字史料的使用，提高学生对历史的直观感知，让学生意识到澳门与祖国同呼吸、共命运。

为此，在教学准备过程中我制作了“16 世纪葡萄牙殖民者侵略我国东南沿海与明朝防卫”“葡萄牙殖民者侵占澳门”以及“澳门回归”的历史时间轴，以便让学生能够直观清晰地理解澳门自 16 世纪至 21 世纪的发展与变化。为让学生正确认识西方殖民者在华暴行以及中国人民的英勇反抗，我找到了葡萄牙人贩卖鸦片以及走私人口的相关史料以及照片，直观展示贩卖鸦片与走私人口对中国造成的直接影响。望厦群众对葡萄牙殖民者的反抗斗争、杜岚校长执意在中华人民共和国成立时升五星红旗，更体现出了中华民族对西方殖民者的反抗与澳门人民回归祖国的殷切期望。

四、研究目标及方式

本节课首先聚焦于五大核心素养，根据学生实际情况制订合理合情的教学目标；在此基础上借助 ClassIn 信息技术平台，运用多媒体、课件等各种直观教学资料帮助学生回到历史情境之中，在时间长河中感受历史发展变化。初中生对于复杂抽象的理论性知识理解困难，为能够让学生更清晰地感受历史发展脉络，本节课通过翔实的文字史料、统计数据、图片以及视频等具象事物让学生以学习小组的形式在 ClassIn 平台上展开小组讨论，助力学生理解教学重难点，落实教学目标。为推动教学过程中教学评一体化，教学活动中教师充分利用 ClassIn 平台上抢答器、随机选人以及线上小黑板功能来检验学生知识掌握情况，对学生个性问题给予针对性教学方案，调动学生学习积极性。

（一）唯物史观

通过 ClassIn 平台展开学生小组线上讨论，学生根据澳门地图及相应史料

分析葡萄牙占领澳门的原因。

（二）时空观念

在 ClassIn 中展示 16~19 世纪世界贸易地图以及珠三角地图，让学生认识到葡萄牙占领澳门的原因。

（三）史料实证

利用信息媒介给学生展示澳门 15 世纪和 16 世纪修建的教堂，让学生直观感受到 16 世纪葡萄牙殖民者侵入澳门的影响。

（四）历史解释

首先，利用线上平台展示珠三角地图与《一个海风吹来的城市：早期澳门城市发展史研究》史料，学生通过 ClassIn 小组讨论分析得出葡萄牙占领澳门的原因；其次，在平台中展示近代中国人民吸食鸦片的照片和英国传教士的记载，学生通过 ClassIn 进行小组讨论分析得出西方殖民者的殖民掠夺行为对中国所造成的恶劣影响。纵观澳门城市的发展历史，通过思维探究得出回归后澳门经济快速发展的原因。

（五）家国情怀

通过展示望厦民众反抗葡萄牙殖民统治，让学生感受到澳门人民的拳拳爱国之心，通过播放《七子之歌》《杜岚校长升五星红旗》《解放军进驻香港》视频，让学生感受澳门人民期盼回归祖国的急切心情，让学生认识到只有祖国统一才能保证社会发展、人民平安生活。

五、研究实施过程

（一）中西建筑对比，视觉冲击，激发学生探究兴趣

本课首先展示 15、16 世纪修建的两个祈求海上平安的建筑妈阁庙与圣老楞佐教堂，通过对比两个建筑的不同风格，激发学生思维碰撞，感受澳门的殖民历史，为讲解澳门在明朝为葡萄牙所占领做好铺垫。

（二）采用史料实证的教学方法，培养学生史论结合的意识

在教学过程中，我采用以充足的史料、生动的形式展现澳门城市发展过

程的教学方法。

首先，我十分注重以原始的史料来解读教学重、难点。例如，在讲解葡萄牙殖民者到华动机部分中，我采用《马可波罗游记》和葡萄牙民族史诗《卢济塔尼亚人之歌》展现西方对东方财富的向往，让学生能够充分理解葡萄牙殖民者来到中国的原始动机。

其次，我十分重视在教学过程中培养学生的时空观念。我在每个教学阶段都会列出本时间段的时间轴，让学生充分理解本时间段的发展情况。例如，我通过澳门城市发展的时间轴让学生对澳门城市发展的历史有了初步印象，其后我制作了葡萄牙与澳门早期接触的武力冲突历史年表，展现当时明朝的强大以及葡萄牙殖民者的强盗行径。

此外，我还十分重视地图的使用，通过"珠三角地图""澳门地图""世界贸易地图"等让学生对澳门在世界海外贸易中的重要地位有直观感受，并对葡萄牙殖民者攫取澳门的过程有充分了解。为展现澳门人民的拳拳爱国之心，培养学生的家国情怀，我通过播放《七子之歌》《杜岚校长升五星红旗》《解放军进驻香港》视频，让学生能够直观感受澳门人民期盼回归祖国的急切心情；又通过台风"天鸽"过后解放军帮助澳门恢复生产秩序的照片、港珠澳大桥建设以及回归20年来澳门经济发展的对比，让学生认识到只有祖国统一才能保证社会发展、人民平安生活。

（三）采用ClassIn信息技术助力教学，增强师生互动

ClassIn能增强学生之间和师生之间互动，提高学生参与程度，促进学生发散思维，推动学生学习兴趣等。首先，学生可以通过ClassIn进行小组讨论与展示；其次，可以通过抢答器和随机选人等方式提高学生注意力，调动学生参与课堂的积极性。

（四）通过课后作业，检测范例式教学的效果

为能够让学生将课堂内容学以致用，本课作业设计采取小组活动形式，以课堂内容的逻辑形式，从"被侵略的香港""被殖民的香港""回归祖国怀抱的香港"三个部分来设计思维导图、制作表格或制作PPT。通过讲明英国

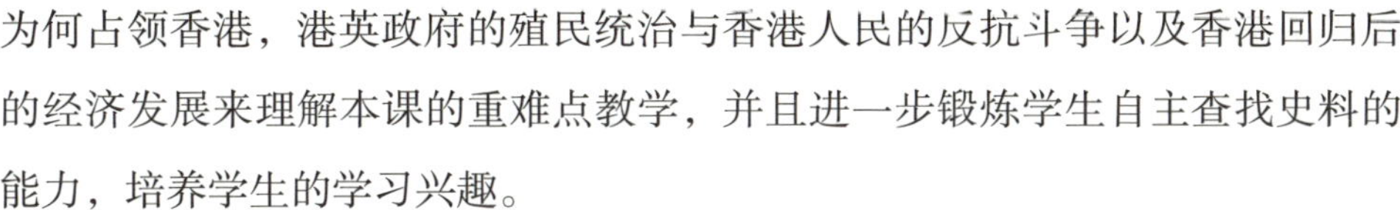

为何占领香港，港英政府的殖民统治与香港人民的反抗斗争以及香港回归后的经济发展来理解本课的重难点教学，并且进一步锻炼学生自主查找史料的能力，培养学生的学习兴趣。

本课教学内容由于所涉时间跨度大，教学时间紧，学生知识基础有限，一些教学细节无法更好地呈现出来。例如，没办法进一步讲明澳门特别行政区区旗的含义。但整体而言，本节课通过划分为“被侵略的澳门”“被殖民的澳门”“回归祖国怀抱的澳门”的时间线索还是清晰地展现了澳门城市发展的历史脉络。

六、研究效果

自 1553 年始，葡萄牙霸占澳门近 500 年的时间。这近 500 年的时间是中国从封建社会向社会主义社会转变的历史，是中国人民救亡图存的历史，是中国人民追赶世界发展潮流的历史，是中国人民自强自富的历史。通过学习澳门的发展史，学生能够初步理解对外交流与开放是国家发展的重要推动力量，了解西方殖民者的暴力掠夺行径和中国人民奋起反击的英勇壮举，认识到在中国共产党的正确领导下我国经济腾飞的发展历程。

本堂课例教学也证明了伴随着移动互联网的普及，信息技术与课堂教学的结合已经成了教学发展的必然趋势。利用先进的教学平台，让学生借助平台展开讨论，通过对“西方殖民者为何侵占澳门”“西方殖民者在中国造成何种危害”和“澳门为何在回归后得到迅速发展”的探究分析，学生不仅认识到了澳门城市发展的历史，更理解到了澳门发展与祖国发展息息相关。

借助信息技术平台给学生展现直观的历史图片、地图、文字史料以及视频等，课堂教学更好地完成了培养学生分析史料的能力，训练了学生的思维。ClassIn 则更好地为线上教学提供了师生研讨平台，采用“交互式”教学模式培养学生的历史素养，引导学生以小组合作探究的形式思考，理解澳门城市发展中的历史大背景，用直观的史料培养学生家国情怀。故，本节课成功通过先进的信息技术训练了学生思维能力，锻炼了学生阅读和分析能力，培养了学生的历史素养。

数字技术进课堂，助力核心素养落实

当今世界，科技进步日新月异，网络新媒体的迅速普及，儿童和青少年成长环境发生了深刻的变化，教师们的教育命题也面临着新的挑战。《义务教育历史课程标准（2022 年版）》明确提出，义务教育必须“立足学生核心素养发展”，教师必须要“树立以学生为主体的教学观念，注重学生自主探究的学习活动”。因此，本课题立足新课标，借助移动互联网平台技术，采用“交互式”教学模式培养学生学会学习、发现和解决问题的能力。

本节课以澳门城市发展历史作为教学主线，以此连接了中国古代史、近代史以及现代史内容。通过创设澳门城市发展历程的历史情境，利用信息技术改变以教师传授知识为主的教学方式，突出学生在教学中的主体地位，组织以学生为主体，以师生互动和生生互动为特征，以探究历史问题为目的的教学活动。

为能够让学生更加深入理解澳门背后的中国近现代的历史兴衰，本节课运用了大量的、生动的历史地图、图片和视频，降低数据和文字史料的使用，提高学生对历史的直观感知，让学生意识到澳门与祖国同呼吸、共命运。针对教学重难点，借助 ClassIn 平台设置学习小组谈论其背后的成因与意义。在本课题中，教师利用先进的信息技术平台设置合理的教学活动，以训练学生表达观点、交流观点的能力，在不断完善历史认知的过程中培养学生五大历史核心素养。

分类计量法导向下的高三历史二轮复习路径探析

张旭然

一、研究背景

2022年高考已经落下帷幕。自2019年新一轮基础教育课程改革启动，本次高考真正体现了“新课标、新教材、新高考”，是对新理念、新教材的一次全面而准确的检验。历史学科在本轮课程改革当中围绕着五大核心素养的实现，在教学过程中不断探索新的方式与方法，同时以高考为导向，积极探索复习的新方式、方法与新路径。

二、研究对象

高三年级学生。

三、研究目标

基于对本年度新高考下的复习备考的实证研究，摸索复习要点、复习方向以及考向考情，进而提升高考复习效率。

四、研究方法

采用分类计量方法。

五、研究实施过程

综合北京市2022年城六区（东城、西城、海淀、朝阳、丰台、石景山）期末统练、一模、等级考试，2021年四区（东城、西城、海淀、朝阳）一模、二模试题，2020年四区（东城、西城、海淀、朝阳）一模、二模试题，以及2021年、2020年高考真题，我对试卷进行了题型的分类统计和频数分布的计量（见表1），以下简称分类统计表。综合比较分析，可以将历史考题的题型分为这几大类型：选择题、史料实证题、基于材料的解析题、历史作文综合题。在分类统计表中，绿色代表该题型在该试卷中出现了一道，黄色代表该题型在该试卷中出现了两道，橙色代表该题型在该试卷中出现了三道及以上。

通过对分类统计表的分析可知，在新高考当中，史料实证题和历史综合作文题是考查较多的题型。史料实证题是新高考中核心素养导向新理念的新题型，该题型体现学生史学研究的基本方法和对史学理论的运用能力。而历史综题方面，是在基于已学知识充分调动学生对知识的理解能力和外显化的历史解释能力，这就要求学生在平时的训练当中着重进行相应的训练。

对比统计结果可以发现，对学生综合能力的考查是近年来出题的主要方向。基于史料实证和材料解析进而表现为外显的历史解释，以类似微写作的形式呈现，同时又具有历史学科的独有的范式，是对学生核心素养实现情况的综合考查。

值得一提的是，在新高考当中，对于学生解读史料和材料解析能力的考查，体现的是学生知识面及答题规范度。因此，在对史料进行解读的过程当中，要对史料有基本的判别方法，以及合理运用史料解决实际问题。尤其是在历史综合作文题当中，对史料的解读是呈现答案的非常重要的环节。因此，在备考过程中教师应特别重视培养学生史料的阅读和解析能力。

表 1　2022 届高三第二轮复习试题分类统计

	史料实证类						材料解析题					综合能力题		
	基于对史料的解析					史学原理	基于材料结合所学的问答题		基于材料的解析题			论证型	评析、解释、说明型	
	背景原因	内容措施	影响意义	特征特点	比较变化		背景原因	影响意义	内容措施	特征特点	比较变化	观点	观点	事件
2022 年东城一模	16（1）	17（1）（2）	16（2）		16（1）	17（1）（2）	18（1）	18（2）				19		20
2022 年西城一模		16（1）						20（1）（2）				17、18、19（2）		16（2）、19（1）
2022 年海淀一模						16（1）（2）	18（2）	17（1）19（2）	17（1）19（1）				20	17（2）、18（1）
2022 年朝阳一模			16			16	19（1）	17（1）（2）		20	19（1）		20	18、19（2）
2022 年丰台一模	16（1）16（2）			20（1）	16（1）	20（2）	17（1）		18（1）			17（2）、18（2）19		
2022 年石景山一模	17（2）20（2）	20（2）			17（1）	20（1）	17、18（1）19（1）	18（2）19（2）		17				
2021 年东城一模		16（1）				16（2）	19（1）		18（1）			18（2）、19（2）		17、18（3）
2021 年西城一模						18（1）	19、20（2）	16（1）	20（1）			16（2）	18（2）	17
2021 年海淀一模						16（1）、16（2）			18（1）			17	18（2）、19（2）	19（1）、20
2021 年朝阳一模									16（1）				16（2）、18、19	17、18、20
2020 年东城一模			16（1）			16（2）	18（2）19（2）			19（2）	18（2）		18（1）	17、19（1）（3）

续表

	史料实证类						材料解析题					综合能力题		
	基于对史料的解析					史学原理	基于材料结合所学的问答题		基于材料的解析题			论证型	评析、解释、说明型	
	背景原因	内容措施	影响意义	特征特点	比较变化		背景原因	影响意义	内容措施	特征特点	比较变化	观点	观点	事件
2020年西城一模						16	18（1）20（1）		18（2）20（1）	19（1）		20（2）		17、19（2）
2020年海淀一模		16（2）				16（1）	17(1)(2)18（2）				17（2）18（1）			19、20
2020年朝阳一模	16（4）					16（1）							16（2）、17	16（3）18、19
2022年东城期末统练						16（1）（2）	17（2）20（1）		17（1）、20（1）20（2）		17（2）	19		18
2022年西城期末统练	21（2）		21（2）		21（1）		24（2）		24（2）	22		23、24（1）		25
2022年海淀期末统练							24（1）	27（2）	24（1）25（1）（2）26			26	23、27（1）	24（2）25（2）
2022年朝阳期末统练								17（2）	18（1）	17（2）	18（1）（2）		17（1）、20	16、19
2022年丰台期末统练	16（1）			16（2）17（1）	16（1）			18	19（1）	20（1）				17（2）19（2）20（2）
2022年石景山期末统练	16（2）				16（1）		17（2）20（1）	19（1）20（2）	17（1）（2）18	19（2）	19（1）		19（2）	

续表

	史料实证类						材料解析题					综合能力题		
	基于对史料的解析					史学原理	基于材料结合所学的问答题		基于材料的解析题			论证型	评析、解释、说明型	
	背景原因	内容措施	影响意义	特征特点	比较变化		背景原因	影响意义	内容措施	特征特点	比较变化	观点	观点	事件
2021 年东城二模					16（1）	16（1）（2）	20（1）	19（2）	20（1）					17、18、19（1）、20（2）
2021 年西城二模		16（1）	16（2）				17、20（1）				17、20（1）（2）	16（3）		18、19
2021 年海淀二模			16（2）		16（1）	16（1）	17（1）		17（2）20（2）			20（1）		18、19
2021 年朝阳二模		16（2）				16（1）	17（1）20（2）				20（1）		17（2）	18、19
2020 年东城二模		20（1）				20（2）	17（1）		16（2）				16（1）	17（2）18、19
2020 年西城二模					17（1）	17（2）	16（1）（2）	16（2）			18（1）	18（2）		19、20
2020 年海淀二模							17（1）19（1）	18	19（2）		17（1）19（1）	16（2）	17（2）、20	16（1）
2020 年朝阳二模							20（1）						17	16、18（1）19、20（2）
2022 年度等级考						20（1）（2）	19（2）	16	18（1）		19（1）19（2）	17		18（2）
2021 年度等级考	16（1）16（2）	20（1）			16（1）	20（2）	17（1）		18（1）			17（2）、19	18（2）	
2020 年度等级考						16（1）（2）	18（1）、20（2）		20（1）			17		18（2）、19

六、研究效果

（一）注重综合融通，在历史问题探究中发展学生学科思维能力

高中历史知识体系更加综合、复杂，对学生综合调动知识认识历史和社会问题提出更高的要求。无论高一必修课所体现的知识广度，还是高二的选择性必修课程所体现的知识深度，都对学生综合理解历史问题、构建灵活的知识体系提出了较高的要求。到高三年级将必修与选择性必修整合，引导学生深入研究历史知识及历史知识之间的内在关联，在综合探究历史问题的过程中使学生习得学科能力和提升学科核心素养，更是教学必须解决的问题。目前教学中“大概念”“大单元”等教学理念的提出及教学实践，就是对这个问题的具体解答，但仍需在课堂教学中加大研究力度。

（二）重视形式逻辑在提升学科教学专业化方面的作用

历史综合作文题应该是得高分的关键点所在，然而部分同学在考试中暴露出唯材料是从的问题，只从材料当中理解问题、寻找关键，而脱离了所学。另外还缺乏相应的规范化和专业化的训练，答题呈现出无逻辑、无结构、无顺序、无思路等一系列的问题。因此应提升学生在答题过程当中的范式训练，以形成规范的答题模式，这既有利于提升学生在历史解释过程当中的规范性、严谨性，同时有利于全面覆盖答题的得分点，从而提升答题的效率。

如面对历史综合题这种分值较高的题目的时候，学生要冷静地审读材料，在基于材料解读、主题判别的情况之下，再结合所学谋篇布局，构思整体答案。在行文的过程当中，第一部分首先要对题目进行立论或下定义，即开宗明义；第二部分要坚持论从史出，列举史实，尤其重要的是要凸显答题的思路和角度，以时间走向分配历史答案，或按照逻辑思路来对历史解释进行梳理；最后，要站在历史观的角度，坚持辩证法，统摄全部事实，或是以小见大，折射时代特征，体现高中历史学习的阶段性和连续性。

新高考下，在阅卷和评分的过程当中特别强调考生答题过程语言表达的规范性和准确性，即在评分过程当中，采用“采意给分”的评分方式。从过

去的“采点给分”到现在“采意给分”的过渡，体现了对学生历史解释能力的导向性培养。

（三）研究学科素养的内涵和培养途径，发挥课堂主渠道的作用

在应试过程当中，对于核心素养外显化的考查，最多的是历史解释核心素养。因此，要做到历史解释能力的提升，首先要做到解释历史。

解释历史就是对历史事件有一个既客观公正，又严谨而专业的讲述与评判。要做到这一点，首先要基于对历史事件的全方位的掌握，而在高考的过程当中，对于历史事件的解读，尤其是面对新史料的解读，是高考当中考生容易忽略的，也是易错的一个较大的难点。因此，在这里要着重提升平时在训练过程当中学生解释历史的能力。

在历史解释能力提升和培养的过程当中，应首先对历史逻辑有一个清晰的认知，在保证逻辑性和严谨性的思路当中，对历史进行解释。

从近年来的等级性考试的历史试题不难看出，学科素养已经成为等级考试考查学生的主要目标（见图 1）。这样的命题启示历史课堂教学要通过教学行为转变观念，发挥课堂主渠道的作用，提升学生的学科素养，避免将学科素养培养与解题简单对等、机械记忆历史知识，切忌将学科素养简单化、庸俗化。

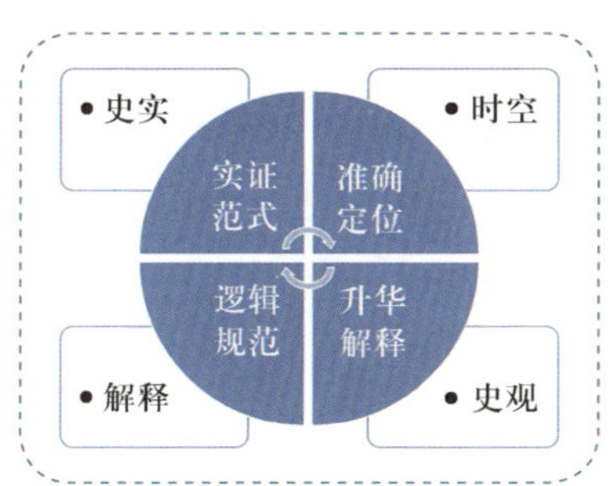

图 1　学科素养的考试呈现与评分要求

七、研究总结

教师以培养学生核心素养作为复习备考的总体导向，同时注重对考生应

试能力的训练，立足考情形成备考复习的总体布局，从解释历史到历史解释，实现学生应试的规范性、逻辑性、严谨性和准确性的提升，提高复习备考的效率与科学性。二轮复习承接一轮复习的知识整理，以对思维范式进行归纳演绎的形式逻辑重构，是学科核心素养真正落地的关键环节。因此，教师必须重视二轮复习中的有效性、规律性和针对性，在即将到来的冲刺复习时刻，修学储能，蓄势待发。

考情导向下的复习思考

本次微课题研究贯穿于高三历史二轮复习过程中，旨在引导学生规划复习方向。课题研究分期开展，为教学工作提供了抓手，并深化了对课程和考试的认识：第一，要总体把握课改的思想理念，从素养导向出发，以新课程的基本理念为参照点，对自身教育教学活动进行评判与思考。第二，要善于发现问题。无论是教育实践，还是教育研究都是发现问题和解决问题的过程。有问题、有困惑才会有思考、有分析。第三，主动尝试用教育理论诠释自己的教育行为，要致力于形成自己对问题的看法，提升自己理性分析问题的能力，尝试把自己的教育实践提升到科研的高度。第四，要围绕特定的教育问题进行持续的思考。作为课题研究，要有较强的针对性，在教育教学实践中，可以围绕自己感兴趣的问题进行持续的、不间断的、系统的探索，将反思渗入教育教学的全过程，从而保证研究的实效性。第五，及时将反思的结果用于实践之中，改进工作，提高教育教学效率，提升教师的教育教学水平。因此，作为教师一方面要注重对教育教学现象或问题的反思；另一方面，也要注重将反思的成果用于后续的教育教学活动，不断改进实践状态，提升教育智慧。只有在探索中反思，在反思中探索，才能加深思考的深度，才能在实践中发现问题并解决问题。

利用希沃白板提升初中历史复习课效率的研究

孟　晨

一、研究背景

信息技术的发展推动了教育教学领域的重大改革。使用多媒体辅助课堂教学已经成为当代课堂教学的必要手段之一。多媒体可以在课堂上展示书本教材以外的多种教学资源，如历史地图、纪录片、时间轴等，避免传统历史课的乏味和枯燥，吸引学生注意力，增加课堂教学的趣味性。常见的多媒体教学软件有：PowerPoint、ClassIn、希沃白板以及各类音视频播放软件等。

希沃白板是一款针对信息化教学而设计的互动教学平台，是当下一款热门的教学辅助软件。通过希沃软件在初中历史复习课中的实际运用，探讨如何在历史复习课上利用希沃软件提高学生的课堂参与度，从而促进课堂教学目标的实现。目前对希沃白板软件的研究并不多，有的是针对希沃软件的整体功能进行展示说明，有的是研究希沃软件在数学等学科的应用，而专门探讨希沃软件对提升历史复习课效率的论文或者课例几乎没有。如何利用好希沃软件的师生交互功能的研究探索意义也就凸显出来。

二、研究对象

初三学生。

三、研究方法

（一）调查法

全方位了解、掌握希沃白板的各项功能。走进各学科的课堂，观察、采访其他教师对希沃白板的使用情况；利用希沃白板的课件库，寻找、学习其他历史教师在历史教学中如何应用希沃白板的特色功能。

（二）观察法

根据希沃软件的功能特点，结合历史复习课的教学实际，筛选出能够在历史复习课堂中使用的软件功能。

（三）总结法

依照历史复习课的需要，提前设计教学环节，并根据课堂效果及时进行修正、调整。将课题研究的成果撰写成文，总结历史复习课运用希沃白板辅助教学的经验，扬长避短，在今后的课堂教学中进一步完善，提高课堂效率。

四、研究实施过程

（一）第一阶段：调查准备

学情调查。教师提前对学生历史学科的学习情况进行调研，了解、分析学生的薄弱点。

软件学习。教师提前向专业技术人员学习希沃白板的各项功能，并能够熟练掌握。

（二）第二阶段：设计实施

本课题贯穿初三整个学年。根据历史教学内容，将之与希沃白板的不同使用功能相匹配。例如，复习“中国古代边疆管理”的专题时，可将这部分知识点以“思维导图”的形式呈现；比较春秋时期与战国时期的区别时，可利用“课堂活动”设计小游戏，调动学生积极参与课堂复习。

（三）第三阶段：分析总结

在日常教学过程中，及时记录希沃白板的使用情况。课后再次进行学情

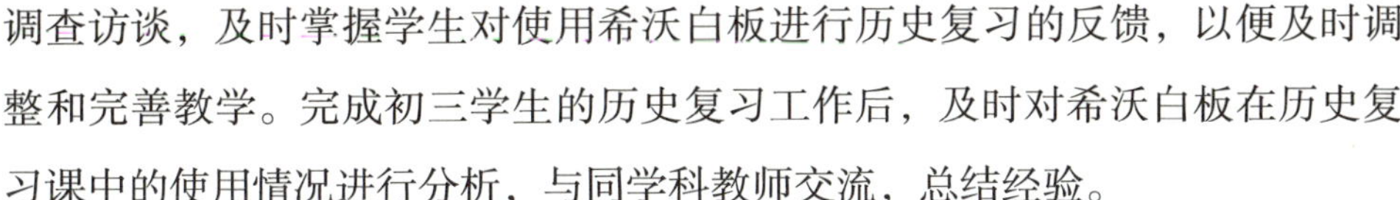

调查访谈，及时掌握学生对使用希沃白板进行历史复习的反馈，以便及时调整和完善教学。完成初三学生的历史复习工作后，及时对希沃白板在历史复习课中的使用情况进行分析，与同学科教师交流，总结经验。

五、研究成果

传统的历史复习课主要是整合所学知识、巩固时空观念，讲练结合，其教学形式较为枯燥、乏味。而过去在历史复习课中使用信息技术，主要是利用其同步展示功能，教师将试题、图文资料等通过电子屏幕“展示”给学生，学生只能“看”“听”“记”，师生间、生生间的互动并不多。本课题将通过对希沃白板在初中历史复习课的应用来探讨，如何在历史复习课上提高学生的课堂参与度、促进课堂教学目标的实现。

通过希沃白板，教师可以在大屏幕上实现书写、擦除、文字录入、屏幕捕获、多媒体播放、文件和网页链接等强大的互动教学与演示功能，辅助教师完成课堂教学任务，协助教师营造充满启发性与吸引力的课堂体验。在日常教学中，教师可利用希沃白板所提供的教学资源进行备课，操作简单，方便快捷。一键登录后，备课的资料可直接在教室的客户端同步展示，省去教师课前使用移动存储设备拷贝教学资源的时间。“课堂活动”是希沃白板的教学功能之一，可将课堂教学游戏化，为课堂注入强互动性，以擂台比拼、连线 PK 等游戏化的方式呈现知识点，将课堂教学由传统的单向灌输转变为兴趣引导。

利用希沃白板可以图文并茂、声像并举、能动会变、形象直观的特点为学生创设各种情境，调动学生的各种感官参与，激起学生强烈的学习欲望和兴趣。传统的历史课堂教学以教师讲授为主，枯燥乏味，学生容易“溜号”走神。历史复习课中，需要识记的知识点庞杂、琐碎，学生学习的主动性不强，极容易出现畏难情绪。在课前引导时，利用“课堂活动”创设历史知识互动小游戏，既可检验学生对已学知识的掌握情况，又能提高学生的课堂参与度，激发学生的竞争意识和胜负欲，提高学生学习的主动性。而小游戏的参与者，既可以由教师指定人选，也可以根据软件设定进行“随机选人”，增加了课堂活动的趣味性和悬念感。根据小游戏的结果，及时给予学生适当的奖惩措施，强化历史复习效果，达到温故知新的目的。例如，在《第一次世界大战对世界和中国的影响》的专题复习课上，我在上课伊始就抛出了课题，点明这是一节世界史与中国近代史相关联的专题复习课，让学生明确这节课的主要复习目标。这节课的第一个环节是与“一战”有关的历史知识小游戏竞赛。这样，历史复习课从一开始就可以达到较好的学生参与氛围，让教师接下来的复习教学进行得更加顺利。除此之外，希沃白板提供了思维导图功能，教师可根据历史复习课的教学需要添加各类思维导图，帮助学生构建、巩固特定的时空观念或知识结构，加深学生对历史的认知和理解。

六、研究效果

（一）激发学生的学习兴趣

世界近现代史内容庞杂，涉及多个国家的经济、政治、外交、文化等。对于初中生来说，理解并掌握世界近代史发展的基本脉络是存在一定困难的。历史复习课就是要引导学生从某一特定角度切入，在了解基本史实的基础上，抽丝剥茧，帮助学生分析时局，从而能够从宏观角度理解世界近现代史的发展脉络和线索。中国史是世界史的一部分，特别是从1500年以来，世界开始连为一个整体，中国与其他国家在政治、经济、文化、军事等方面的发展不能割裂开来。复习阶段必须进行中外历史的关联学习。

希沃白板强大的交互功能为课堂教学中的师生互动、生生互动和人机互动提供了技术便利和可能。与传统的多媒体播放幻灯片课件的教学模式相比，学生有了更多展示、表现、练习与合作的机会，学生参与课堂的积极性更高，参与的方式更加多样。这样更有利于培养学生积极探索、主动建构知识框架的能力和意识，也有利于回归富有活力的课堂。希沃白板不仅能给教师提供丰富的备课资源，还能够为师生在课堂上的实时互动提供展示的平台，同时将复杂的历史问题简单化、将思维过程可视化，避免了历史复习课教师一言

堂、学生只做题的情况。

希沃白板中的“课堂活动”包含趣味分类、知识配对、分组竞争、判断对错、趣味选择、记忆卡片、知识排序等活动。历史复习课上经常使用的是判断对错和趣味选择这两个活动。教师在备课时，提前准备好相应的活动题目和正确答案，设置好活动时间，课上通过“随机选人”功能，抽选出上台参与活动的同学或小组。上述两个课堂活动都是以“答题竞争”的形式呈现，两名同学面对同样的题目，同时答题，类似于电视节目中的“闯关答题”，一组题答完后，屏幕会直接显示比赛结果。教师可以对课堂小竞赛的结果进行记分管理或者直接进行奖励或者惩罚，提升了学生参与课堂活动的随机性、趣味性，激发学生的“比拼”意识，活跃课堂气氛。对学生来说，要想在课堂小游戏中取胜，就必须专心听课，认真复习。适时、适度地设置一些小游戏，可以激发学生的竞争意识，历史课堂变成了学生“比拼”的赛场，学生在一节课上可以有丰富的感官体验。历史学习的过程不再枯燥乏味，历史问题不再复杂难懂。这样自然能够提升学生的学习兴趣，提高学生的自身素养。

（二）高效整合教学资源，提高课堂教学的灵活性

希沃白板的线上课件库根据学科及学段的不同，将各类教学课件资源进行了分类。教师可根据需要自行下载，借鉴不同的教育教学资源，这样有助于教师在备课时打开思路，提高备课效率。如果教师想自己制作教学课件，希沃白板还提供了种类丰富的背景图片，教师可自行选用与教学内容相贴切的背景图片。初中学生年龄小，容易被其他事物吸引。这一点也是教师在利用希沃白板制作课件时需要关注的，合适的背景图片会吸引学生关注教学内容，提升学生的课堂专注力。例如，我在进行《第一次工业革命的影响》的探究课时，将课件背景图片设置成了动画版的世界地图，学生反馈背景图与所学内容的空间范围一致，有助于加深对“英国成为世界上拥有殖民地最多国家”的理解。

用希沃白板制作的数字化教案，学习资源和学习内容得到了丰富。教师可以把自己上课需要用到的各种教学资源（包括文字、图片、动画或课件等）

保存到希沃白板个人账号的资源库中，不需要按顺序把它们都组织好，根据课堂上的学情随机调用，提高了教学过程的整体性、连续性。根据学生的随堂反馈，教师即时呈现相应内容，使各种课堂活动之间的切换更加流畅，学生的思维火花得到及时肯定，带动更多的学生积极参与到课堂学习中来。

（三）增强学生的多重感官体验，涵养家国情怀

无论是中国历史还是世界历史，都是浩瀚的长河，而历史教材所呈现的仅仅是其中很少的一部分，不足以丰富学生的历史内涵、扩展学生的历史视野。因此，教师可以借助多媒体技术为学生呈现出更加丰富、全面的历史资料。教师运用希沃白板进行教学，使学生不仅可以通过视觉来观看屏幕所呈现的文字、图片、视频、动画，还可以通过听觉来聆听语音或者音乐。例如，在复习《中国古代科技》这一专题时，为了让学生能够更加深刻地感受到我国古代科技的雄伟景象，更深刻地感受到我国古代人民卓越的创造能力，教师为学生播放 2008 年北京奥运会的开幕式视频，让学生直观地了解造纸术、印刷术、火药与指南针等古代科技。学生在观看视频时，感受到中华文化的无穷魅力，增强对中华文化的认同感和自豪感，涵养家国情怀。

寓教于乐　玩转希沃

经过一年的实践探索，我发现希沃白板的确能够起到提高课堂复习效率的作用。针对历史复习课的不同阶段，希沃白板的“课堂活动”“思维导图”等功能能够活跃课堂气氛，寓教于乐。学生对于使用希沃“课堂活动”小游戏的历史复习课堂充满期待，到活动环节时都跃跃欲试。赢了游戏的学生骄傲自豪，输了的同学赶紧回到座位看书、看笔记，历史知识随着游戏的进行也深深印在了学生的脑海里。很多学生在下课后还想继续玩希沃白板中的小游戏，学生们对于历史学科的学习兴趣也更加浓厚了。

但是很多教师在面对新事物时会出现不想了解、不想学习的心态。希沃

白板体现了现代教育技术手段的发展和进步，教师在课堂上使用希沃白板之前，必须首先要学习和了解希沃白板才能灵活使用相关功能。这个过程实际上促进了教师的再学习，帮助教师与时俱进，实现了教师的个人成长。希沃白板作为辅助教学的一种手段，教师在课堂上运用时一定要避免流于形式。切忌“为了用技术而用”，不能让课堂变成表演课。将历史知识复习串讲与现代信息手段相结合，需要教师切实了解学生的实际需要和兴趣点，熟知历史复习课的内容，并且熟练掌握希沃白板的实际操作。要解决这个问题，教师应在备课时多思考、勤动手，多交流，关注学生，关注教学。

信息技术的应用提升历史课堂质量

杨莉莉

一、研究背景

（一）当前课程改革的需要

2021 年 7 月 24 日中共中央办公厅、国务院办公厅印发《关于进一步减轻义务教育阶段学生作业负担和校外培训负担的意见》，简称“双减”政策。那么“双减”政策主要减的是什么呢？简单来说，一是减轻义务教育阶段学生的作业负担，二是坚决压减学科类校外培训。“双减”政策减轻了教育成本，促进了学生全面发展，是向素质教育迈出的一大步。作为学校教育，要想保证教学质量，减轻学生的作业负担，那就只能向课堂要效率、要质量。如何激发学生学习的兴趣，调动学生学习的积极性、参与性，成为提高教学质量的关键。单纯依靠传统的教学方式，很难实现这样的目标。大量教学实践证明，借助信息技术可以有效地提高课堂质量。

（二）教育事业发展的需要

信息技术的应用是教育事业的重要组成部分，是辅助教学的一种全新教学手段。它给教育教学改革带来了新鲜的空气，是推动教育教学改革的制高点。它改变了教师的教育观念、教育方法、教育模式，乃至改变了教育体制，是实现素质教育的关键。各国教学改革的大量实践表明，信息技术在教育事业中的应用到现阶段已经成为世界性教育改革的潮流。

我们组有区学科带头人，她的课最大的特色就是应用不同的信息技术助力课堂。我们组有三位青年教师，他们学习信息技术较快，经常分享使用的

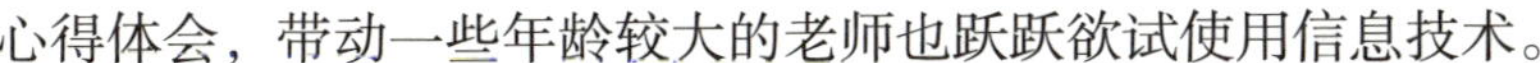

心得体会，带动一些年龄较大的老师也跃跃欲试使用信息技术。

（三）国家未来发展的需要

未来社会对信息处理的速度及准确性的要求越来越高。大数据、云计算、人工智能等新技术都需要新一代信息技术人才，这样才能推动数字经济的发展，才能实现打造网络强国、数字强国的宏伟目标。这就要求现代教育要不断地更新教学内容、改变教学方法、转变教育观念，以培养未来国家需要的人才。

二、研究对象

高三年级选考历史第二班。

三、研究目的

（一）信息技术应用课堂教学有助于激发学生的兴趣

教育心理学研究表明，当学生对学习充满兴趣时，他对所学的知识往往能够掌握得非常迅速且牢固。特别是一些小软件的使用，有利于提高学生参与的积极性，如使用点名器随机抽查能够激发学生的兴趣，调动学生参与课堂的积极性，使学生从被动学习逐渐变成主动学习。

（二）信息技术应用课堂教学有助于训练学生的思维能力

信息技术应用在教学中，可以带给学生强大的视觉冲击力。在课堂教学中，信息技术应用可以使抽象的概念具体化、形象化、生动化、立体化、动态化。图文并茂的教学方式可以给学生强大的视觉冲击力，这不仅可以给学生留下深刻的印象，有助于构建时空观念，加深对历史解释的理解，而且有助于训练学生的逻辑思维能力，从而实现历史学科的核心素养。

（三）信息技术应用课堂教学有助于提高学生的动手实践能力

传统的教学模式，学生在学习知识的过程中更多的是停留在书本表面和教师的黑板板书上，而现代的教学模式借助现代信息技术，学生可以参与其中，有助于提高学生的动手实践能力。

（四）信息技术应用课堂教学可以实现“交互式”教学模式

利用信息技术的教学模式，可以实现生生互动和师生互动的交互式模式，从而使学生和老师之间建立更为默契的师生关系。通过信息技术，学生的思维过程变为可视化，教师通过投影，可以了解学生们的思维过程，从而精准地判断出学生的问题所在。

四、研究目标

（1）力求信息技术在历史课堂教学中普及，成为常态化。

（2）通过追踪学生成绩变化，检测课堂质量提升的幅度。

（3）通过问卷调查，了解学生对信息技术是否真正感兴趣，引导学生学会借助信息技术学习，培养学生信息技术素养。

（4）在“双减”背景下，减轻学生作业压力，使学生们积极参与课堂学习，将知识点牢牢掌握。

五、思路方法

（一）研究思路

立足于每节历史课，以备课组为单位，集体备课，根据教学内容讨论信息技术的应用。定期通过教研组例会，讨论信息技术使用情况和存在的问题。

（二）研究方法

主要通过叙事和行动两种研究方法。通过本组备课的结果，确定信息技术使用的方向。立足于每节历史课，实践操作使用信息技术，总结对历史课堂教学的影响。

（三）技术路线

采用学校现有的信息技术：希沃白板、ClassIn+iPad 信息技术、多媒体课件、智慧笔、各种视频资料。

（四）研究计划及可行性

2019 年，北京市东城区成为国家首批“智慧教育示范区”之一，我校有

幸成为其中的一所示范校。学校鼓励教师们在课堂教学实践中不断尝试信息技术的应用。

六、研究实施过程

（一）技术准备

基于学校现有的信息技术，如希沃白板、ClassIn+iPad 信息技术、多媒体课件、智慧笔及各种视频资料，根据历史课每个章节内容，制订相应的信息技术使用策略，充分向课堂要质量。这些信息技术，如希沃白板可以设置竞赛答题，可以有效复习已经学习过的知识点，还可以设置连线题，检测学生对已经学习过的知识的掌握情况；使用智慧笔，可以通过抢答器功能，调动学生上课回答问题的积极性，通过随机抽查，能够督促学生养成专心听课的好习惯；通过在学案上设置探究问题，学生作答，使用投屏功能，将学生学习掌握情况可视化，教师可以观察到学生的思维变化，有利于了解学生对课堂内容掌握情况；应用 ClassIn+iPad 技术，可以通过拖拽功能，让学生掌握历史情境与历史知识点的对应关系，这个过程中，学生需要到黑板上动手完成，这样有助于增强印象，有助于知识点的学习。播放视频资料，既可以调动学生的积极性，也能突破空间和时间的限制，有助于学生理解教学的重难点；教学常态化使用多媒体课件，直观、易懂，有助于对知识的理解。特别是初三年级复习串讲，做出时间轴，有助于培养学生的时空观念。

（二）授课方式

每一节历史课根据内容选用信息技术，在集体备课时重点讨论使用信息技术助力教学的方式，做到同一年级技术使用相同，再通过集体备课反馈使用情况。鼓励本组老师尝试更多使用信息技术，从而提升课堂质量，在集体备课时进行分享，供本组其他老师学习和借鉴。

（三）课程考评

通过成绩追踪的方式，看教学质量是否提升。通过访谈、调查问卷的方式，了解学生对使用信息技术的看法。

七、研究效果

通过本课题研究，本组教师深深感受到信息技术的应用是提升历史课堂质量的一种有效的途径。本组教师在不同年级通过课例研究的形式，印证了研究成果。

（一）应用信息技术充分调动学生参与的积极性

通过本课题，本组老师对比了应用信息技术和不应用信息技术的课堂效果的差异性。没有进行本课题研究前，很多青年教师认为，信息技术应用可有可无，特别是复习课的应用，认为会浪费时间。但通过实践研究，本组教师一致认为，使用信息技术的课堂，学生参与课堂的程度明显提升。特别是ClassIn+iPad信息技术、希沃白板，播放视频、音频，学生关注课堂的兴趣明显提升。

（二）应用信息技术提高了教师的信息素养

通过开展本课题，促进了我组教师信息技术的素养提升，很多教师之前认为信息素养就是使用课件。随着教育信息化越来越普及，信息技术越来越多元化，对教师信息技术的掌握也提出了新的要求。我校作为东城区“智慧教育”示范校之一，在教委的支持下，我校教师接受了点阵笔、ClassIn软件、希沃白板等信息技术使用的专项培训。单纯的培训，很多教师还是一知半解，但经过本课题的实践应用，很多教师觉得信息技术也是一门学问，但什么时候应用、如何应用、应用哪种技术？都要结合教学目标和内容去思考，既不能被技术牵制，也不能不服务教学，二者必须有机地融合在一起。在这个过程中，教师要不断学习新的信息技术，由不熟练到熟练这个过程不仅能提升教师的信息素养，也能引导教师面对现代教育有与时俱进的思想。

（三）应用信息技术有效提升了课堂质量

评价一节课，更多是看学生获取到了什么，教师的教学目标是否实现。当前教育，教师讲得再好，也需要学生的参与。通过本课题，课题组成员一致认为，调动学生参与课堂的积极性，最有效的方式就是借助信息技术，采

用随机选人，采用游戏的形式。特别是可视化思维的过程，能够提供给其他学生参考借鉴的意义和价值。本组成员教师通过对比近几年初一、初二期末区统测的成绩得出结论：使用信息技术后成绩有大幅度提升。初三年级历史学科中考的满分率高于往届，更是印证了本课题研究的价值。

以上是本组对本课题的研究结论。虽然课题已经结题，但通过本课题研究，本组成员认识到了信息技术的重要性，将会持续使用并学习新的信息技术，不断提升信息素养，更好地去适应教育信息化的要求。

应用多种信息技术提升历史复习课效率的实践研究

“双减”政策背景下，如何提高课堂效率，我想这是每位教师思考的核心问题。我们组为此开展了微课题“应用多种信息技术提升历史复习课效率的实践研究”。在微课题引领下，我们组几位教师依据教学内容采用了多种信息技术助力课堂，不仅提高了课堂效率，激发了学生参与课堂教学的积极性，还使学生更加喜欢上历史课了。在欣喜取得了如此好的教学效果的同时，我们组教师对开展的研究做了如下反思。

1. 课题引领，教师重视信息技术对课堂的作用

没有开展微课题之前，参与微课题的教师均采用过信息技术上课，但并未认识到信息技术的重要性。开展微课题后，教师要琢磨为什么用信息技术、在课堂会起到怎样的作用、能否提升课堂效率？在课题研究的引领下，教师们开始思考信息技术对于课堂教学的重要性。

2. 依据课堂内容，可以采用不同的信息技术

信息技术多种多样，选取哪种信息技术取决于教学内容的设计，有的知识点复习难度不大，可以采用希沃白板中“课堂活动”功能，在教学过程中增设多个小游戏，如“趣味运动会”“连连看”“趣味分类”等。这些小游戏可随时检测学生对已学知识的掌握情况。遇到需要提取材料的试题，可以采

用 ClassIn+iPad 对大段材料进行勾画。这样可以迅速锁定答题的采分点，运用信息技术使学生记忆更为深刻、做题速度更加高效。

3. 认识到信息技术与学科融合至关重要

利用互联网、大数据、人工智能等新技术，开展信息技术与学科融合实践探索，着力培养具有现代信息理念、素养和应用能力的教师队伍，是未来社会对教师的必然要求。教师在自己的学科中应用信息技术，也培养了学生课内外一体化的信息技术知识、技能应用能力以及信息意识，更是未来社会对人才需求的必要条件。

4. 信息技术可以活跃课堂氛围，提高课堂效率

本组开展课题研究后，通过问卷调查了解学生对使用信息技术教学的感受。结果学生普遍喜欢应用信息技术的课堂，理由就是上课更有趣，想分散注意力都难。

以上就是我们历史组对开展微课题的反思。微课题虽然结束了，但本组参与的老师们觉得受益匪浅，我们组会继续开展微课题研究，助力历史课堂的教学。

绘图在区域地理学习中的应用研究

田淑菊

一、研究背景

区域发展是高中地理学习的重点，也是学生学习的难点，由于综合性较强，学生需要充分掌握某区域的自然地理环境特征，再结合地理要素的整体性和关联性才能有效解决问题。

区域地理学习要从空间和时间两个维度入手。我们的学生空间感知薄弱，基础知识不扎实，这就导致学生学习区域地理非常困难。如何在有限的时间内为学生搭建知识的“地基”就成了解决问题的关键。

传统的看图、读图分析的方法虽然也能帮助学生掌握区域地理知识，但是并不能充分发挥学生的主观能动性。苏霍姆林斯基说：“让学生体验到一种自己在亲身参与掌握知识的情感，乃是唤起青少年特有的对知识的兴趣的重要条件。”因此，我将观看涉及典型区域地理特色的《航拍中国》作为重要的暑期作业，并要求学生用文字记录重要信息。但是在实际教学中发现，学生在观看过程中大多只进行了文字记录，空间概念薄弱，无法将区域与空间进行关联，也无法将自然地理环境与社会地理环境进行较好的关联，从而导致对区域的整体性把握不足。

绘图可以将地理学的文字转化为图形、图例表现在图上，能加深学生对地理基础知识的理解，提高学生读图能力，是对地理知识加深记忆、培养学生空间感知的重要途径，也是最高效的地理学习手段。

二、研究对象

本次调查是针对我校普高二四个班级进行的，共收集有效数据60份。四个班级在本学期教学内容一致，两位教师共同备课，在主要教学环节都要求学生手绘区域地图，标注关键信息，以图文结合的形式学习中国几大区域——西北地区、东北地区、华北地区、华东地区、华中地区、华南地区和西南地区。

三、研究目标

应用绘图于区域地理学习中，帮助学生建立区域空间与地理环境之间的联系，提升学生学习区域地理的效率。

四、研究实施过程

（一）教学过程

组织学生边看《航拍中国——宁夏回族自治区》边画图，将地理位置、重要地形区及河流绘在图中（见图1）。观看纪录片时，要求学生跟着航拍路

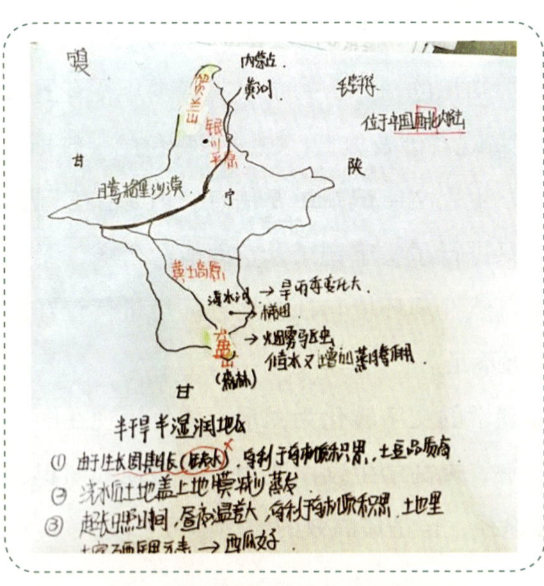

图1　宁夏回族自治区地理环境

径记录宁夏回族自治区的区域内部差异；对所记录的地理信息进行整合分析，形成对区域宁夏的初步认知；分析自然地理各要素之间的相互影响、相互作用关系，明确区域发展的条件。

（二）课后问卷调查结果及分析

1. 调查问卷主要内容

具体见表 1。

表 1　调查问卷

主要问题	选项
1. 您的地理老师是否利用绘图教学？	非常愿意 愿意 一般 不愿意
2. 地理老师绘图教学的频率如何？	
3. 地理老师是否要求学生绘图？	
4. 在 40 分钟的课堂中穿插绘图环节，你认为是否浪费时间？	
5. 本学期我们观看了《航拍中国》，在观看过程中老师是否要求在省空白图中绘出基本信息？	
6. 在阅读本问卷时，你头脑中是否能够再现《宁夏回族自治区概况图》？	
7. 相比于只看过《航拍中国》纪录片、但没有实践绘图的区域，实践绘图的区域更加清晰。	
8. 您认为绘图学习区别于其他学习方式的优势是（多选）？	
9. 您是否愿意通过绘图学习地理？	
10. 对于绘图学习地理，您还有哪些意见或者建议？	

2. 调查问卷分析

在本次问卷调查中，学生都注意到地理课堂中教师在利用绘图教学，且绘图频率很高，70% 的同学注意到老师每节课都在绘图，30% 的同学填写老师偶尔绘图，这 30% 的学生上课听讲效果欠佳。数据显示，在教师明确要求学生绘图的情况下，仍有 3.33% 的同学认为老师是没有要求绘图的。为了更加准确了解学生情况，我们通过检查笔记，发现该部分同学没有按照要求绘制地理图像。还有部分同学由于对地理图像的认知有误，认为只有绘出展示区域地理事物空间位置的图像才是地图，忽略了地理关联图、等值线图、地理统计图表等图像。

为了解学生对于绘图的认可态度，我们设置了相关问题。如第 4 题的回答中，93.33% 的同学选择了“否”；第 9 题 43.33% 的同学表示非常愿意，48.33% 同学明确表示愿意，只有 5% 的同学态度不明确，没有表示“不愿意”的同学。从这个数据中我们可以发现，学生们对于“绘图”是非常认可的，为何会认可？在后面的调查中也找到了原因。

我们以观看《航拍中国——宁夏回族自治区》为例，调查学生的掌握情况。所有同学都表示地理老师要求学生边看纪录片边绘图；而在本调查进行时，虽然距该区域学习已长达两个月，仍有高达 95% 的同学在头脑中能够大致再现或清晰再现宁夏回族自治区的相关地理信息；90% 的同学认为相比于没有绘图的区域，绘图区域掌握得更好。在接下来的调查中，学生们给出了绘图学习区别于其他学习方式的优势，如图 2 所示。

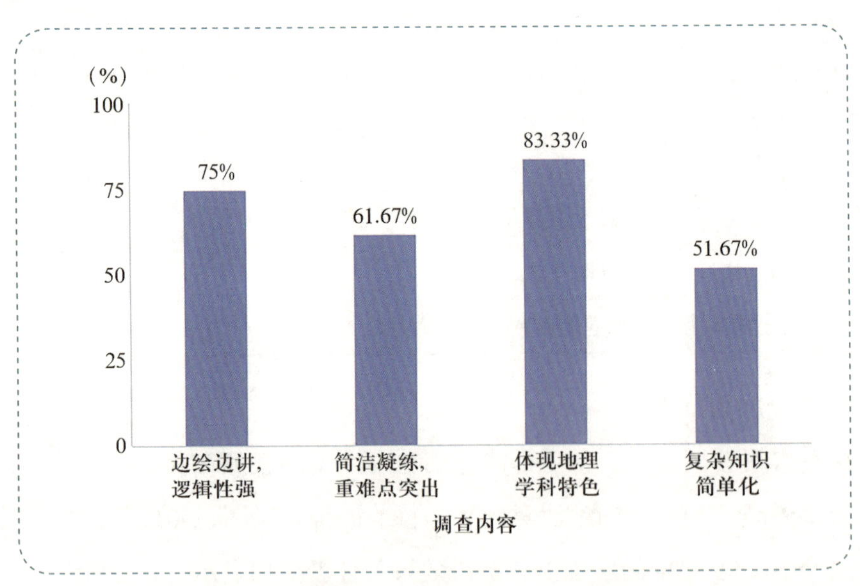

图 2　绘图学习区别于其他学习方式的优势

在调查问卷的最后，我想更多了解学生对于地理绘图的想法。以下三位同学的观点引起了我的注意。其一，学生提到“绘制难度太大，绘图不准确

会产生记忆偏差”；其二，学生提到“自己看（纪录片）的时候找不到重点”；其三，学生建议“要运用色彩来标记，不能只有一种颜色”。学生反映的问题是非常客观的，这也是导致一部分同学不绘图的原因；学生的建议也非常中肯，色彩鲜明更能突出重点。

五、研究效果

从以上的调查结果和分析中我们看到，学生对通过绘图学习地理是非常认可的，并且愿意尝试绘图；绝大多数学生认为绘图有助于区域地理的学习与掌握。绘图是学习区域地理的有效手段，相比于文字记录更有助于学生形成空间认知。然而教师也应该注意到，组织学生绘图应该有所取舍，宜绘则绘，有效则绘，不能为绘而绘。要准确评估学生的各项能力，对于难度较大且非常重要的图像，教师可以带领学生边绘边讲，给予有效的指导。对于观看纪录片类绘图，教师最好突出要求，保证学生明确绘图内容。

地图是学习地理的重要工具。边绘边讲的教学形式，逻辑性强，简洁凝练，恰当运用色彩绘图将复杂的知识简单化，重难点跃然于图上，是学生高效学习地理的重要手段。在今后的地理教学中，希望教师们能够锤炼自己的绘图基本功，提升课堂效率。

地理学科素养强调要提升学生地理学科方面的品格和关键能力，要关注满足学生现在及其未来学习、工作、生活的需求。所以我认为，对于区域地理的学习应该遵循人类认识世界的规律，通过绘图过程体会地理学科的严谨性，通过对区域内部差异的观察认识自然地理环境对于人类生产生活产生深远的影响，通过区域发展的成功案例认识“因地制宜”的重要性。

浅忆地理绘图教学研究

从 2021 年 9 月到 2023 年 6 月，我一直坚持在地理课堂中指导学生尝试通过绘图学习地理。从高二到高三毕业，这届学生的笔记大部分是以图像的形式进行记录。从自然地理到人文地理，从现象到原因的分析，都在尽量通过绘图去完成。经过两年的锻炼，学生从不会画、不敢画到愿意画，愿意深入思考并按自己的想法去合理绘制图像，这个进步是非常大的。他们自己也发现，通过绘制地理图像得出来的结论更加清晰明确，最重要的是能够从本质上去理解地理原理，因此越是地理学习好的同学越愿意去绘图。地图是学习地理的重要工具，是非常具有地理特色的事物。地理实践能力在高考试卷上的体现之一就是绘图，足以见得绘图的重要性。但是绘图不是随便一画，必须要准确、科学。对于学生的绘图作业，老师一定要严格检查，对于有问题的地方必须纠正，保证学生留在笔记本上的图像及其记录是正确的，即使是抄绘教师的板图也必须认真检查，保证不出错误。图 3、图 4 为学生绘图笔记。

本次微课题的研究，让我对用绘图教学更加坚定，这个过程也是对我自己的考验。每一幅板图都需要提前拟稿，要根据具体的知识内容设计绘图形式，有些具有因果关系的图要具有推导过程，给学生留下思考空间；有些分析原因的图则需要在绘图过程中进行留白，让学生去完善；还有些图可以多

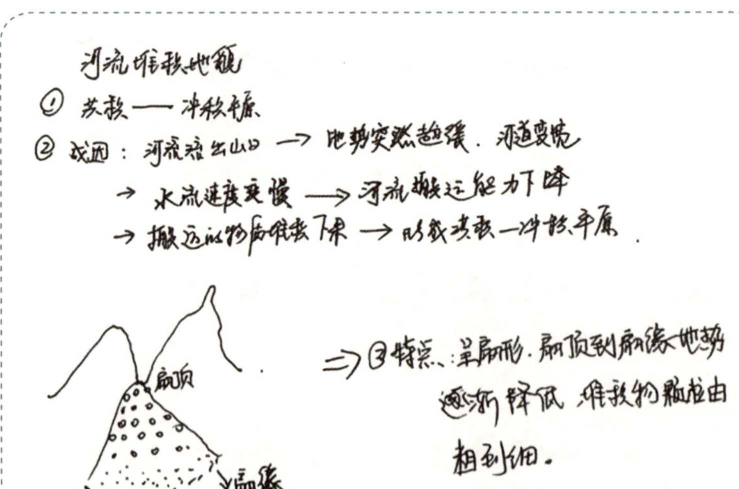

图 3　绘图笔记（作者—郝韵晴）

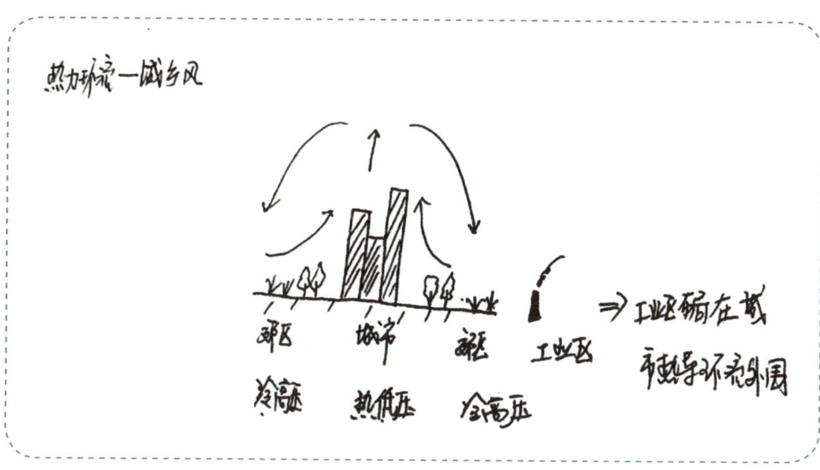

图 4　绘图笔记（作者—荣子萱）

种形式呈现。绘制每一幅图的过程本身其实就是一节微课，是在有限的时间内完成一个地理事件的完整过程，让每节课有合理的知识容量，让学生高效接收信息。

接下来的地理教学，我会继续坚持绘图教学，也会不断思考、完善绘图在教学中的合理应用。

真实情境下交互技术在初中地理线上教学中的应用研究
——以《水润北京城》为例

李晓越

一、研究背景

随着科技尤其是信息技术的发展，科技助力教育已经成了一种趋势，在其中摸索能够应用于地理教学的手段并进行实践具有一定的必要性。在移动端应用广泛的当下，线上课堂得到了推广，但网络媒介的局限性使线上课堂存在交互性较差的问题。本节课以学生的家乡北京为研究对象，探究“水”与“北京城”的关系，以 ClassIn 为辅助，使交互技术与课堂环节相融合，以探究交互技术在线上课堂中的有效实现方法。同时，在教学环节的设计上，利用学生生活中的素材，在真实的地理情景下开展教学，贯彻新课标对核心素养培养的要求，与交互技术相辅相成。真实情境给学生创设了真实有趣的学习环境，交互技术与真实情景下开展教学活动相契合，达成“1+1>2”的效果。

二、研究目标

本节课授课内容为中图版（北京）七年级下册第八章第一节北方地区“首都北京”部分。《义务教育地理课程标准（2022 年版）》中相关课标为：

“运用地图和相关资料，说明北京的自然地理特点，历史文化传统和城市建设成就，认识首都职能。同时，北京作为学生的家乡，也可以共同承载学生认识家乡的学习任务。”

本节课以“润”为核心，以“北京的水”为研究对象，按照“觅水”“改造水”“利用水”的脉络来认识家乡北京。授课过程需要学生进行学案成果展示、实时讨论与小组成果汇报，因此对课堂的交互性具有较高的要求。本节课以期通过教学环节的实践，探究以下问题：第一，如何实现师生的有效问答；第二，如何实现学生间的讨论以及成果的记录与展示；第三，教师如何对学生进行及时有效的评价与指导；第四，如何将教学过程进行留痕与成果的整理。通过本节课堂教学，探究线上增强课堂交互性的有效方法。

三、研究实施过程

本节课以家乡北京为研究区域，既属于“认识分区”又属于“认识家乡”部分。首先，以“北京的水”为研究对象，通过“觅水”活动展示学生拍摄的河流照片以认识北京的河流，同时以河流入手引导学生分析北京的地形特征，展示自然地理要素之间的相互联系，体悟家乡地理环境之美。同时以北京水之“美”与“难寻”引出本节课解决的核心问题：水资源匮乏。其次，从北京城址变迁的角度以及元代郭守敬对于河流改造的故事，探寻北京发展进程中人与水的相互作用，在历史文化中探寻人与自然的和谐相处之道。最后，从北京的城市职能及城市发展规划的视角出发，借解决水的问题介绍北京城市发展理念以及城市建设成就，培养学生热爱家乡、建设家乡的意识。

以“水”与“城”的矛盾为出发点，组织教学活动，并尝试使用交互技术，提高课堂效率，优化师生体验。

（一）教学准备

布置摄影作业：安排学生完成家乡北京“山”与“水”的照片拍摄，标注具体拍摄的时间、地点；指导学生 ClassIn 软件的安装及使用；学习小组安排与任务指导；学案的撰写；等等。

（二）教学实施

1. 觅水北京湾——何处寻芳踪

以学生拍摄的家乡的“山”和“水”为研究对象，创设真实情境。引导学生观察照片，根据图中“水”的特点推测照片拍摄的地点，以揭秘的形式引导学生探究地形与河流水文特征的联系，体悟北京水的美，了解水是重要的旅游资源（见图 1）。

（本环节交互技术使用：推测拍摄地点需要学生在北京地形图中标注，探究地形与河流的关系需要以框图形式呈现。利用 ClassIn，授权学生，展示学生字迹。）

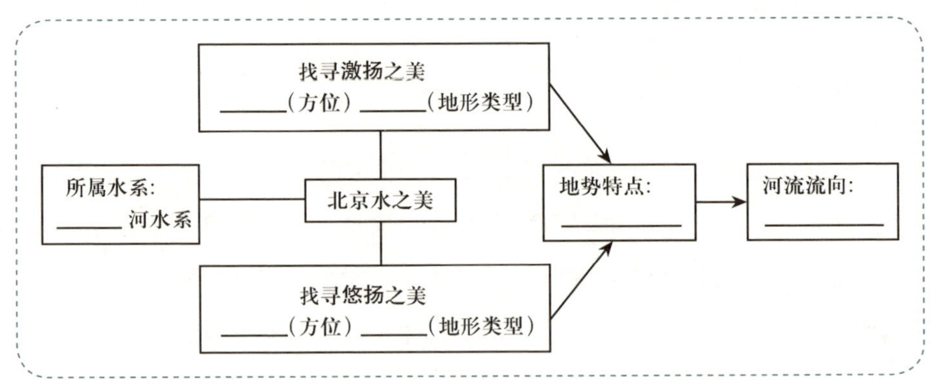

图 1　北京水之美

2. 造水北京城——智慧为水赋能

北京自古以来都受到水资源短缺的影响，指导学生根据气候类型分布图、北京的气候数据、不同时期北京的气候变化等资料，完成框图，探究北京缺水的自然原因（见图 2）。

（本环节交互技术使用：完成框图，教师希望能够实时跟进学生书写情况，及时指导，掌握学生学习水平。利用 ClassIn 小黑板功能，实时查看学生回答情况，并进行评价，可连线学生，实时交互。）

根据不同朝代北京城址的变化，组织学生思考北京建城选址与河流的关系——逐水而居，体会河流对城市聚落发展的作用。以通惠河的改造为例，

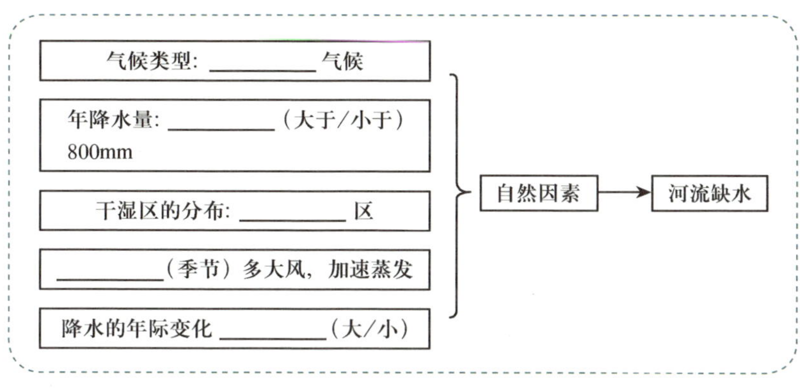

图 2　北京缺水的自然原因

讲述郭守敬改造河道造福北京城的故事，体会人类智慧在城市发展中的作用，培养学生的家乡和民族自豪感。

（本环节交互技术使用：对比不同时期北京城址变迁，需要学生进行勾画与说明，利用 ClassIn 授权功能，进行师生互动。）

3. 首善北京——探寻城与水的永生

头脑风暴，学生小组讨论：古人有他们的智慧，在科技不断发展的今天，那我们想要打造首善北京，该如何做才能让城市和水永续发展下去呢？

（本环节交互技术使用：提前安排好组长，使用 ClassIn 分组功能，统筹安排小组的讨论任务。教师进入各个小组进行指导，并收集各小组讨论成果，全班进行展示。同时，教师可将其他班级的讨论成果进行展示，实现了班级与班级之间的交互。）

提供《北京市供水量与供水结构统计图》《北京市年用水量及城镇化率变化情况图》，了解北京的供水来源及南水北调的重大成就，了解北京水资源的用途，明确北京的城市职能。

（本环节交互技术使用：授权，学生勾画说明，展示思路。）

（三）教学总结

（1）本节课贯彻以学生为中心的理念，从前期教学素材的收集到问题的探究都由学生通过外出实践与课堂讨论完成，使学生在真实的地理情境下通过协作、讨论与交流完成学习任务，既完成了基本知识的落实，又培养了学生的综合思维以及地理实践力。

（2）本节课研究对象为古城北京的水，在课堂设计中增设了古代水利工程等相关内容，是地理与历史学科融合的一次尝试（见图 3）。

（3）在课程实施过程中，本节课将 ClassIn 作为信息技术的媒介，将学生活动与媒体软件的使用有机结合，实现了线上课堂的师生交互。

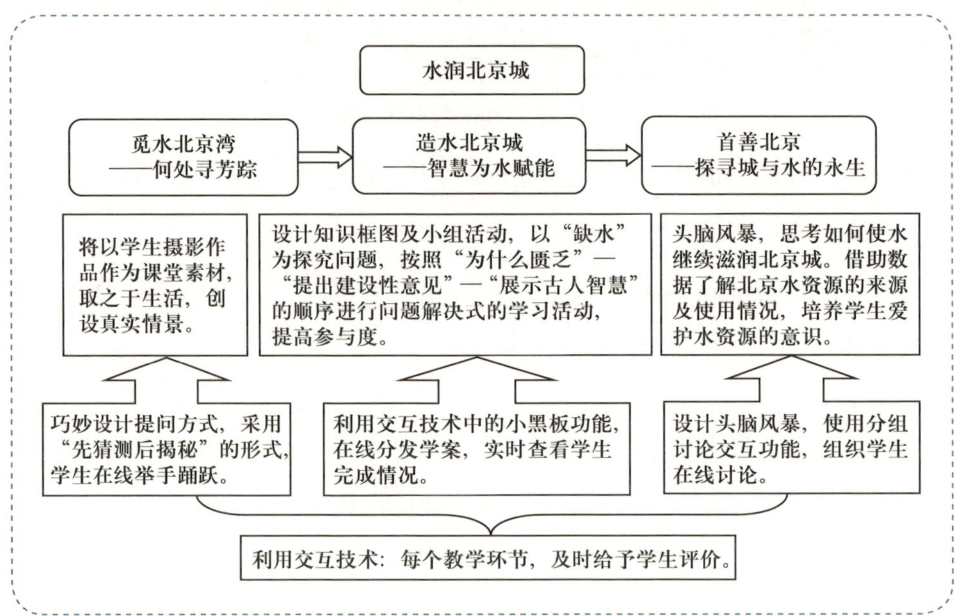

图 3 “水润北京城”思维导图

四、研究效果

（一）教学设计创设真实情境

1. 素材来源于生活

选择贴近学生生活的素材应用于课堂，尤其是学生自己收集的素材。在强调作业设计的当下，将学生课下完成的作业与课堂教学相结合，可以充分利用学生实践所得的资源，通过课堂环节的设置进行师生之间互动，把素材进行打磨，使其迸发光彩。本节课由学生提交的北京河流的照片引入，再用学生拍摄的登山照进行知识的相互印证，贯穿课堂始终，通过选择贴近学

生生活的素材创设真实情境，同时也达到了课标对地理实践力的要求。

2. 环节设计符合认知规律

学生的认知具有阶段性和规律性，一般都是按照感知、理解、融会贯通的顺序进行认知，通过教学环节的设计，层层推进，使学生能够由一条“线”所引导，自主地跟进课堂学习。本节课首先以“觅水”开篇，直观且趣味性强，以视觉刺激感知，然后以时间为脉络，探究“历史的城”“现代的城”“未来的城”水与城市发展的关系，探究水资源的合理利用和城市的可持续发展。同时，把学生当成参与者带动其穿梭在过去与现在，提高其参与度。

3. 问题解决式学习

抓住学生注意力的一个有效方法就是引导其发现问题与矛盾，使其绞尽脑汁地想弄清楚事情的来龙去脉，激发学生的探究精神。本节课以“水”为探究对象，以“水资源与城市发展”为“主要矛盾”，不同环节抛出“次要矛盾”：古代城市的水源如何解决？粮食问题如何解决？改造河流如何解决？然后通过环节设计，一个个进行突破。按照“是什么”—“有什么问题”—“如何解决”的思路推进课堂进程，最终将水与城市的“主要矛盾”进行解决，培养了学生的综合思维能力。

（二）交互技术加持线上课堂

真实情境的创设不止体现在教学环节的设计，同时在线上构建线下的课堂实感也是创设真实情境的一部分。

1. 实时评价

交互其中一个比较重要的作用就是实时评价，线下的实时交互很方便，但是线上的交互往往不够充分。对主动回答问题和有思路亮点的同学给予奖励，在学生完成学案的过程中实时查阅完成进度，对高效且高质量完成的同学给予奖励，小组讨论中给予成员奖励都是实时评价的重要环节。

2. 学生思路的实时展示

教学过程中给学生提供了地图及文字资料，需要学生通过阅读提取关键信息，总结相关规律，线下教学能够通过指示和标记引导学生，线上课这个环节同样需要。因此，利用软件功能授权学生，将其分析问题的思路、用到的数据及地图信息进行标记，展示其思考过程。

3. 高效收集学生知识掌握情况

通过ClassIn的小黑板功能分发学习资源，让学生定时完成，同时及时收集反馈信息。这样不仅能快速收集学生的成果，还能即时查看学生的完成进度，挑选完成较好或者有典型问题的作业进行展示。与线下课堂一个个去核对不同，教师一人能够快速浏览所有学生的学案，效率翻倍。

4. 利用分组讨论模拟真实课堂

在进行“头脑风暴”过程中，设计分组讨论，模拟真实课堂。讨论阶段教师可进入各个小组进行指导，同时将学生们小组讨论的结果进行集中展示和点评，相比每个小组轮流发表看法节省了时间；也可以在课程中增加其他班级讨论的成果，直接进行对比教学，使学生之间的交互跨班级开展。

在真实情境下进行教学环节设计并使之贯穿课堂，使教学内容与学生的生活实际相结合，体现了学生的主体性；同时也能够创设思维情境，培养学生的思辨性，是以人为本的教学；也便于培养学生的学科实践力，提高教学内容的实用性，使学生在探究中学习，又能够应用于生活，贯彻了新课标对学科核心素养及实践力的要求。交互技术加强了师生和生生之间的即时交互，体现了课标中信息技术的应用，在增加课堂趣味性的同时，提高了课堂效率，助力线上课堂的推进。

与时俱进　不断探索

为满足学生发展的需要，适应新时代背景下对于教师角色的要求，探索科技手段与课堂教学的融合是一种趋势。不管是交互技术的使用，还是其他教学活动的突破尝试，都是教学手段的创新，目的都是服务于“人的培养”。作为一线教师，我们需要将点滴想法与课堂教学相结合，探究新技术的实践

方式，将理论与想法落地生根。

落地生根需要细致的实施方案，需要根据不同学科核心素养的要求和有效组织。在本节课的设计过程中，我首先从地理核心素养的角度出发，按照时间脉络“历史的城”—“现在的城”—“未来的城”，以“家乡的水”为研究对象进行学生学习活动的设计。之后，将交互技术与活动相结合，并且思考将活动和交互技术不断细化的方法及实施节点。地理学科注重地球仪和地图的使用以及学生地理思维和表达能力的培养，因此，如何在交互中运用地理工具，如何展示学生的思维和表达，是本节课的重中之重。

未来的路很长，教师也应当与时俱进，不断探索新的教学方式，致力于全面发展的学生的培养。

“将纪录片整合成教学资源运用于地理教学”的研究

张　桦

一、研究背景

从英国BBC多年前的《艾登堡：自然探索60年》到近期的《地球脉动》，还有家喻户晓的中国纪录片《舌尖上的中国》和《航拍中国》。这些纪录片涵盖了自然地理、人文历史的方方面面。如果教师利用好这些视频，会使地理课上的案例更为真实，学生更有感触，更容易引起共鸣，提高学生学习的兴趣，促进课堂效果的提升。但如何使用这些视频材料、怎样与教学内容整合、在使用过程中应注意哪些问题、把握什么原则还没有在实践中总结出来。

二、研究对象

高二选课地理（1）（2）班。

三、研究方法

研究课和问卷调查。

四、研究实施过程

（一）课前准备

以纪录片《航拍中国》为例，将视频里的内容与高二第二学期《中国地理》和《区域发展》教学内容相结合，研究如何将纪录片内容整合成教学资源运用于地理教学的方式、方法。具体内容是：

（1）确定纪录片中哪些内容可以与本学期教学内容进行整合。

（2）确定整合的方式、方法（分散利用还是集中利用，作为课堂引入还是作为真实情景的案例深入研究等）。

（3）通过调查问卷，了解课堂教学内容整合后的效果。

（4）研究将纪录片与教学内容整合时应注意哪些问题、把握哪些原则。

（二）导入环节

开门见山，播放《航拍中国》的有关内容，形象生动。

（三）案例整合环节

以《航拍中国》视频中真实情景为案例，运用解说词，将其转换为能够说明案例的文字资料，教师设计问题链，引导学生分析资料，剖例取理，落实教材内容（见图 1、图 2）。

（四）课堂练习巩固环节

找到对应的练习题，让学生复看回顾《航拍中国》中的视频，加深对视

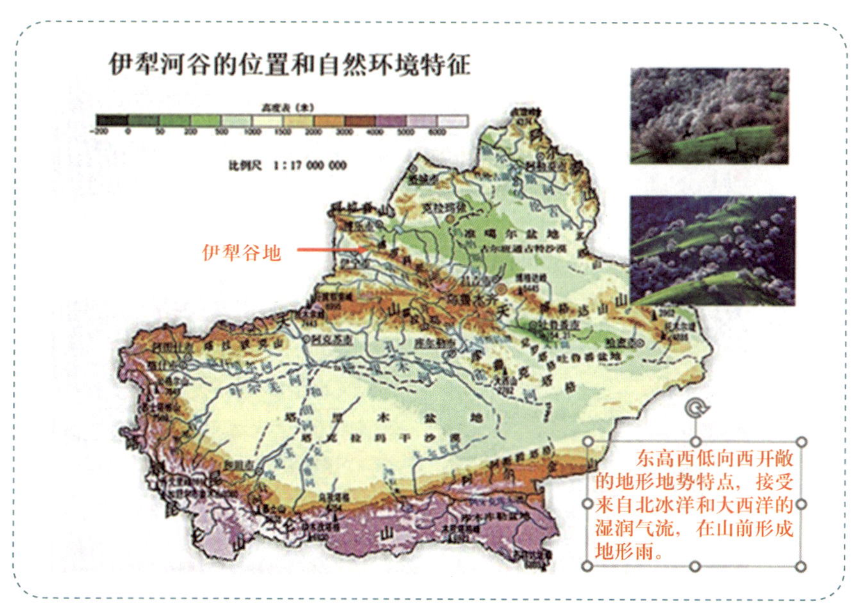

图 1　伊犁河谷的位置和自然环境特征

图 2 吐鲁番葡萄沟的自然环境

频中内容的理解，加深对知识点的认识（见图 3、图 4）。

（五）问卷调查与分析

问卷第 1 题分析（见图 5）：

将《航拍中国》运用到教学环节里面的方式主要有：课堂导入、案例（或举例）以及设计练习（落实知识点）这三个方面。在目前的教学中案例

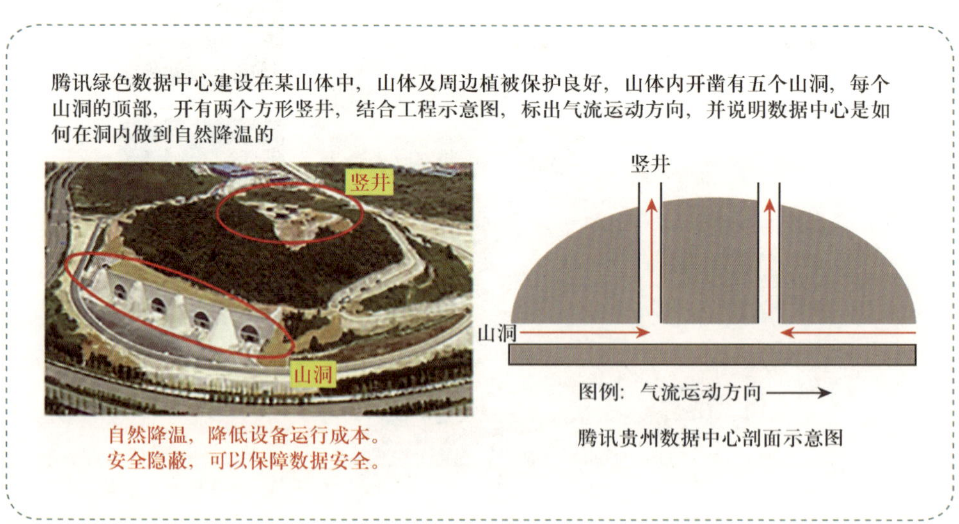

图 3 腾讯绿色数据中心

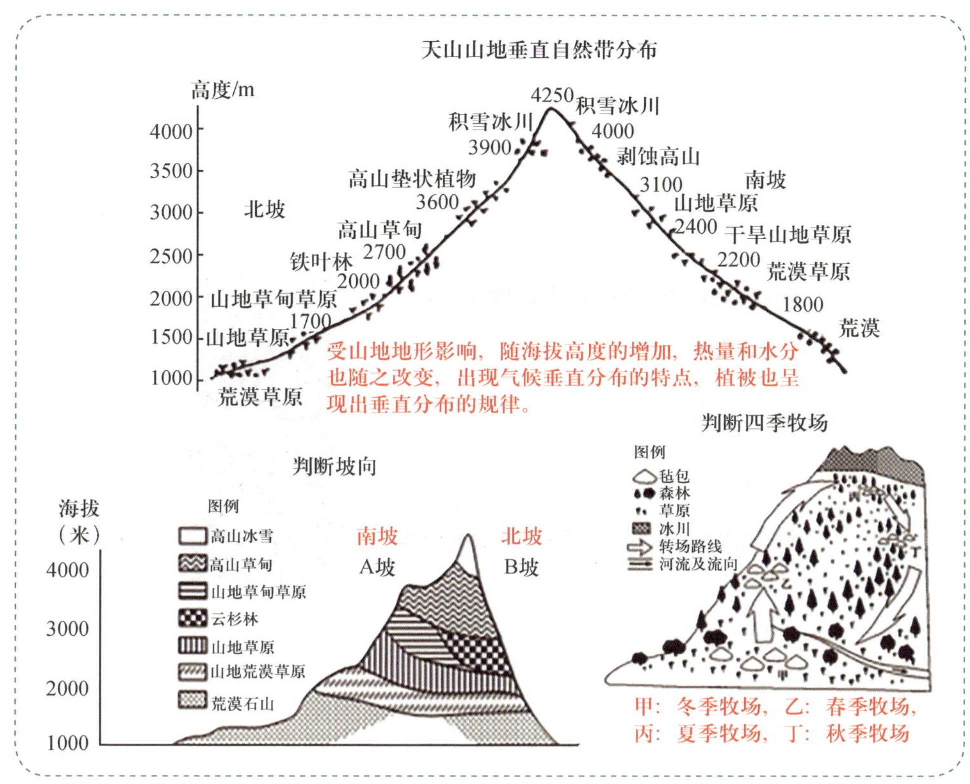

图 4　天山山地物场垂直及四季植被分布图

（或举例）的形式占比最高，主要是在新授课中运用，目的是“以例取理”，讲清楚重点知识。进入高三阶段，可以将《航拍中国》的很多实例设计成练习，加强知识点的落实和巩固，加深印象，提高复习效率。

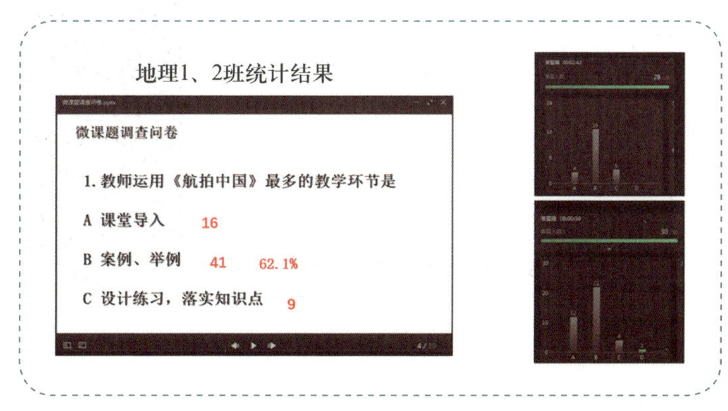

图 5　问卷第 1 题及统计结果

问卷第 2 题分析（见图 6）：

按老师的要求在寒假期间已经观看了《航拍中国》第一季，所以学生认为老师对《航拍中国》里的素材是进行了比较细致的加工的，学习中认为印象较深的比重较高，达 70.7%。

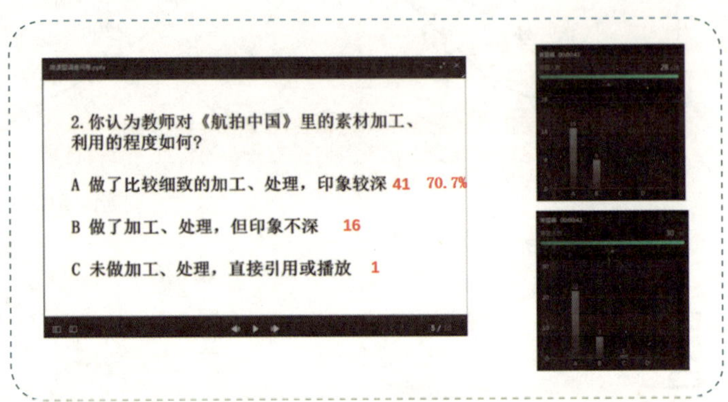

图 6 问卷第 2 题及统计结果

问卷第 3 题分析（见图 7）：

认为教师将航拍中国运用到教学中的有效性（或者是对地理学习有无帮助）这个问题中，选择很有效（或有帮助）的占到了 60.3%，选择有帮助（但效果不明显）的占到 36.2%。分析原因可能是视频素材和教材内容的结合还不是非常紧密，另外缺少对比班实验，数据亦存在着主观性。

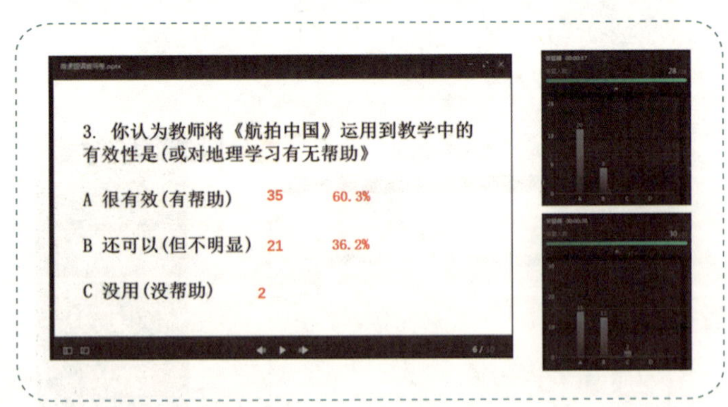

图 7 问卷第 3 题及统计结果

问卷第 4 题分析（见图 8）：

选择课前观看《航拍中国》对课堂听讲效果好的同学是 36 位，占比 63.1%，这个比重并不是特别高。分析其原因，可能是老师在让学生观看《航拍中国》之前，没有给学生布置相应的思考题，所以学生观看《航拍中国》时目的性不强，没有把《航拍中国》里面的内容与课上要讲的知识结合起来去观看，从而导致听课效果一般。

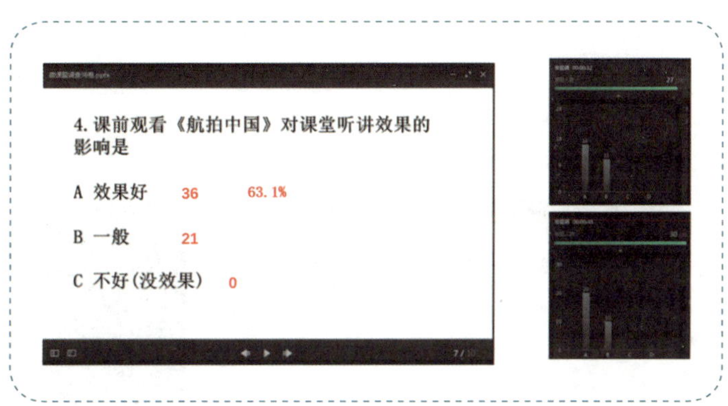

图 8　问卷第 4 题及统计结果

问卷第 5 题分析（见图 9）：

选择复看《航拍中国》的同学有 27 位，占比 47.3%，这个比重不高。分析其原因，可能是老师对《航拍中国》里面的素材运用得不够深入。如果将视频里的一个素材（地理现象或真实情景）由课堂导入，到案例分析，到归纳总结，最后用模拟题或高考真题验证素材的价值，那么学生的重视程度就会增强，主动学习的意识也可能会提高。

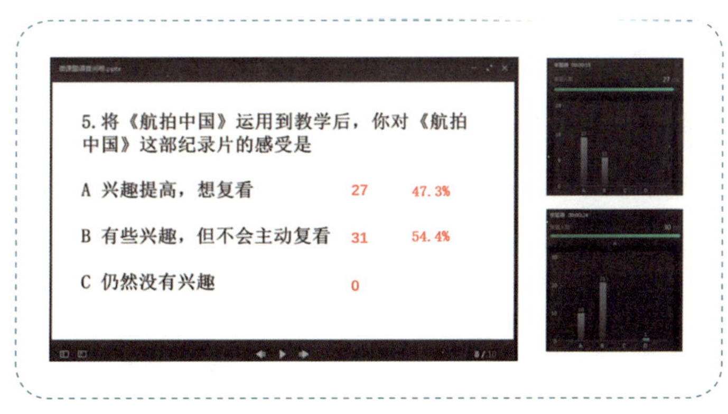

图 9　问卷第 5 题及统计结果

问卷第 6 题分析（见图 10）：

与第 5 题一样，因为学生对《航拍中国》这部纪录片的价值认识不深，所以对后期要求看的其他记录片兴趣不高，主动性不强，因此需要教师对素材做更精细的处理，落实知识点，突出素材的实用性。通过观看纪录片，培养学生用地理的视角观察、解释身边的地理事物和现象，甚至能用所学过的地理知识解决生活实际问题，提高地理综合思维能力和地理实践力（即地理学科素养）。

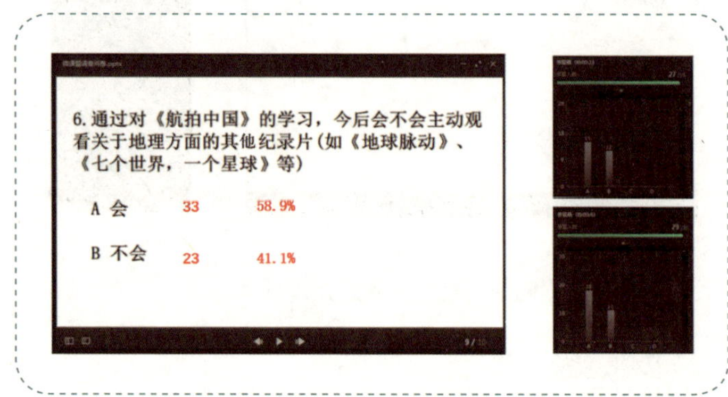

图 10 问卷第 6 题及统计结果

教学中渗透对学科的热爱

第一次自己独立进行微课题研究，从微课题的选题、研究过程的角度来谈谈这次教学研究的体会。

首先是选题。很早之前，我就对地理专业知识有关的纪录片比较感兴趣。纪录片的制作都有较强的专业团队进行指导，所以专业性强、可信度高，适于加工后运用到课堂当中；纪录片内容真实立体、信息量大，尤其是对某些地理事物的形成能做动态的过程演示，对教学难点的突破帮助很大；教材中的案例一般都是文字 + 图片来呈现，从“学习金字塔”看，视频的效果高于教材的文字和图片，而纪录片恰恰具有这个优势。

其次是教学研究过程。新课标要求是以案例的形式来完成教学过程。如果教材中的案例与学生生活实际相去甚远或者作为教师的我们对案例的了解也不够充分时，课堂效果会大打折扣，而关于某一专题内容的多集纪录片就比较容易解决这类问题（比如纪录片《铁色记忆》中，对首钢选址、搬迁、新址建设、旧址利用等方面的详细描述和阐释就能够帮助教师很好地完成人教版高中地理必修2《工业区位因素及其变化》这一节的教学任务）。尤其纪录片涉及本地学生熟悉的内容时，更能受到学生的喜爱和认可，课堂参与度高，课堂效果好。除此案例之外教师还可以利用纪录片的不同特性，应用于教学不同环节中，如课堂导入、课堂小结、课后练习等。

最后是教学研究中对于材料的进一步加工。纪录片虽好，但一定要进行加工，结合教材内容，以实现教学目的为目标，而不是仅仅吸引眼球，可有可无或者只做锦上添花之用。如《航拍中国》每一集可以形成一个系列，加深学生对区域整体性的认识；集与集之间加强横向对比，让学生对区域差异性进行充分理解，从而达到渗透地理核心素养的目的。如何利用好纪录片还需要踏踏实实研究、认认真真实践。一分耕耘一分收获，创新能够带来一种更高级的享受。

我在教学研究中渗透了对学科的热爱，体会到师生互动的自然，具有创新的教学实践让我和学生相互成就、身心愉悦。

中学生物线上教学质量研究

费红红

一、研究背景

生物是一门实验学科，随着课程的改革，《义务教育生物学课程标准（2022年版）》与2011版相比发生了很大的改变，明确指出生物学课程应注重实验探究和实践。课程理念从原来的面向全体学生转变为以核心素养为宗旨，增加了跨学科实践的要求，明确要求学生能够综合运用数学、物理等学科知识去分析和解决真实情境中的生物问题。教学评价方面也细化了评价内容，从课堂评价、作业评价、跨学科实践活动评价等方面做了要求，更加注重将问题融入真实情境，贴近学生生活。随着生物学新课程标准的出台，生物教师在教学策略、情境素材以及教学过程中学习活动设置等方面面临着很大的挑战。

由于在线教学使得教师和学生在不同的空间通过网络媒介开展教学活动，很多生物实践类和探究类的实验无法开展。传统的线上教学很难渗透新课程标准要求的生命观念、科学思维、探究实践以及态度责任四个方面的核心素养。教师往往以讲解为主，学生不能和教师进行深入的交互，更多的是被动地跟随教师学习，以学生为主体地位的教学理念被打破，这样不利于培养学生在生物课堂中的高阶思维能力，也不利于教师有效地管理课堂。教师需要转变观念，提高教学能力和课堂魅力，不断学习，改善自身的知识结构，采取丰富多样的课堂活动，将学生的注意力牢牢吸引在课堂上，真正提高课堂管理的实际效果。为了进一步加强线上教学质量，增强教师对线上教学的课堂管理能力，让学生真正成为课堂的主人，结合新课程标准的要求开展了本课题。

二、研究对象

八年级全体学生。

三、研究目标

有效提升初中生物实验课课堂学习效率。

四、研究方法

主要涉及经验总结法、观察法、实验研究法、研究课等。

五、研究实施过程及效果

本课题结合生物学科本身的特点以及新课程标准的要求，借助 ClassIn 平台的功能在课前准备、课堂活动以及课后作业设计等方面探索了线上生物教学的有效策略。这些新策略都是以学生为主体的教学理念为出发点，通过一系列教学活动了解学情，创设真实情境，引导学生自主参与课堂，通过多种方式促进师生和生生互动，充分调动学生学习的积极性。与此同时，结合线上教学的特征，加强学科之间的联系，注重激发学习兴趣、注重培养学生实践和探究能力（见图 1）。

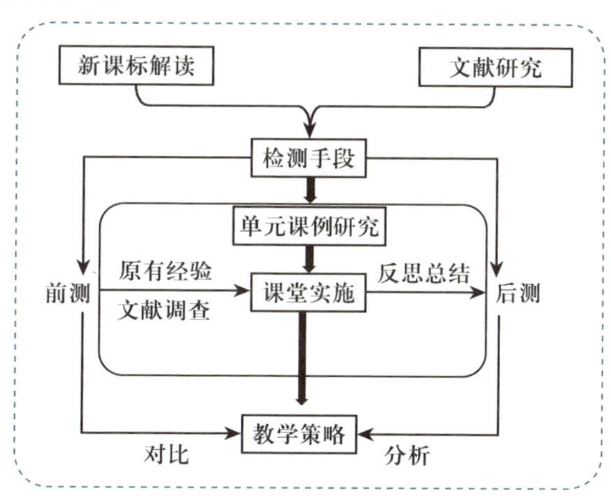

图 1　课堂教学设计

（一）课前设置问卷调查，了解学生学情

由于线上教学的局限性，教师和学生面对面沟通受到限制。因此，如何高效地了解学生的基础知识储备情况和对新课的需求从而达到教学目的和教学效果呢？基于此，根据教学主题本身的特征在课前通过线上问卷的形式调查学情。例如，在讲到第四章第四节《输血与血型》的时候，考虑到本节课与学生的健康生活密切相关，学生学习的兴趣会非常浓厚。因此，在课前通过问卷星形式调查八年级全体学生对血型和无偿献血等相关知识的了解情况。以其中一个班级的调查结果为例，发现 83.3% 的学生知道自己的血型，97.6% 的学生听说过无偿献血，但是只有 23.3% 的同学了解无偿献血的规则。调查结果发现，很多学生关注血型的遗传规律。根据学生们的课前反馈，可以明确学生的薄弱环节是不清楚无偿献血的规则。了解学生的学习需求后，教师可以根据学情编写学案，开展课堂活动以及课后反馈，引导学生主动参与教学过程（见图 2）。

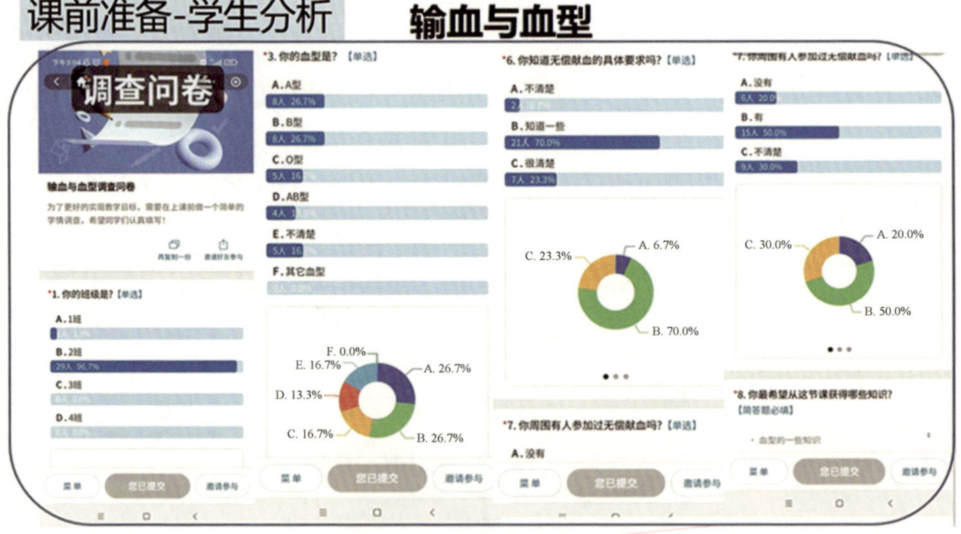

图 2　课前学情调查问卷

（二）开设线上课前自主学习教室，激发学习兴趣

利用 ClassIn 在线教学平台创建课前自主学习教室，师生共同在一个虚拟

教室各自打开摄像头，有需要探讨问题的学生可以通过在线举手功能，打开麦克风通过声音和教师或同学进行交流。教师也可以通过声音和学生互动，或者可以通过云端储存的备课资料直接分享，也可以在ClassIn黑板上以板书的形式及时反馈问题，同时教师也可以授权给学生权限，师生共同在同一个界面互动。这样可以提前解决一些学有余力学生的疑问，并根据学生的问题及时调整教学计划和策略。考虑到初中孩子的年龄和心理特点，他们往往希望自己的问题能及早被教师关注，通过课前自主教室的建立，可以进一步激发学生学习的积极性。通过启发式、讨论式和探究式的课前教学策略，将中学生物学科的学习和信息技术整合，同时注重有兴趣学生的个性发展，让学生真正成为学习的主人。

（三）创设真实情境，将问题融入其中

传统的生物教学往往注重知识的直接获得，知识获得的过程缺乏真实的情境，因而出现学生死记硬背的现象，学生很难在实践中将已学知识进行迁移。生物学知识与学生的日常生活密切相关，教师应该创设情境，引导学生在真实情境中思考，将问题融入其中。例如，在第四节《输血与血型》课堂活动中设计了三个相互衔接的真实情境，通过设置情境一："小A同学今年14岁，由于发生车祸，家人立即将他送往医院。来到急诊室，医生说需要给孩子输血。小A同学妈妈哭着说直接把我的血输给孩子……"在具体车祸情境中引出输血话题，紧接着引导学生思考："你觉得小A同学妈妈的想法对吗？为什么？"学生们很容易回答"需要鉴定血型"。接下来通过创设承上启下的情境二："医生首先为小A同学做了血型鉴定，发现他的红细胞遇到A、B两种血型的标准血清都发生了凝集反应。按照输血的基本原则，你认为应该给小A同学输入哪种血型的血液？"当学生通过教师讲解的输血原则分析出是AB型血时，进一步设置情境三："医生从血库中找到AB型血液后顺利地输入小A体内。为了积极响应国家号召，小A决定参加无偿献血，如果你是医生，你建议他献血吗？为什么？"进而引出无偿献血的规则。通过创设真实情境，抓住学生的好奇心，调动学生学习的积极性。三个真实情境形成

一个主线，贯穿整个主题，让学生成为主动的学习者和探索者，在问题情境中培养生物科学思维和探索能力（见图 3）。

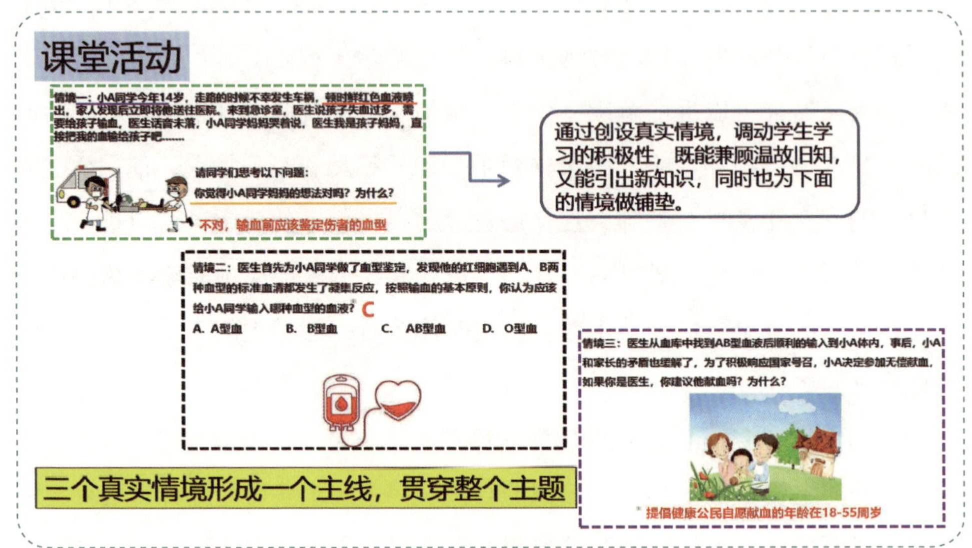

图 3　课堂活动

（四）注重生物探究实验，加强学科间相互联系

生物是一门以观察和实验为基础的学科，很多生命现象只有在实验中才能得到阐释，因此必须把生物实验落实到教学实践中。生物课程中的内容还与物理、化学等其他学科有交叉融合，只有加强跨学科实践活动才能让学生进一步加深对生物学概念的理解，进而用科学的观点和思路探讨现实生活中的问题。疫情期间，由于师生和生生分别都在不同空间，学校的多媒体教室、生物实验室以及图书馆等资源的利用受到限制。因此，如何有效地通过互联网技术建立在线的虚拟生物实验室是线上实验教学的关键。

本课题案例通过 ClassIn 内置的 NOBOOK 虚拟实验室等功能成功地解决了线上生物实验教学的难题。例如，《血流的管道—血管》第一课时中观察小鱼尾鳍内血液的流动时，通过 NOBOOK 里面的虚拟实验室，学生可以按照实验的方法、步骤在虚拟实验台上动手操作，再现真实实验室的过程。当学生们用虚拟显微镜观察到小鱼的毛细血管时非常兴奋，学生既可以直观地观察到毛细血管，又可以观察到红细胞单行通过，达到了实验教学的效果。在讲到第六章人体生命活动的调节《人体对外界环境的感知》时，考虑到八年级学生还没有开始学习物理知识，为了让学生理解视觉形成的原理，通过ClassIn工具箱里面的物理虚拟实验室让学生先理解凸透镜的成像特点和规律。学生可以直接在界面上动手操作，进一步激发学生的学习兴趣，为理解晶状体的功能和视网膜成像的原理奠定基础。通过跨学科的探究，学生还可以利用虚拟实验室的资源在课余时间自主设计实验，进一步培养学生生物思维和探究能力。

（五）激发学生线上学习兴趣，增强课堂师生互动

因为空间的限制，线上教学的弊端之一是教师很难调动学生课堂学习的积极性。尤其是对于一些自制力薄弱的学生，如果没有有效的师生和生生互动活动，教师很难抓住学生课堂学习的注意力。本课题通过充分利用ClassIn平台的多种功能，积极调动学生课堂学习的积极性，达到了较好的课堂互动效果。例如，教师设置问题提问时，学生通过举手功能让教师及时发现，教师可以让学生上台回答问题。如果学生回答正确，教师可以颁发奖杯给予奖励，根据学生获得奖杯的数目表扬积极听课的学生。对于一些有挑战性的问题，教师可以设置抢答器进一步激发学生学习的积极性。还可以借助答题器统计分析正确率的功能，明确学生的薄弱环节。教师还可以把学生分组并设置小组长，学生们可以分小组讨论并分享自己的观点。例如，在《输血和血型》教学中引导学生分四个小组思考以下问题：“你觉得把O型血称为“万能输血者”准确吗？为什么？”引导学生讨论前人观点是否准确，既有利于培养学生敢于质疑的批判性科学思维，活跃课堂氛围，同时也加强了小组的合作学习能力。

生物观念的培养对于学生认识生命世界具有重要的指导作用，初中生物课程中生物学的结构与功能是其中一个非常重要的观念。为了让学生进一步理解与结构和功能相适应的观念，利用ClassIn小黑板的功能起到了较好的教学效果。例如，《输送血液的泵—心脏》中心脏解剖图、《人体废物的排出》中人体的泌尿系统的组成、肾单位的结构以及《人体对外界环境的感知》中

眼球和耳的结构等内容就渗透着相关的观念。教师可以从 ClassIn 工具箱中的教学素材库中选取相关的图片素材或者手机扫码上传图片，以小黑板的形式分发给每一个学生。学生可以根据教师的要求，依次在学生端写出结构名称，并引导学生通过结构特征思考可能的功能。教师可以实时观察每个人的情况，并给予指导。学生学习的积极性也被调动起来，增强了师生互动。

（六）线上发布和批改作业，及时对学习活动进行反馈

线上教学的作业反馈也是教学的一个重要环节。本课题借助 ClassIn 内置的发布作业功能，可以将包括文件、文本、音频等不同形式的作业发布给学生。学生可以根据教师要求提交不同形式的作业。教师可以根据情况选择作业的结束时间，作业是否学生之间可见，通过不同的评分方式在线批改作业。教师还可以根据学生的学习情况指定学生做作业，有利于分层次设计和布置作业，教师也能及时对学生的作业表现给予反馈（见图 4）。

除了布置线上作业，教师还可以通过建立虚拟考场，发布测验的形式检测学生的学习效果。测验可以由教师自主出题，设置标准答案和答案解析，可以选择测验结束时间以及交卷后是否公开答案或解析。例如，本课题通过 ClassIn 举办了生物线上期中考试，学生们进入考试教室后打开摄像头，同时教师开

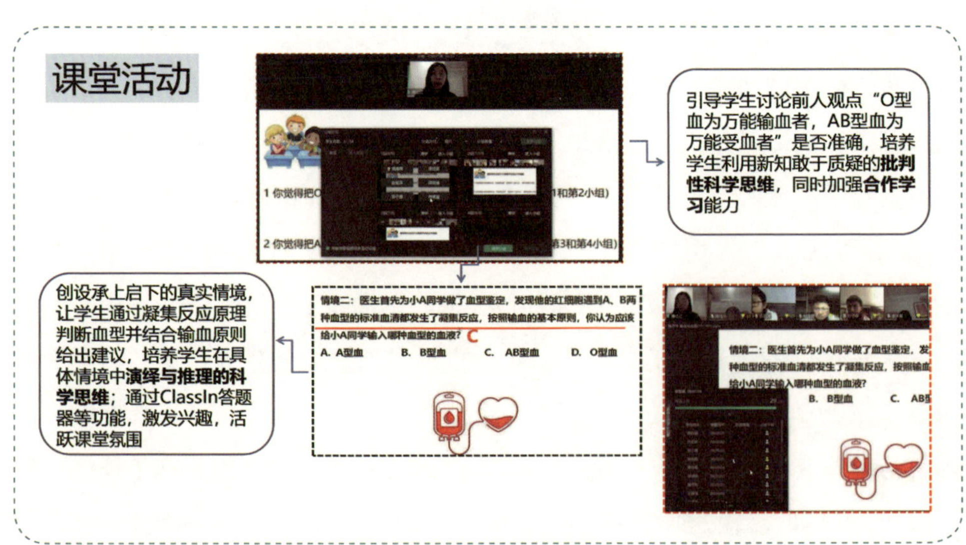

图 4　课堂活动

启 ClassIn 视频墙的功能，教师可以在一个画面同时观看所有学生的真实考试场景，考完后学生可以立刻看到自己的分数以及题目的解析，及时获得反馈。

（七）注重实践探究类作业，提高生物科学素养

线上学习期间，学生不需要花费往返学校的交通时间，除了上课以外，会有更多时间可以自由支配。教师可以适当提高实践类作业的比例，并且及时对实践活动给予评价。实践类作业形式可以丰富多样。例如，学生通过绘制宣传无偿献血的小报、爱护眼睛宣传报、制作眼球模型以及给家人量血压等活动，形成从不同视角认识和分析生物学问题的意识，形成科学态度和健康意识，并且具有责任担当。实践类作业还应注重探究能力的培养。例如，讲到《输血与血型》时，根据问卷星调查的结果发现学生对血型的遗传兴趣浓厚，因此设计了实践类作业分小组“调查父母和兄弟（姐妹）的血型”，并且探究血型的遗传规律。调查完成后，学生结合学习评级表对探究过程进行小组自评和互评，教师再进一步评价，有助于培养合作和探究能力（见图 5）。

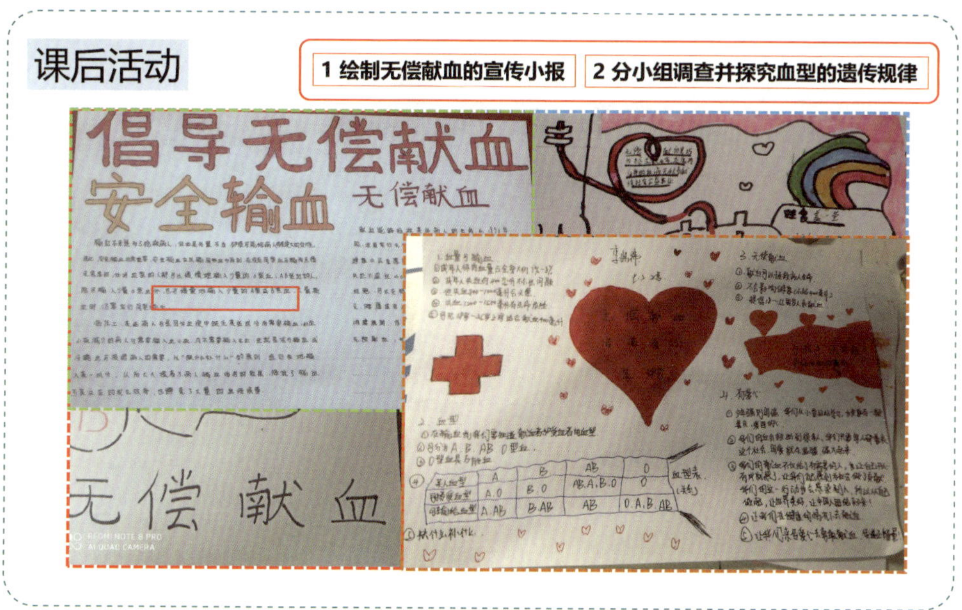

图 5　无偿献血海报

作者单位：北京市第 109 中学

生物跨学科实践线上研究反思

本课题以《义务教育生物学课程标准（2022年版）》为主要指导思想，打破了传统的线上教学的弊端，通过充分利用ClassIn线上教学软件的优势，以学生为中心，在课前准备、课上活动以及课后作业设计等方面探究了如何在线上高效上好中学生物课的策略。在探究过程中，注重学生生命观念、科学思维、探究实践以及态度责任四个方面的核心素养的培养，从学生的实际学情出发，通过创设真实情境、利用跨学科实践、增强师生互动等方式提高学生高阶思维能力，并引导学生树立正确的情感态度和价值观。

课题本身具有一定的创造性、先进性，并且具有实践性和推广性的特点。本课题通过具体的课例实践探究，将跨学科实践核心内涵贯彻到生物教学中，加强生物学核心概念和生物学其他概念之间的联系。本课题是“双减”背景下开展生物教学，让学生体会生物教学的开放性、系统性和教育性，并能够运用所学生物知识解决生活实际问题，体会生物学习的实用性，从而更加高效地学习生物。

解决体育课初中男生青春期叛逆问题的研究

郝云鹏

一、研究背景

提高课堂教学的实效性是学校教育的一个永恒而又朴实的主题。老师投入大量时间、精力和物力认真教学，而学生如果不想学或者根本就学不进去，即使教师教得再辛苦也是无效教学。

我自己曾经为这种无效教学感到苦恼，而在这届初三学生身上我找到了问题所在并深入了解，原来是青春期叛逆的原因造成的。叛逆心理虽然说不上是一种非健康的心理，但它很多时候会引起强烈反应，因而的确需要投以足够的重视。青春叛逆期的孩子常常以自我为中心，不喜欢被人从头管到脚，喜欢和家长、老师唱反调，特别容易冲动，容易走极端。初三的学生正处在青春叛逆期的中期阶段，他们的反叛是为了突出自己，证明自己独一无二的存在价值，也期待别人能够肯定其独特性。这个年龄段的孩子的内心独白是："我是与众不同的，请不要用任何别人的标准来评判我。"而面对正处于青春叛逆期阶段的学生们，解决体育课上青春期叛逆问题就成了重中之重的首要问题。

二、研究对象

初三年级男生。

三、研究实施过程

（一）面临问题

在实际的教学过程中，青春期叛逆会衍生出各式各样的问题。例如：

（1）总有个别学生故意搞出一些奇怪的声音和动作，惹得其他同学们哄堂大笑。还有的学生一旦被老师指出违纪的问题，立刻就跟老师针锋相对。

（2）男生之间形成小团体，尤其在分组练习的时候，就会比谁更会偷懒，互相打掩护，造成不好的风气。

（3）表现出众的学生易被其他同学恶搞，失去锻炼积极性。

（4）对田径项目（长跑、跳跃、投掷）觉得太累容易抵触，只要班里有人带头偷懒就会有人跟从，导致整个班训练懈怠。

（二）解决办法

1. 了解与理解

以前常会把跟老师对着干的学生称为“刺儿头”，面对这种学生，教师往往也会使用“高压政策”。但学生受叛逆心理的影响，教师所采取的措施难以发挥作用，甚至还会适得其反。在我了解了青春叛逆期的相关案例后，为了更好地引导学生，消除学生的叛逆心理，更多地站在对方的角度看问题，给予更多的支持和帮助。了解学生目前关注的话题与内容，这样才能更好地了解学生的内心，找到沟通渠道，以沟通交流为主的方式对学生进行问题分析和行为指导，必要的时候可以跟学生进行深入的心灵交流，了解他内心的真实想法。

有一次核心力量训练课，一个男生中途上厕所，回来的时候其他同学都已经完成训练，我就让他把刚才落下的补上，说了两次没结果后他干脆耍起了性子，为了继续课堂教学，我让他先归队、课后留下。下课后我把他叫到操场一旁，耐心地了解情况。他把头低了下来，小声地跟我说：“老师，刚才男生都做完了，您让我补的时候轮到女生练习了，我不想在女生面前做。”他跟我说完，我立刻就明白了，原来他是害羞了，他这个阶段正是青春期懵懂

的时候。我跟他说如果下次心里有什么想法不好意思的，你过来小声地告诉老师，老师肯定帮你，那这次你看怎么办？课上练习也没补，还影响了课堂。他说：老师，对不起啊，我现在就去拿小垫子，马上补上。就这样通过一次良好的沟通，了解了学生的心理活动，既拉近我们俩的距离，还化解了矛盾。

2. 营造良好课堂的环境

与学生建立交融的情感，是赢得和谐的课堂教学氛围的重要因素。教师要改变教学方式，关心学生，尊重学生在体育教学中的主体地位，心平气和地同学生商讨体育教学中的各种问题，以教师的情感激发和调动学生的情感。体育教学过程，实质上是一个育体与育心的过程。教学活动中，师生关系具有双向性，教师有责任主动向学生敞开心扉，这样才能在学生心灵深处激起情感浪花，师生之间才会产生情感的共鸣。只有和谐的师生关系，才能促使教师乐教、学生乐学。也只有乐教和乐学，才能获得良好的教学效果。

3. 分层式有针对性的教学

考虑到中考体育选项的问题，对于一些项目能达到满分的学生来说，就可以有针对性地练习自己薄弱的项目。那些成绩没有达标的学生，了解每个学生的特点，制订相对容易达到的目标，建立奖罚机制，完成目标有小礼物，找机会给他们展示的机会，提高学生的自信心。

4. 建立有效的家校沟通机制

注重家校沟通，形成教育合力。家校合力是消除青春期学生叛逆心理的重要方式。这是因为青春期学生的叛逆行为不仅存在于教师和同学之间，和家长也容易产生冲突，而家长错误的处理方式也会加重学生的叛逆心理。为更好地消除学生的叛逆心理，教师需要通过家长会、电话、视频等沟通方式和叛逆心理较为明显的学生家长进行交流，给予家长一定的指导，让家长了解以怎样的态度、什么样的语言、在什么样的环境下和孩子谈话更能解决问题，通过有效的沟通方式形成教育合力。

5. 正确引导

在课上我发现学生之间互相攀比不是比谁成绩好，而是谁干的“坏事”

多。像是恶搞训练中的同学，肚子露出来也能成为话题，长跑训练的时候藏起来“偷圈”。对于喜欢搞怪的学生，有的学生通过沟通走进他们的心里，知道他们可能是自卑，想通过搞怪方式引起注意。只要我发现他们有一点表现好的时候就立刻提出表扬，在自尊心得到满足和提升后，他就不会用这种方式引起注意了。还有一名学生是无论如何都走不进去他的内心，通过跟班主任和家长沟通，知道了孩子是单亲家庭，母亲也是忙于工作没时间管理。于是我就想办法和学生成为朋友，在课堂和课下多给予关注和帮助。最后曾经最让人头疼的“问题学生”成为我的得力干将，成为优秀的体育委员。

解决青春期叛逆问题 提高体育教学质量的反思

青春期叛逆心理是一个阶段性较强的心理现象，会对学生的性格和成长产生较大影响。了解学生目前关注的话题与内容，这样才能更好地了解学生的内心，找到沟通渠道，以沟通交流为主的方式对学生进行问题分析和行为指导。有的时候其实就是缺少沟通的桥梁。当桥梁搭建好了，学生对老师敞开心扉，所谓的问题也就迎刃而解。通过融入学生的团体，建立良好的奖惩机制，让学生之间互相监督、互相进步。应对学生的青春期叛逆行为，需要对青春期学生的个人特点和家庭情况进行研究，结合不同学生的叛逆表现和不同的家庭情况制订有效的调节策略。家校及时沟通，每个孩子的问题都不一样，一定要早发现、早解决。体育教学过程，实质上是一个育体与育心的过程。老师在其中充当的角色尤为重要，及时地发现问题、解决问题，让学生有一个健康的身体和良好的心灵，是我们教师一生的奋斗目标。

初中女生体育课懈怠的针对性方法研究

郭靳冉

一、研究背景

我现任教初三年级女生班的体育课。从教十年来，发现女生上体育课经常会借各种理由请假，原因大致有胆怯心理加剧、体育意识淡薄、青春期羞涩、兴趣不浓等，从而导致身体素质普遍不佳。实际教学中，初中女生对体育课普遍存有一种惰性，喜欢体育课但是不喜欢上体育课的现象普遍存在。

（1）小学体育课和中学体育课是从量变到质变，有着截然不同之处，而孩子们已经适应六年的学习、锻炼，还没有适应或者不愿适应中学的体育课。

（2）到中学后孩子们的课业负担比较重，没有更多的时间参加体育锻炼。

（3）孩子们正处于青春期，出现不好意思、要面子等情况，随着年龄的增长，越来越不喜欢体育运动，性格也从张扬好动转为内向不爱说话。

（4）对体育课（尤其是长跑）产生恐惧，慢慢地变为厌倦。

（5）受环境的影响，哥们儿义气、姐们儿和气，不好意思不一起偷懒、请假。

如何解决这些问题，探讨怎样提高初中女生体育课兴趣的方法，从而解决女学生在体育课的懈怠表现，提高体育成绩是很必要的。

二、研究对象

初中女生。

三、研究方法

（一）调查法

所谓知己知彼才能百战不殆，通过调查法了解孩子们现在的想法，平时的喜好，业余时间所做的事情，也包括她们追什么剧，喜欢哪个偶像，等等。从而投其所好，从她们的兴趣出发制订方案。

（二）观察法

通过观察法发现学生的闪光点和不足，从典型的或普遍性的问题入手，慢慢地改变。

（三）理论研究

通过一些参考文件，对我有很大的启迪，比如如何与孩子们沟通，如何解决青春期孩子们的问题，如何鼓励她们积极向上，等等。

（四）实验研究法

先解决局部的问题、再解决整体的问题，在实践中有不足之处及时纠正改过。

（五）经验总结法

总结以往工作经验，有针对性地解决现存问题。

四、研究实施过程

（一）建立正确的审美观

年级里有些女生的体型偏胖，身材比较匀称的女生也渴望身材更好。

依据这些特点，在上课练习仰卧起坐时，我会先帮她们憧憬一下自己有马甲线是多么值得炫耀的；练习腿部肌肉时，我会告诉她们不会让腿变粗，反而会更漂亮，因为我们这个练习是让肌肉纵向生长的；等等。

孩子们最感兴趣的，就是我教她们如何不用节食的科学减肥法，让她们营养均衡的同时得到完美体型。所以我教她们学会如何让自己的脂肪消耗。她们要依据个人的数据计算自己适合的心率来跑步，每次不用太长，不然会

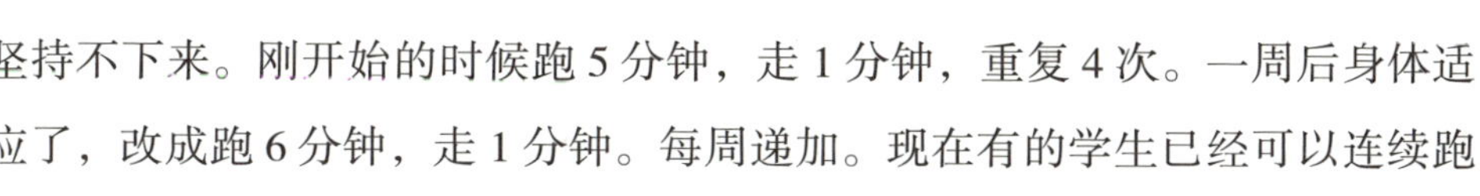

坚持不下来。刚开始的时候跑 5 分钟，走 1 分钟，重复 4 次。一周后身体适应了，改成跑 6 分钟，走 1 分钟。每周递加。现在有的学生已经可以连续跑 10000 米了，年级中考项目 800 米的满分率也在逐渐提高。

（二）建立成长档案

根据之前的任教经验，发现孩子们体育课懈怠的另外一个原因是成绩意识不强。现在的体育中考共计 40 分，初三现场考试 30 分，过程性评价分数 10 分。孩子从初一开始体育课的表现其实就已经跟中考的分数息息相关了，但是可能是因为中考太遥远，所以她们不以为然。而且从我的意愿出发，也并不希望孩子们经过三年的体育学习，只是“会考试”，而没有养成“终身体育”的习惯。

基于此，我帮助每个孩子建立“运动成长档案”，其实就是让她们每个人准备一个漂亮的本子，本子一定要漂亮，这样女孩子们才会记得它的存在，并愿意经常翻看。这个本子主要记录平时上课的测试成绩，自己跟自己竞赛，不断刷新自己的记录，并且每月上交一次。在上交时要写一写自己哪里做得特别棒，哪里还不足，要怎样去改正。或者自己有哪些困扰、烦恼，什么都可以与老师分享。我在收到本子后，也会一一做批注、点评，如果有需要也会和孩子面谈（见图 1）。

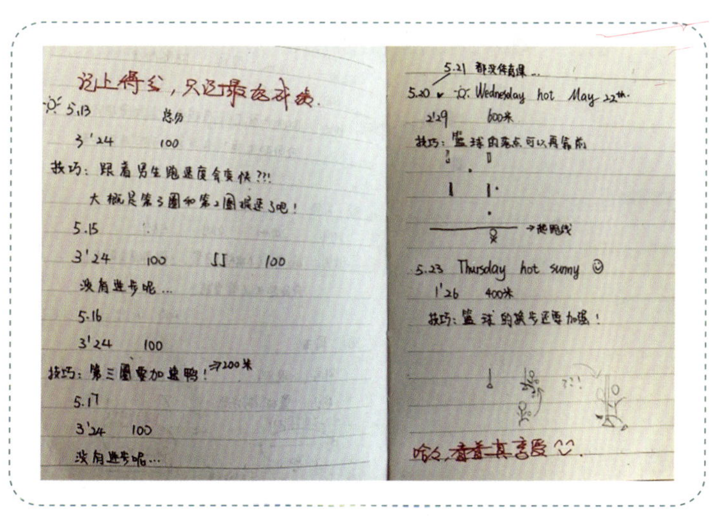

图 1　运动成长档案

久而久之，这个小小的本子就成为我和孩子们之间的桥梁，也成为我和她们之间的“小秘密”，让我们的关系更加亲密。所谓亲其师、信其道，在我们建立良好关系的基础之后，上课也就变得更轻松了，当然，她们的成绩也在不断提高。现在，孩子们已经初三了，我又改良了版本，统一设计，让孩子们更清晰自己的成绩和得分，从而也更快地提高成绩（见图 2）。

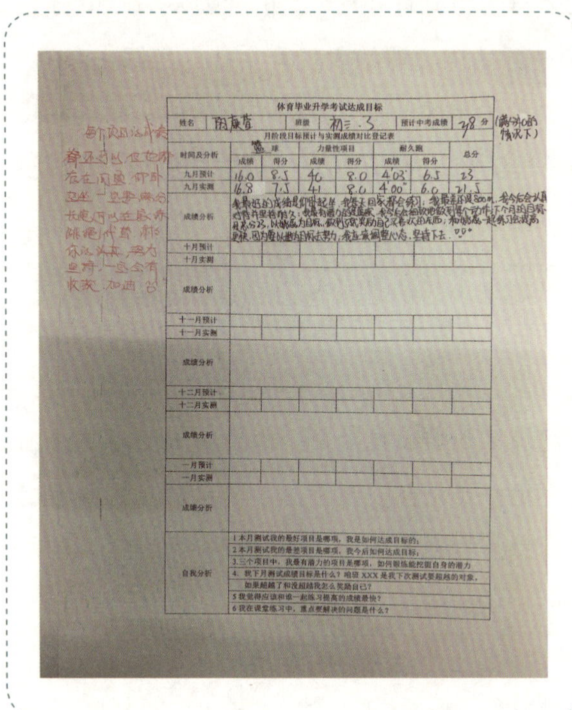

体育毕业升学考试达成目标

姓名：[illegible]　班级：初三.3　预计中考成绩：28 分（满分30的情况下）

月阶段目标预计与实测成绩对比登记表

时间及分析	篮球 成绩	篮球 得分	力量性项目 成绩	力量性项目 得分	耐久跑 成绩	耐久跑 得分	总分
九月预计	16.0	8.5	46	8.0	4'03"	6.5	23
九月实测	16.8	7.5	41	8.0	4'00"	6.0	21.5
成绩分析	[illegible]						
十月预计							
十月实测							
成绩分析							
十一月预计							
十一月实测							
成绩分析							
十二月预计							
十二月实测							
成绩分析							
一月预计							
一月实测							
成绩分析							

自我分析：

1 本月测试我的最好项目是哪项，我是如何达成目标的；

2 本月测试我的最差项目是哪项，我今后如何达成目标；

3.三个项目中，我最有潜力的项目是哪项，如何锻炼能挖掘自身的潜力

4. 我下月测试成绩目标是什么？咱班 XXX 是我下次测试要超越的对象，如果超越了和没超越我怎么奖励自己？

5 我觉得应该和谁一起练习提高的成绩最快？

6 我在课堂练习中，重点要解决的问题是什么？

图 2　体育毕业升学考试达成目标

（三）建立时间观念

这里说的时间观念，并不是 100 米跑了多长时间，而是充分利用时间、抓紧时间。孩子上中学以后，课业负担很重，从老师的层面来说也很矛盾，既希望她们能抽出时间锻炼，又不想耽误她们学习休息。所以教给孩子们一些小方法，利用零碎的时间进行体育锻炼。

比如我们建立了微信群，叫作“仰卧起坐打卡群”。顾名思义，就是这项比较薄弱的同学每天要发视频打卡，打卡的时间就是上床睡觉前的一分钟。

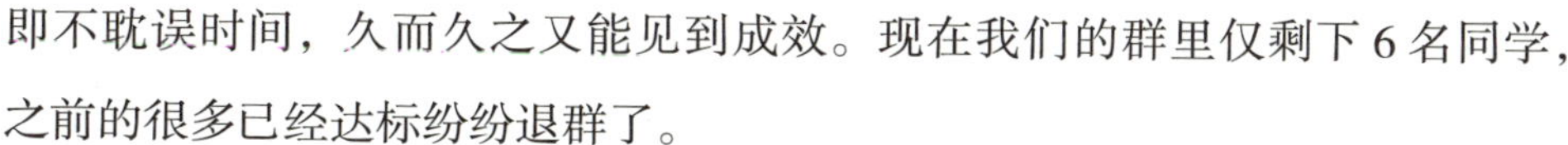

即不耽误时间，久而久之又能见到成效。现在我们的群里仅剩下 6 名同学，之前的很多已经达标纷纷退群了。

（四）建立考勤制度

经过长期的教学，我发现一个规律：学生在初一年级时，因病因伤及生理期请假的现象很少，随着年级的升高，请假的同学越来越多，有的时候甚至能有多半个班。基于以上的现象，我首先给孩子们制订请假的制度，如果因伤因病请假的，需要出示医院的假条，临时生病的要有学校医务室假条并请班主任签字。

最让人头疼的是女生的生理期，最关键的是，我明明记得有的孩子上周刚请过假，这周又请假，而出于学生的安全，我也不能逼着孩子运动。发现这个苗头慢慢增多后，我就果断地给孩子们加了一节生理卫生课，要让她们从科学的角度正视生理期，并告诉她们一些生理期期间的运动方法。后来和孩子们协商后，我们共同定制了生理期期间的请假制度：每个月休息三节课，且要连续请假（特殊情况特殊分析），请假也不是坐在一边休息，只是她们的运动项目和其他学生有所分别，同时我也制订了表格，每节课画考勤，现在孩子们上体育课请假现象越来越少了，练习的积极性也越来越高了。

（五）建立典型案例

初一的时候有个小女孩，身体条件很好，但 800 米跑的成绩就是上不去。后来我就介绍一些方法给她，并配合 Keep 软件进行练习。现在她已经初三了，每次 800 米测试都是满分。我就让她给大家分享经验，并做了三年来的成绩比较，孩子们看到了成功案例也增加了信心，纷纷效仿，现在满分的学生也越来越多。

发现问题　分析问题　解决问题

我发现孩子刚从小学过渡到中学，对体育课的认识还停留在快乐教育的层面上，要让孩子们知道其间的不同之处和中学体育课的重要性，要让她们明白，体育课是玩乐，更是学习、锻炼，乃至长期的、伴随自己一生的行为。基于此，体育教师不仅要上好室外课，室内课的传授也非常重要。要让他们认识到体育锻炼的重要，认识到身体的重要。

发现问题，分析问题才能解决问题，孩子就是一张白纸，如果出现了瑕疵，我们做教师的一定要帮助她们及时纠正，擦干净并引导她们重新来过。这才是人类灵魂的工程师。

“发现问题、分析问题、解决问题。”清晰地记得，这句话是我上中学时我的数学老师常对我们说的一句话，以至于长大后，遇到问题时我也是按照这样的思路去解决问题的。由此可见，作为一名教师，对孩子们的影响是终身的。都说数学教会我们更多的是思维逻辑，那么体育呢？是受益终身的运动习惯和坚韧不拔的意志品质。

基于此，我认为作为一名人民教师，不光要专业过硬、为人师表，更重要的是要教会孩子们学会做人、学会学习，在他们长大或者老去的时候，也会因为当年老师的言行对他们的人生有所帮助。所以在从教以来，我一直在用心地观察，看看孩子们在上课或生活学习中主要的问题有哪些，为什么会有这样的问题，主要原因是什么，该如何去解决。

随着观察慢慢地发现，原本初一刚入学的女孩儿是活泼开朗、好动的，为什么会随着时间的推移，变得懒散、害羞呢？我一度认为是我的问题，一定是因为我的课堂枯燥无趣或是运动量太大造成的。于是我开始改变自己，在讲课的同时会开玩笑，也会时常和她们做一些游戏，但结果是该玩玩该笑笑，懒散和害羞却依然如此。我也困惑过，请教过其他一些年长的老师，发现这个问题很普遍，是初、高中女生的通病；也和老教师们沟通探讨过一些方式方法，但也只是触及皮毛。随后我便在网上收集一些相关资料，阅读了大量书籍。发现主要的问题是青春叛逆期的驱使、随波逐流的“姐们儿义气”和一些错误的观念导致的。

找到了源头所在，就有解决办法了。我会针对每一个问题，想一到两个对策，如果有成效就沿用，没有效果或效果不明显就换其他方法。比如女生最严重的生理期请假问题，之前孩子们会随意地请假，看到别人请假自己也请假，上课练习量比较大时也请假，最多的时候能有半个班的女生由于生理期不能正常上课。作为教师就很为难，一方面不能要求孩子们正常运动，另一方面无法完成教学任务。对于这个头疼的问题，我特意去请教专业人士、翻看一些相关书籍，最终找到了解决办法，得到了学生的认可和理解。

女孩子越长大越不愿意运动，一方面是因为身体发育了害羞，另一方面是比较犯懒。针对这个问题，我会先从她们的兴趣出发，女孩子最感兴趣的是什么呢？当然是爱美。无论长得好不好看，都会希望自己有个好身材。所以在练习当中，我会告诉她们，这个练习是练我们的什么身体部位，经常做会有哪些好处，身材会有什么变化，错误的、偷懒的动作会造成什么后果，等等。我相信，这样的教学方法，一定会比老师大声叫喊、威逼利诱要有效得多。这样的例子还有很多很多，从初一带到初三的观察，终于总结出了这些事半功倍的好方法，经过了同一批孩子的数据分析，最后终于成文，演变成微课题。

所以我觉得，作为一名教师，我们在教书备课的同时，更重要的是勤于观察、善于思考，发现孩子们的问题，想一想这些问题的成因，再通过一些实践把它们一一解决，这就是每个老师属于自己的宝贵经验。

线上音乐教学与反转课堂组合的研究

杜　晴

一、研究背景

随着《义务教育艺术课程标准（2020年版）》的颁布，我对比了四版课标，发现在新课标中对于信息技术占比大幅提高，要求更加细化，在教学提示、学业要求、学业质量描述、教材编写建议、课程资源开发与利用五大板块都有详细的描述。尤其是“学业质量描述”中的力能递进对我在线上教学的启发很大，例如：6、7年级“在运用信息技术或其他方式选择和运用音乐方面有初步经验”；8、9年级“在运用信息技术或其他媒介聆听音乐、搜集和编辑音乐、筛选相关信息等方面比较熟练”。这些要求在线下教学时，课后作业的完成度很低，但是在线上教学学生使用电子设备上课时，教师可以将大量资料存放在软件的云盘中，让学生在课上就能完成搜索和筛选，完成效率极高，同时也能保证音乐作品的方向与质量。

二、研究实施过程

经过这三年线上教学的摸索，我在线上音乐教学中也有了一些心得，找到一些适合我校学生的教学方法，我们的音乐课堂取得了很好的教学效果，也是我在“音乐课堂教学中形成性评价的选择与运用”研究中的初步成果。以音乐为桥梁，师生相聚在“云”端。

（一）调整教学内容顺序

初中音乐教学课型可以分为歌唱课和欣赏课，两种类型在线上都有不

同程度的影响。歌唱课因为网络延迟、高音区声音软件传输消音、音色失真等问题导致教学效果下降；欣赏课由于作品较为庞大、枯燥，欣赏过程中对学生课堂秩序的掌握较差，也会导致学习效果不尽如人意。但我在教学中将教学内容的顺序适当地调整，甚至打破单元，将相似作品进行整合，取得了很好的效果。例如山野放歌、亚洲弦歌和京腔昆韵三个单元的教学内容调整（见图 1）。

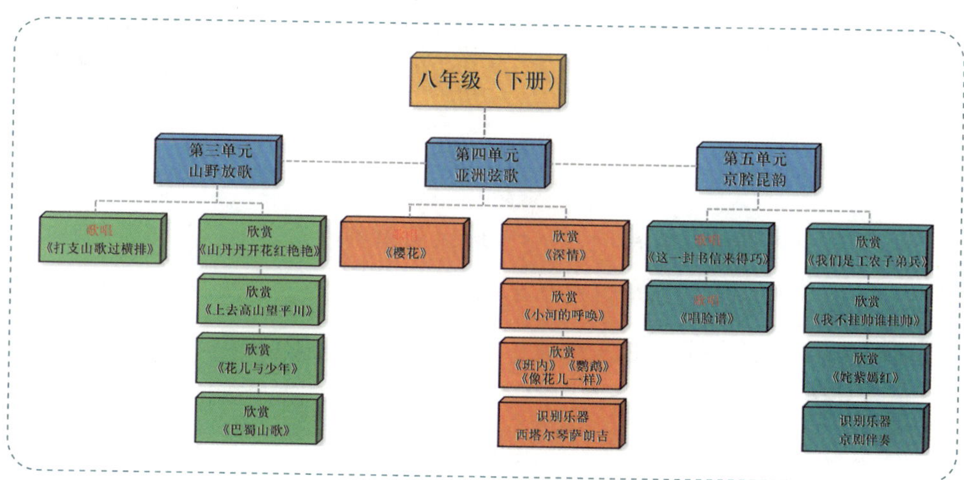

图 1　三个单元原教学内容安排

这三个单元如果是线下教学十分简单，尤其是山歌和京剧都是口传心授和模仿“劲儿、气儿、味儿”，但在线上很难实现这一目标。不但歌唱教学难以推进，欣赏的曲目偏多，且教学内容也与学生生活联系较少，让学生接受较为困难。所以我调整了教学内容的顺序，并结合以往的知识进行知识整合（见图 2）。

整合民歌体裁后，从复习入手并且使用 ClassIn 软件的云盘和拖拽功能完成体裁和音响的配对。不但能够复习之前的知识，还能使学生对新知识“山歌体裁”有初步印象，并能够进行新旧知识特点对比。此环节我设计为学生自主聆听和判断，效果要比线下学案的还要好，因为图片是彩色的，更加生动；学生还可以反复聆听几遍作品，加深印象。

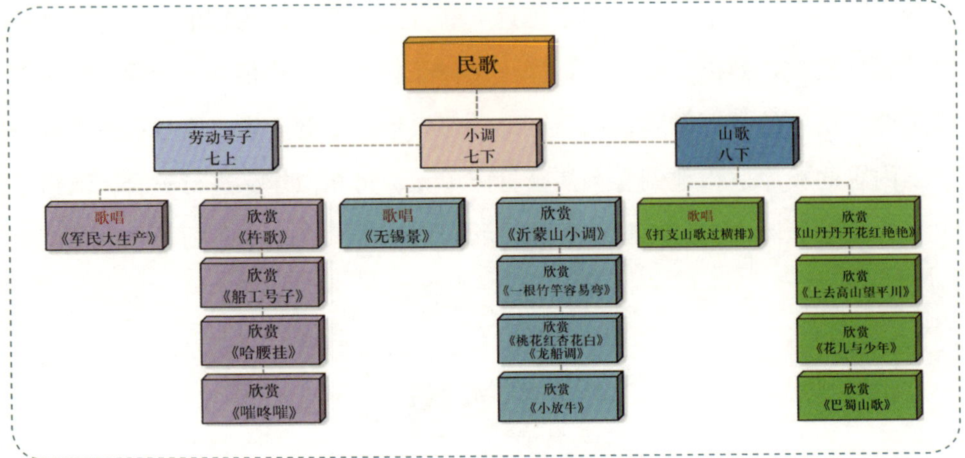

图2 三个单元教学内容整合

聆听《山丹丹开花红艳艳》，学生可以简单判断出“山歌”体裁的特点。通过“小黑板”功能教师可以对学生的分析进行批改，大大提高了效率，比线下收发学案要更准确、更快捷。

（二）转变教育教学方法

线上教学教师要积极转变教学思路，要大胆地放手，让学生成为课堂的主导。学生成为课堂的主导不是一句口号，教师要真正地站在学生的角度思考，从学生的兴趣出发，将教材内容结合现在积极向上的作品展现给学生，让学生有主动学的兴趣。例如我在《樱花》这节课中，借鉴了使用钢琴弹奏对比中国和日本旋律特点的短视频，教师通过还原视频中的弹奏，引起学生的兴趣和热烈讨论，学生自己总结不同旋律的特点则印象更加深刻。

为解决网络延迟造成演唱“重唱”的问题，我也创新了一些教学方法，例如：

（1）师生、生生问好对唱。在《打支山歌过横排》的教学中，引腔部分“哎呀嘞”在线上很难唱齐，所以我们进行了对唱练习。学生按顺序进行对唱，既可以练习演唱，又能够理解“哎呀嘞”的呼唤含义。这样的练习学生很有兴趣，并且在后面对“兴国山歌”特点的检测中也收到了很好的效果。

（2）教师录制教唱视频，方便学生课上课下反复练习，也解决了高音区

软件会消音的问题，很好地解决了线上实时弹奏、演唱消音的困难。为了保证线上教学的质量，在课堂上严格执行考勤和师生摄像头开启的要求，同学们都将自己可爱的笑脸展现出来，虽然是线上但我们能够看到彼此，这也让我们师生的距离拉近了许多。

（3）邀请北京市东城区教育科学研究院教师培训部教师——古琴专家杨子老师为学生授课。作为入选联合国“人类口头和非物质文化遗产代表名录”的古琴艺术，是中国古代音乐重要的代表之一，涵盖了中国音乐史、美学史、社会文化史、思想史等多方面内容。通过对古琴艺术的历史、形制、琴谱、琴家以及琴歌《阳关三叠》的鉴赏与现场演唱教学，充分发挥音乐类非遗对广大青少年传统文化教育和爱国教育的作用。这种全新的形式引起了学生们的学习兴趣，学习效果显著提高。

（三）趣味作业设计

我认为音乐学科在线上教学中可以起到缓解疲劳、过渡的作用，所以课后作业多以活动为主，尽量让学生在生活中发现音乐美。本着这个思路，根据区里的“奋斗青春、强国有我”艺术实践线上作业设计的活动宗旨，我设计了一些“趣味作业”，巩固课上所学的同时，也能让学生动起来锻炼身体。

作业设计 1：疫情居家，除了学习，学生们做一些力所能及的家务。做家务不但能够放松身心，更能够锻炼同学们的劳动技能，增进亲子情，感受父母的不容易。所以在音乐课的课后作业中，我向学生布置了“跟着名曲做劳动”的趣味作业，例如跟着《军民大生产》做墩地、擦玻璃、扫地等家务；跟着《伏尔加船夫曲》做揉面的家务；伴着《无锡景》的音乐来晾衣服等，我也给学生做了启发性的视频，收到了很多同学们的积极投稿。学生劳动时自己选择对应的音乐也是深入学习的过程，同时让我也看到了同学们的另一面。

作业设计 2：“发现生活中的音乐”。这一作业涉及的方面很多，学生可以寻找身边物品对应的节奏型，例如：十六分音符很像四个整齐排列的自行车；也可以寻找身边的名曲，例如：电梯里播放的莫扎特乐曲、商场里播放的《孤勇者》、电话的彩铃、电影配乐等。学生可以找到这些名曲，跟全班分享并思考为什么会选择这样的作品进行播放。同学们对这个作业兴趣很高涨，课前分享了歌曲，也进行了具体的分析。这些能力的训练都能够为今后作品的音乐情绪分析起到帮助作用。

面对这些趣味作业，同学们兴趣满满，丝毫不觉枯燥，在不知不觉中增强了音乐作品分析的能力，也能够凸显出线上教学资料丰富的优势，对比线下教学，这类作业增加了学生的自主性。

线上教学已经慢慢地融入我们的正常教学中，也成为一种常态，作为教师也要成长，要走出线下课的备课、授课模式，积极转变教育教学方法，落实课标要求，完成教育“立德树人”的终极目标。

线上教学“艺”起来 师生相聚在“云”端

教师们对于线上教学的方式、软件的应用等都十分熟悉，也能够发扬线上教学的优势，尽量避免其弊端。但当回归到线下课堂教学时，我们应如何将信息技术运用到其中呢？我在本学期的两节公开课中都进行了尝试，例如，使用平板进行课堂分层教学以及邀请专家连线进行翻转课堂的古琴学习。

对于音乐教学来说，利用信息技术——平板教学，学生能够自行选择聆听作品的次数和位置同时分屏进行完成学案，较之前整体聆听的精准度提高很多，同时也激发了学生的学习兴趣。

本学期在古琴的学习过程中，我们还邀请了教科院的古琴专家与课堂进行连线，与教师一起为学生讲解古琴技法及音色。相较于简单的观看视频和枯燥的教师讲解，专家的加入让课堂变得更加生动和高效。

其实，所有的教学方法都是为教学服务，我们可以将多种方法转换或结合在一起更好地参与到教学中来，从而提高教学的质量和学生的学习兴趣。在今后的教学中我也会继续努力寻找高效的教学方法，更好地适配现代教学模式。

用“定格动画”提高高中学生多媒体美术运用水平的研究

孙记炜

一、研究背景

《普通高中美术新课程标准（2022年版）》指出：高中美术的一项重要任务是培养新媒体多方面运用的能力，要求学生在大时代的背景下，能跟上新时代，激发学生的艺术创作灵感，而且要会学习和利用新媒体带来的技术，创造新的艺术作品。培养学生的多方面能力是高中美术教学的一项重要任务，是学生今后走向社会，有一个良好的审美和自信的重要基础，是学生今后学习、生活，以及参与社会，创造美好生活所必需的基本素质之一。要培养学生全面的艺术素养。

实施新课标以来，我们发现，学生除了美术鉴赏学习，对新媒体艺术方面的学习同样表现出极大的兴趣，但是也出现了一些新的问题。我们重视培养学生的动手实践和相互合作能力，关注学生学习方式的改变，鼓励学生思想多样化，但在一定程度上却忽略了学生对美术的系统学习以及实践中新媒体综合运用的难度。或者说把新媒体艺术的制作想得过于简单了，导致学生在制作过程中经常会出现这样那样的错误。学生非常喜欢尝试用多媒体来创作新时代的美术作品。但学生偏偏在拥有原始兴趣的同时，容易对此类美术制作感到陌生和胆怯。这就迫切需要我们找到一个合适的切入点来解决这个问题。

怎样使学生能更好地在新时代中学习新媒体美术呢？我通过定格动画这

一主题来多方面解决学生的各种问题。首先定格需要对摄影摄像技术的理解和运用，同时定格又要学生对视觉暂留原理有比较深刻的认识，从而明白帧、秒的原理，进而才能制作出定格动画。而具体以定格这种形式来完成一个作品，需要学生在绘画和制作的过程中，学习到一些减帧的实际操作，可以强化逻辑、训练手绘和提升美术思想上的能力。

二、研究对象

高中一年级学生。

三、研究目标

通过研究，分析影响高中学生创作能力的各种因素，认真研究提高他们美术能力的策略，努力提高高中学生的合作能力，实现美术形成的多样化与新时代技术的有机结合，促使学生在生动活泼、轻松愉快的学习中慢慢喜欢新媒体美术，对新媒体美术产生兴趣。通过研究，形成有效教学策略，并在实施过程中提高学生的艺术审美能力，为学生今后的艺术审美、美术创想奠定扎实的基础。

四、研究方法

（一）调查法

统计分析实验前高一年级学生对动画制作的理解，以及实验实施中学生各方面的表现。

（二）文献资料法

查询、整理关于培养和提高低年级学生设计、摄影、定格等技能的主要研究成果。

（三）实验研究法

通过高一年级学生参与实验，真实客观地记录课题实验的实施过程，及时进行反思、调整，改进教学方法。

（四）统计分析法

对实施中获得的信息进行科学的统计分析，获得直观有力的研究结果和数据。

（五）教育经验总结法

将课题研究成果撰写成报告，上升到一定高度，由感性认识转化为理性认识。

五、研究实施过程

（一）先期准备阶段

对学生分工分组，学习有关理论，听取有关专家对课题研究的指导。翻阅文献资料、查阅网络资料、交流学习体会，初步形成研究方案。

（二）课题的全面实施阶段

对高一年级教师进行“高中美术动画设计作业图出错的表现及原因”的访谈和学生互动。通过举行设计小组比赛，进行“高一学生定格形象设计情况及学生最担心制作细节点”的情况收集。对高一年级教师进行“高中美术分镜和摄影作业图出错的表现及原因”的访谈和学生互动。通过举行设计小组比赛，进行“高一学生对定格制作情况及分镜混乱原因”的情况收集。教师组织了一系列活动，通过调查问卷收集信息、和参与的师生互动了解情况，进行案例分析，寻找出影响美术分镜和摄影作业图好坏的因素，制订出解决问题切实可行的措施，再对制订的措施进行验证研究。

（三）总结阶段

分类整理资料、汇总研究资料。总结经验，改进方法与措施，并在今后的教学中实施、再总结、再调整。

六、研究效果

通过近半年的深入实践与探索，我校的高中学生多媒体美术运用水平取得了令人可喜的进步，主要表现在以下几方面。

（一）学生的美术素质得到了综合发展

多媒体美术制作具有一般美术活动不可替代的教育价值，它有效地提高了学生的艺术修养，促进了心智发展，培养了审美情趣。学生在多媒体美术制作的活动中，加深了对多媒体美术综合运用方法的了解。在多媒体美术的学习中，他们由认识到喜欢，由模仿到创新、发展；在参与、体验过程中，激发了情感，锻炼了学生的实践能力和创造力。在通过多项新媒体技能运用来进行“美术定格动画制作”的过程中，学生的创新意识、创新精神和实践能力得到了充分培养，学生的个性得到了充分发展。

（二）教师教育观念在教学相长中得到了进一步改变，素质得到了提高

在本课题的研究实践过程中，参与指导新媒体教学的教师，在一步步实验、反馈、研究中，自身素质得到了提高与发展，为之后的新媒体教育教学也奠定了坚实基础。

（三）新媒体资源得到了充分的开发利用

学校是培养社会和国家各种人才的摇篮，将“定格动画”引入课堂，拓展了学校的美术教育范围，改变了新媒体美术只靠单一训练的状况，更加有效地综合运用操作，也充分利用了学校的教育资源。学校的“定格动画”屡屡在北京市中小学各种比赛中荣获一、二等奖。经过这么多的努力，学生对新媒体美术的各种综合运用方法有了明显提高，初步成为了学校的教学特色。

在课堂教学中开展微课题研究

微课题研究，这个与时俱进的课题研究新模式，让我们教师受益匪浅。这种形式让我这个一线教师的的确确感受到了更高效、更快速、更有针对性的教科研效果。我也重新审视和论证教学方向，梳理自我教育方法，进而整理我的教育成果，并形成对未来更有帮助的教学方法。

微课题研究，就是小课题研究。这些概念和理论看似简单，但当我真正

做起来的时候，便发现了我的问题。教学多年来，我常常忽略对教学方法、成果的整理。往往会借口时间和精力有限文档纸张记了一大堆，教案文案写了一篇又一篇，但事倍功半，每回用的时候都是以点展开，没有脉络纲领，感觉有点“如堕五里雾中”。但在教科研活动中，请来的专家们鼓励我发现问题，更要解决问题。通过研究微课题，审视自身不足，发扬自己的长处和优点，结合研究教学，就是教师的自我研究。

微课题研究，除了课题，也体现在一个“微”字上，所以我在选题的时候，听取了专家的意见和建议，不要贪大贪多，要选择符合新课标，以学生为主的、具有针对性的课题。于是，我查找资料，分析问题，最后结合实际，确定研究课题。最终将“用‘定格动画’提高高中学生多媒体美术运用水平的研究”来作为我的微课题。也许这些问题不引人注目，但这些细节问题会影响教师的工作与发展，更影响学生实际操作的感受。

在更加深入开展微课题研究后，我发现之前在课堂中的经验数据和当前教学实际存在一点差异。比如学生在下载App软件的时候，明显感受到手机软件的更新迭代如此之快，原来需要电脑导入导出不同图片模式，又要转换又要编辑的，现在只需要在手机上即可完成。注意好方式方法，上课时间可缩短三分之一。这就需要教师对教学进行调整，对此进行比较和记录，让课堂教学变得更加有效，更加系统化。

我在和老师们的切磋交流中发现，有的学校教师甚至采用更加先进的集体电子绘图的操作模式，更加及时地了解小组之间的差异，从而能够进行更好的教学掌控。虽说硬件之间有差异，但方法可以学习。通过交流促进微课题，通过总结微课题成果，回过头来发现课堂教学的重点、难点并一步步解决，真是教学教研科研相得益彰。

在微课题研究中，我会记录每个小组的课堂交流和课后反馈。这样会一步步了解学生的想法，更加有效地解决学生的问题。比如在进行课堂教学时：这个小组的差异在哪里？“哦，原来是理论环节，在24帧的问题上没理解透。”这个学生最需要解决的问题是什么？“造型的线偏差了，造成视觉上好像抖动”。通过观察学生的言行，与学生交流，更好地发现学生现实的需要，解决教育教学中的问题。有了有目的性的梳理之后的课堂教学，更能让我发现不同学生之间的问题和优点，并及时给予指导。

总之，如今面对新课改中出现的问题，面对教师专业成长的迫切需要，开展微课题研究，无疑是一线教师进行教育教学研究的有效方式。微课题研究的开展，能促进教师养成科学思维的习惯，学会用科学的方法解决实际问题，有利于进一步减负增效，提高我们的教学质量，促进教师成长。我作为一名基层教师，微课题这种研究形式，能让我的教学和科研共同进步，真是让人高兴的一件事。

提高鉴赏能力对速写学习的促进作用研究

马利民

一、研究背景

陆游在他的诗作《示子遹》中有“汝果欲学诗，工夫在诗外”之句。文学与艺术是相通的，学好绘画艺术，功夫同样是在画外。就速写的学习过程来说，同样离不开对艺术修养的培养。什么是艺术鉴赏能力的提高？艺术鉴赏能力的提高，对不同学生速写专业学习会有多大的促进作用？

在美术教学过程中，我常常发现有一定美术鉴赏能力的学生往往能自觉地应用一些美术的形式美法则进行美术实践。缺少美术鉴赏能力的学生在进行美术实践时，往往漫无目的、无的放矢，碰运气。运气好了，画面还好，尚能看得过去；而运气不好，则画面一塌糊涂，既无章法，也无技法，产生不出视觉的美感，往往学生自己就很不满意。因此在提高学生绘画技巧的同时，提高学生的艺术鉴赏水平，从而促进学生在速写艺术实践中，提高对自己作品的审美判断，就成为学生在美术专业速写学习中的一个很重要方面。

二、研究对象

高一、高二年级速写专业课学生。

三、研究目标

（一）实现学生全面发展

学生的全面发展，是学生在德智体美各方面的和谐发展。美育是全面发展中的一个重要组成部分。最近几年，大到国家、小到学校，都越来越重视美育（也称为美感教育），即通过教育人们如何认识美、感受美、欣赏美，进而使人们达到创造美的能力。而美术专业教学在这一过程当中自然有着自身得天独厚的优势。

（二）美术专业学生本身学习的需要

鉴赏能力就是审美能力，对于专业学习美术的学生来说尤为重要。人的审美能力是分阶段不断进步和提高的，学生如何对他正在经历着的生命过程、所处的自然环境、接触到的社会生活和文学艺术等进行审美的认识和感受，最终都会在他的审美载体——美术作品中体现出来。因此，提高学生正确的审美认识和审美判断，对于提高学生自身的审美能力起着至关重要的作用，并且在艺术实践中对学生主动地发现美、提炼美、创造美，起着潜移默化的和具体的指导作用。

四、研究实施过程

美术专业的高一、高二年级学生的速写学习，主要还是以基础造型能力训练为主要内容。因此，高一年级美术专业学生一入学，造型基本功的训练就成为重中之重。但造型能力的准确只是美术专业最基本的能力，要想最终创作出优秀的美术作品，则还需要提高对生活的观察能力、艺术的鉴赏能力、审美的判断能力、形象的组织能力等这些综合能力。鉴赏能力的提高就起着很重要的作用。

（一）从学生对优秀作品的认识入手

作为美术专业的学生，判断一幅作品的好坏也是自身审美能力的体现。高一年级新生入学的第一堂课，我总是先问一问学生们，什么是好的速写作品。同学们往往说：画得像，结构清晰，画面对比强烈、突出，等等。这时候我会告诉同学们这还不是最主要的。与此同时，我会展示一些世界著名的美术作品，请同学们去欣赏。比如，在课上请大家欣赏德国著名的版画家珂勒惠支的作品《面包》并说出自己的感受（见图 1）。同学们看到作品后，被画面中那拉着母亲的衣服索要食物的孩子以及悲伤绝望的母亲形象所震撼。最后我告诉同学们，作品中所传递出的、使你感动的带有强烈的反映人类真实情感的那部分，才是作品中最可贵的。这也是我们评判作品是否优秀的重要标志。其次才是分析作者应用了什么绘画技巧与方法，应用了什么材料，等等。同学们听了以后明白了优秀的作品首先应当是真诚而感人的，并且明白了在专业美术学习中应当追求什么。

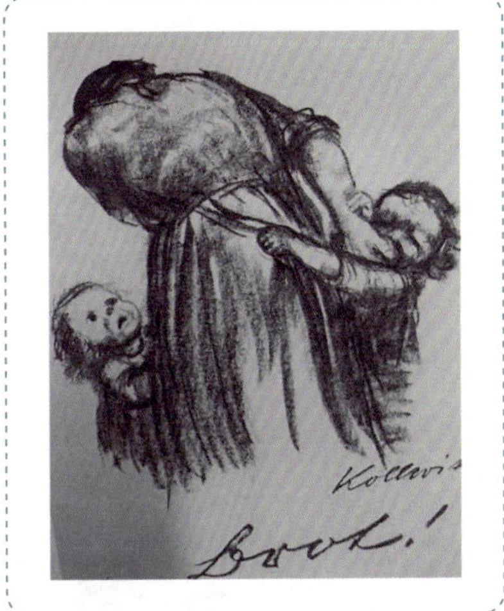

图 1　面包

（二）了解学生鉴赏能力，观察对学生速写能力提高的影响

为了了解学生鉴赏能力对课堂速写作业质量的影响，我用一幅作品分别对高一和高二年级学生进行鉴赏能力的考察，同时用问卷的形式请所有的同学独自列举出自己所熟悉的美术史中的著名作品，选择自己比较熟悉的和了解的美术作品，并尝试着加以评价。从作品给学生的感受，到画面构成的方法及技法的应用等。我发现，了解美术史上的著名作品越多的同学，当课堂训练中他们的作品存在某种问题时，我用他所熟悉的著名的美术作品进行对比讲解时，他会很快领悟，并能很快地对他的作品进行调整，甚至有些同学还会创造性地发挥自己的想象能力。

（三）引导学生学习大师的创作方法

1. 对速写中生动性的理解与表现

在速写课的专业训练过程中，不少同学用笔、用线以及最终画面会显得缺少自然生动的画面表达。究其原因，我发现一方面有些同学在速写训练的过程中过于注重局部的刻画，并且每个局部都平均对待花同样的力气刻画，这样就忽略了主次关系。而且更重要的是，忽略了对最生动的、最传神的，对对象神态的关注与刻画。因此，我选取 19 世纪世界最著名的绘画大师之一、德国画家门采尔的作品《努力看信的男人》这一幅速写作品，让同学们体会画面上，由于眼睛的疾患而看不清信上的字迹，但却努力使劲儿看信的那种生动的神态表现。同时画面上的其他细节一概概括处理。大师牢牢抓住了主体人物那一瞬间的神态特征，用生动的笔墨表现出了那最感人的一幕。学生体会到了一幅作品什么是最需要抓住的东西。在后面的作业中，有部分同学开始大胆地取舍和概括，开始注重画面所传递出的情感和感受（见图 2、图 3）。

图 2　学生作品

图 3　学生作品

2. 学习优秀绘画作品的构图方法

虽然同学们知道了什么是优秀的作品，但在具体的速写作业训练中，如何应用恰当的方法使自己的作品在原来的基础上有所提高，学生们往往不知道应该如何做。为此，我结合学生的课堂作业，引导学生们学习和借鉴著名作品中的表现手法，使学生们主动地应用到自己的作品中去。利用名画的表现手法去完成自己的绘画作品，使学生们体会到一副优秀的作品，除了要追求情感表达，还离不开恰当的表现手段。在高二年级一次速写课上，我要求同学们用构图突出主体、强调主题，有些同学在构图上不知道用什么样的方法使主体突出。我结合美术史上法国著名的浪漫主义画家德拉克罗瓦的名画

《自由引导人民》的构图方法，强调主体人物在画面中占有主要位置，从而在视觉感受中强烈而突出，引导学生去尝试应用到自己的画作中。经过理解和尝试，学生们很快就掌握了如何在作品中突出主体、强调主题这一表现方法（见图 4、图 5）。

图 4　学生作品

图 5　学生作品

3. 学习优秀的绘画作品如何用绘画语言表达情感

在美术学习的过程中，同学们不知道如何应用技巧体现和表达作品的情感。我给同学们列举了表现主义的代表画家，挪威画家蒙克的代表作品《呐喊》（见图 6）。同学们纷纷说道："一种躁动、不安、孤独、恐惧的感受。"于是我又再问同学，画家分别用了什么绘画元素来组织的画面呢。同学们纷纷回答：暗黑的红色、前景符号化的喊叫的人形、背景剧烈波动的线

图 6　呐喊

条，等等。于是我进一步请同学们感受那剧烈波动的线条，是否对作品要传达的情绪情感有一定的表达作用呢？至此，同学们明白了，不同的线条会传递不同的感受。围绕所要表达的主题，选择恰当的绘画语言就可以达到表达情绪、情感烘托主题的目的（见图 7、图 8）。

图 7　学生作品

图 8　学生作品

五、研究效果

通过在速写专业课堂上用美术史上的一些优秀美术作品引导同学们分析和感受，不但使同学们看到了优秀佳作，增加了美术史知识，而且通过对作品的表现内容、构成的方法及应用的技巧的剖析，使学生们学会从多种角度鉴赏优秀的美术作品的方法，并从中学习到更多绘画技巧，提高了同学们的自身专业能力。由此，我感到通过提高学生鉴赏优秀美术作品的能力，可以帮助学生提高自身的速写水平。

微课题研究反思

此次微课题研究，知道了学生鉴赏能力的提高对速写专业能力的提高有着明确的促进作用。通过对不同艺术作品反映的思想内涵的学习与分析，不但增加了同学们的美术史知识，而且通过对鉴赏的角度及绘画方法、技法等方面的学习和认识，在提高鉴赏能力的同时，将理解到的技巧方法合理地应用到了自己的作业练习中，使作业质量得到了显著的提高。这也为我以后如何提高学生的速写专业能力提供了非常好的指导方法。

此次微课题的研究虽然考虑到了“微”字的含义，但在确定具体研究内容时，考虑得还是不够细致，在“微”字上下的功夫还是不够。主要体现在具体的教学过程中，如何使每个个体的学生都得到充分的进步。在这方面还是缺少更加细致的分析和观察。微课题的研究还是要在“微”字上做文章。所以在以后的微课题研究中，我会注意如何更加关注个体的“小问题”。从“小问题”去深入分析，总结教学经验，努力提高自己的教学水平。

“先练后教、当堂训练”速写教学策略的实践研究

王军霞

一、研究背景

（一）课改的要求

据《普通高中美术课程标准（2017年版2020年修订）》，普通高中的培养目标是进一步提升学生的综合素质，着力发展核心素养，使学生具有理想信念和社会责任感，具有科学文化素养和终身学习能力，具有自主发展能力和沟通合作能力。

速写课程是普通高中美术课程中艺术领域的选修课程，也是美术专业高考联考的必考科目。既与义务教育阶段美术课程相衔接，又具有自身的特点。

（二）学情分析

在课堂上部分学生速写画得慢，部分学生速写注重对事物表象的描摹，学习效率不高。

二、研究目标

（1）速写是绘画模块中的一个内容，帮助学生在有限的时间内进行较深入的体验。通过“先练后教、当堂训练”速写教学策略的实践研究，引导学生触类旁通，认识和掌握速写表现的共性特征、基本规律和学习方法。

（2）通过对速写的鉴赏与学习，开阔学生的艺术视野，使他们形成学习

速写创作的基本观念。通过组织学生对优秀速写作品的观看和赏析，帮助他们了解艺术家与美术作品的关系、时代与趣味的关系、主题与风格的关系、内容与形式的关系、技法与情感的关系。同时，帮助学生选择适合自己的速写技法、样式和风格。

（3）在具体的速写教学过程中，培养学生的整体观念、空间与造型意识。结合具体的速写技能学习，以提示和讲解的方式，训练学生对事物的观察能力，帮助他们学会整体、比较的观察方法，从大小、远近、高低、明暗和虚实等关系中认识物体的存在和运动状态，提高对形象和形式特征的感悟与提炼能力。

（4）帮助学生正确理解速写创作与技法学习的辩证关系，增强学习的目的性。因此，应尽可能引导学生根据创作的需要，选择和学习相关的速写技法，同时也需要让学生通过一定时间的独立练习，掌握基本的速写技法。

三、研究方法

经验总结法、观察法。

四、研究实施过程

（一）课前准备

完成家庭作业，并上传到 ClassIn 作业平台，教师对每个学生的作业进行评分及点评。

（二）课堂教学

（1）学生写生训练，物的速写、人像速写、风景写生、场景速写等速写写生及创作训练。

（2）学生展示作品，自评与互评，找出优点与不足，提出问题并找出解决问题的方法；对课件的观摩与学习；教师示范。学生直观性学习，提高学生学习兴趣。

（3）小结。

（三）课后作业

（1）课后实践，速写训练。

（2）反思。

五、研究效果

无论静物速写、人像速写，还是风景写生，“先练”一般比较好理解，就是引导学生根据自己的理解与感受，先进行一定时间的速写训练，鼓励学生自主认识与思考，表现学生的自主性和创造性。“先练”的过程一般都大同小异。“后教”，有以下几种情况。

（1）学生通过一定时间的独立练习，展示写生作品。学生通过作品比较，看到自己作品呈现的问题：静物比例不准确，线条比较凌乱等。在自评与互评中，同学们能发现自己作品的不足，找到存在的问题，为下一步的努力找准方向。

（2）教师根据课程需要课前制作好 PPT 或视频，让学生通过对课件的观摩更直观地感受、学习。这种方式具有直观生动性，容易激发学生的学习兴趣，可以使教学内容的重点和难点更加清晰地呈现出来，帮助学生实现重难点的突破。教学中要引导学生发现问题、解决问题，同时在学生遇到问题时给予适当的建议、提示和指导。

（3）教师示范。如在圆明园遗址艺术实践写生活动中，有的学生对于画面的表现不够整体，有的学生对石材的力度表现得不够。教师会启发学生观察石材的特点及运用整体观察的方法去表现。当学生还是不知如何表现时，教师会示范如何整体表现画面，如何体现石材的力度等。学生一看范画，瞬间明白。

教师发现，“先练后教、当堂训练”起到了事半功倍的教学效果。学生在“先练”中找到问题或难点，变被动为主动，激发学生兴趣，更有利于学生对速写技法的学习和掌握。

研究反思

“先练后教、当堂训练”速写教学策略的实践研究，使学生更有目的地训练，提高学习效率，有的放矢。学生在速写写生训练中通过自主认识与思考，感受自主性和创造性，运用多种工具、材料和美术语言创作具有一定思想和文化内涵的美术作品和其他表达意图的视觉形象；依据形式美原理法则分析自然、日常生活和美术作品中的美，形成健康审美观念；具有创新意识，运用创造性思维进行创作。学生在“做中学”，习得新知识，理解写生创作观念，作品展示以后寻找不足，收集反馈，调整完善，体现对于预期效果与进步空间的反思的重视。以“开展真实的学习，实现真实的理解，进行真实的评估”的深度学习模式，使研究与速写实践训练相结合，成为促进审美判断、美术表现、创意实践等美术核心素养提升的有效学习途径。新的教学理念重视学生作为学习主体的地位，引导学生运用智慧，综合性地发现问题并通过美术速写训练解决问题；在学习中享受美的课题、美的作品、美的鉴赏，感受绘画精神。

美术高考速写线条的审美探究

吴丽萍

一、研究背景

（一）课改的要求

近年来国家提倡增强文化自信，直接影响到考试题目设置，很多具有中国文化特色的物品成为考题，并且讲求人文创意。尤其今年面临速写考题形式的大改革，东方绘画的体量更是被强化。所以首要的就是要打破以往东西方绘画的对立思维，引领学生探究东西方绘画只是形式不同，但本质相通，自然地融入东方审美观念，观察体会“绘画的本质到底是什么”，“好”是不是同一本质的多种表现形式。

（二）学情分析

北京市第109中学是北京市唯一一所拥有美术专业的示范性普通高中。生源要在中考时加试美术专业测试，入学后美术类高考是他（她）们的唯一路径，高考专业科目有素描、色彩、速写。

我在速写课的日常教学中，发现不止一位学生非常认真努力地描摹修饰线条而忽略了速写造型的本质，最后不仅画面拘谨还速度慢、分数不高。针对这样的状况，我做了深入观察，这类学生大多性格安静，定力很好，能够长时间沉浸式画画。但凡事都有两面性，这也造成他们磨蹭的个性，不能快速接受他人的建议，并且不能有效动脑，这种学习方式或许可以称作“学不进去又停不下来”。这类性格的学生大概率属于唯美主义者，所以我选择从审美入手教学，这也刚好符合目前国家倡导提升审美素养这个大背景。因此，

我决定设立微课题来探究解决这一问题。

二、研究对象

美高学生。

三、研究目标

探究速写线条的“好”应该不止于线条表面，底层逻辑到底是什么。

四、研究实施过程

（一）第一阶段：带领学生学习速写改革的考试说明

与学生一起阅读《北京市普通高等学校艺术类专业统一考试说明》。

（1）科目名称的改变：速写（综合能力）。

（2）考试内容的改变：结合高中美术必修课《美术鉴赏》中的内容，根据命题进行创作。①根据试卷的文字要求完成命题创作；②根据试卷所提供的图像素材，按要求完成命题创作。

（3）考试工具和材料的拓展：试卷用纸为八开素描纸（考点提供），绘画工具及材料为铅笔、炭笔、钢笔、签字笔、马克笔、蜡笔、彩色铅笔、水彩、水粉、丙烯、毛笔、墨汁（考生自备）。

（4）考试时间的改变：120 分钟。

综上可以看出从内容、形式到工具材料再到时间都与以往不同。

第一阶段的图片皆引用《北京市普通高等学校艺术类专业统一考试说明》给出的示例之一：参考运用山东省嘉祥县境内的武氏祠画像的构图方法、造型特点，绘制一幅作品，表现一次聚餐活动（不少于三人）。画像特点是其多层构图和饱满的形象组合具有强大的叙事能力，注重轮廓造型和阴刻线造型的风格富于装饰性。

给出的另一个示例：参考《韩熙载夜宴图》的构图法则和造型规律，画一幅《火车站候车图》，人物不少于五人，以线描造型为主，可以设色。夜宴图特点是“走马观花”“景随心移”。人物画则经常为了突出主体人物而不画背景，并机动地处置主次人物的比例。

还有一种示例要用写实风格。以法国现实主义画家库尔贝的《石工》为构图和人物造型、道具细节的参考，置换人物身份、服装、道具及环境，画一张新版本的《工作的人》。要求造型风格写实，绘画手法不限。

相比较而言，只给描述性文字要求创作难度要更大，好比给出的示例1，请绘制一幅街景，画面中应同时出现现代主义建筑、中国传统建筑和当代建筑。示例2，请参考民间剪纸艺术的构图法则、造型规律和风格特点，绘制一幅《孙悟空大闹天宫》。

根据第一阶段的问题引领学生进入第二阶段。

（二）第二阶段：带领学生尝试各种风格的速写线条的表现

具体实施：备齐工具，并尝试工具混搭。

尝试临摹并再创作西方大师写实风格的速写稿，体验、学习大师画得很松透、不死板，却又不失形体动态比例上的准确与精致（见图1）。

图1　学生作品

（三）第三阶段：组织学生自己总结讲述线面结合的写实画法与纯线描各自的特点与独特的审美

百分之九十以上的学生都意识到线描更难画，这其实也是事物的规律，越是简练越是难。

线描的难点：清晰—流畅—结构明确—疏密组织—层次感。

最难的是出现问题的地方会非常明显，轻易就能被看出来。

解决办法：对于速写的最基础的知识“结构、比例、透视”的深刻理解和熟练。

这些都通过学生作业得以视觉呈现（见图 2、图 3）。

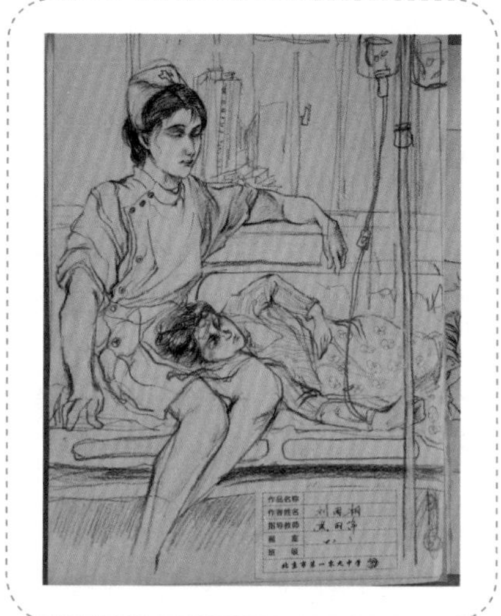

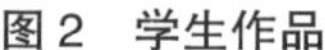
图 2　学生作品

图 3　学生作品

（四）第四阶段：得出结论

通过学习高考速写改革的变化，让学生明确要培养出自己的哪些能力。通过全方位的练习，使学生清晰地认识到速写线条的审美不是孤立存在的，它建立在强大的基础知识之上，表现的是对于基础的认知。

无论是线面结合的写实画法还是纯线描的手法，无论画单人还是画场景组合，无论改革前还是改革后，造成“好”的这些因素其实从未改变，都是先要把基础夯实。“合抱之木，生于毫末；九层之台，起于累土；千里之行，始于足下。”

唯美的线条建立在形体比例动态空间之上，线条是一种表现形式，不具美感的线条画面不具生命力、感染力，不够扎实的基础画面空洞虚华，唯美的线条与坚实的基础兼备才是正道。

探究学习底层逻辑，强化练习的有效性

美术专业的学生日常大多以视觉性和操作性的学习为主，而最容易忽视视觉与操作背后的理论依据。作为教师应该有的放矢，让学生明确自己大量练习绘画的目标，明确达成目标的底层逻辑和绘画方法。

微课题的研究方式能让我发现问题时从小切入点入手，见微知著，定好位、选好点，如同石子打水漂般连带解决更多问题。

这次设立的“美术高考速写线条的审美探究”的微课题，从高考速写改革后的具体要求出发，选取了速写线条的审美探究这样一个听起来轻松愉悦、容易达成的小切入点，逐渐拓展到东西方的风格体验，再到不同风格只是表现形式，最深层的依据是结构、动态、比例，最终将速写的底层逻辑整体渗透。这一系列由浅至深的知识挖掘，都是以引导学生为主，让他们自己观察、练习、总结，最后探究出结论。

美术并非只是手上功夫，更多的是体现大脑的理解力、内心的感受力、情感的共情能力。学生真正领悟了美术的价值所在，才会去主动动脑领悟学习方法，有的放矢地进行练习。有效性才是学习的关键。

高考美术素描人像准确造型

金 玉

一、研究背景

近年来高考美术统一考试与八大美院的校考、素描考题都以人像为考试内容。由此可见，素描人像是素描造型的高级阶段。生动准确、栩栩如生的人像造型写实能力是高考的统一标准，也是体现绘画基本功和综合造型能力最重要的考核内容。因为素描人像的准确造型是综合了学生整体观察与整体表现的绘画艺术水平，所以高考美术素描以人像为题，就可以让考生考出能力、考出水平。

我们课堂在备战高考的素描人像习作中会发现，即使之前基础较好的学生也出现了造型不准确的问题，就如我们所形容的：照猫画虎，嘴歪眼斜，千人一面，等等。那么暴露出造型不准确这些问题的原因在哪里？如何理解产生这些问题的原因？如何解决问题达到准确造型？这需要师生在研究探讨实践中共同总结提升。

在素描人像学习中，同学们普遍都遇到了各自的造型问题。怎样能全面提升素描造型准确度是迫在眉睫的问题。高考在即，时间紧、任务重，切实、有针对性的研究，将为学生面对高考建立信心、树立目标，给学生以前进的动力。

总而言之，这都是面对高考美术素描人像准确造型的问题，是我微课题选题研究的动因。为了提高学生的绘画水平和素描学科核心素养，本课题将从多方面入手，探索有效的教学方法。

二、研究目标

（1）通过素描人像造型专题项目研究，发现问题、分析问题、解决问题。

（2）通过融合多学科思维模式，建立绘画造型的思维模式，提高学生绘画造型的认知能力、观察能力与表现能力。

（3）通过总结运用素描绘画造型六步法实践写生，完善造型六步法和量化评价标准进而高效促进课堂学习，提高造型准确写实能力，培养艺术家思维能力、艺术表现能力。

三、研究的意义

本课题对于高考美术素描人像准确造型具有重要的实践和理论方法指导意义。

（1）通过研究并探索高考美术素描人像准确造型的问题，可以帮助学生克服在素描人像学习中的盲目性与主观性，通过研究总结素描学科素养，提升他们的造型能力。准确的造型是素描人像的根本任务，是高校招生考试中的重要评判标准。因此，通过解决准确造型问题，可以提高学生的高考成绩和录取机会，为他们的未来发展打下坚实基础。

（2）本课题的成果可以为我校高考美术素描人像教学提供科学、系统的教学指导。通过研究新时代教育发展的新要求和融合多学科思维模式的多元化学习方式，可以有效提升学生的综合理解能力和多学科思维能力。同时，主动学习并运用美术学科的理论和方法实践，能够帮助学生解决准确造型的问题，培养他们的美术学科核心素养。这不仅有助于学生更好地应对高考，还能更好地体现美育课程的价值和作用，实现立德树人的根本任务。

（3）本课题还具有推动我校美术教育改革和发展的意义。通过建立统一的教材教法和量化评价标准，可以提高美术学科素描教学的质量和效果，促进学生的全面发展。同时，借鉴国内外关于左右脑思维模式的研究成果，可以更好地理解学生的思维方式和创造力发展规律，为美术教育提供科学的理

论依据。这将有助于培养更多具有艺术才华和创造力的人才，推动美术教育的繁荣和创新。

因此，本课题的意义不仅体现在解决高考美术素描人像准确造型问题上，还涉及美术教育的改革和发展，对于学生的个人成长和社会发展都具有重要的价值。

四、研究的理论依据

（一）素描人像造型讲座：认识造型六要素

素描人像作业总结讲评课，总结归纳出影响造型准确的六要素，即构图、比例、透视、结构、明暗表现和空间虚实。素描造型六要素典型问题归纳为六个词语，更加形象生动概括特征。

（1）照猫画虎：画面的构图是画面与造型对象之间的整体几何形状特征。如果用成语来形容就是本来要画一只猫，结果却画成了虎，整体的形状是错误的，这就是构图要素出了问题。

（2）千人一面：画面的比例是指造型对象的各形状面比例大小，有大比例、小比例和细节比例之分。画人都是一个模样，就是画人物的五官和细节忽略了人物比例的个性化特征。我们形容为千人一面，这就是比例要素出了问题。

（3）嘴歪眼斜：透视是指观察者与被观察对象的角度产生了斜度变化的规律，包括成角透视、平行透视和圆透视的应用规律。当我们忽视了透视，就会造成嘴歪眼斜的效果，所以归结起来是透视的要素出了问题。

（4）照葫芦画瓢：结构是指物体上下结构和左右结构关系的组合，可以用骨架来形容它。结构和结构之间产生的面叫结构面。当我们忽略了结构面的特点，忽略了结构面的形状、大小、面积，或少了某个结构面的情况下，都会影响结构的准确。好像你本来要画一个葫芦，它是两个圆肚的，结果你却画成一个圆肚的。这就形容是画得不像，把葫芦画成个瓢，主要原因就是结构要素出了问题。

（5）盲人摸象：明暗表现在素描当中是很重要的，是光影效果的再现，也是立体形状的表现方法。但是当我们没有整体地去观察分析明暗关系，没有按照整体的三大面或五大调关系来统筹黑白灰层次分面，造成画面明暗混乱，盲目地抄描明暗黑白深浅，就会出现局部的观察与表现、孤立的观察与表现，呈现出“花”“灰”“脏”的效果，我们就把它形容成盲人摸象，这是明暗表现要素出了问题。

（6）呆若木鸡：空间虚实的表现，是对人物空间的透视和立体效果的一种有艺术感的表现方式。当我们画的人物形象刻板、生硬、呆滞，一般把它形容成呆若木鸡，这是空间虚实要素的处理出了问题。

（二）素描造型的公式

我们说素描是一切造型的基础，当我们想到用素描来训练造型基础的时候，我们有没有掌握和抓住基础方法呢？基础的步骤是什么呢？当学院派素描鄙视应试性素描时，他们争议的优劣之处又是什么呢？无非就是在造型方法上谈论哪个艺术性价值更高。它们的共同之处是什么呢？他们之间的差距在哪里呢？或许我们可以找到一个素描的公式，使它既有应试素描的效率高的优势，同时又能达到艺术性的高层次效果。素描就是对造型方法的专业性训练，培养观察能力与表现能力的写实性训练。这是一种很客观、很科学的训练模式，它能把观察方法与表现方法统一在一起，特别是作为素描高级阶段的人像素描，已经综合了各种造型要素。或许我们可以通过研究素描人像，找到一个素描造型的完美公式，这样就事半功倍了。

1. 从左右脑思维对立模式转换为合作模式

在美术教育研究者中，贝蒂·艾德华博士所讲的《画家之眼》和《用右脑绘画》即告诉我们要像艺术家一样思考。究竟艺术家是怎样思考的呢？博士在著作中强调右脑思维模式是艺术家模式，是直觉感知的形象思维的模式，是更加感性的、更加富有想象力或说更有创造力的。所以像艺术家一样思考不是所有人都能达到的。为什么我们不能都像艺术家一样思考呢？因为右脑掌控着左手，当你是个左利手，就体现出你天生是右脑为主导的大脑思维模式，也叫艺术家模式。据说达·芬奇就是左利手。然而正是这位擅长用左手的绘画艺术大师除了擅长绘画、雕刻、建筑，还通晓数学、生物学、物理学、天文学、地质学等学科。我们可喜地看到左右脑协同互补、合作发展，从对立和独立模式转换为合作协同模式的全脑学习开发，全脑的通用思维模式给我们展现出一位旷世奇才。所以右脑的思维并没有影响或控制打压他的左脑。他如果单用右脑思维孤军奋战，那样他只会成为画家。所以我们看到，还有很多的科学天才、艺术天才，其实都是左右脑协同合作，全脑通用学习全脑开发的示范模式。如果说左脑是理性的、逻辑型的、语言型的、线性的思维，是具有符号化归纳功能的，那么人的左脑和右脑，真的可以完全互补在一起协同合作。所以我们也要研究和探索，运用绘画造型训练为左右脑全面开发、协同合作搭桥铺路、创造机会。

2. 从多学科思维得到启发

当我们学到数学学科、物理学科或者化学学科，比如数学，老师一定是先给大家讲明这个数学公式的概念定义，再推演公式的形成和演变过程。所以我们就思考，在我们生活当中，认知的程度也是这样相互转化提升的。先从左脑的理性的认知，到右脑感性的体验，感性和理性互相转化的过程，也就是我们左右脑协同工作的一个过程。我们不必分清到底是右脑直觉感知在先，还是左脑理性逻辑在先，总之只要分工合作、取长补短、全面应用就益处多多。

三十年来的美术教学中，我发现一个规律：大部分以右脑为强势主导的学生，80% 以上绘画造型能力很强，从高一刚入学就表现出超群的水平，但是他们基本上是进步很慢，不注重学习绘画理论知识。在跨学科思维的影响下，公式的学习方式可以用在素描人像的造型训练中。毕竟我们的绘画学习也是要站立在绘画大师的肩膀上的，很多已有的绘画方法技巧（例如达·芬奇总结的明暗表现的明暗递减法），我要求学生记背这些方法、概念、规律，从而调动他们左右脑都活跃起来，协同合作参与学习绘画实践。

3. 步骤就是公式，公式即方法

素描人像的写生步骤就像数学公式或化学实验的先后顺序，所以步骤就是公式，公式即方法。美术老师很羞于讲公式，认为这样讲仿佛就不艺术了。但我看明白了，素描人像造型问题的解决是理论方法与实践相结合的一门手艺，手艺就要精益求精，用上研究造型六要素的步骤法，就是光明正大地用公式。

（三）素描造型六步法实践与总结

1. 学我所画，画我所学

（1）学我所画：理性地总结、归纳学习方法和公式，需要反复记背熟悉待用。我们要画的人物素描先学习解决怎么画是第一步。

（2）画我所学：把公式方法运用上，把学过的画出来，解决画什么是第二步。

2. 爱我所画，画我所爱

（1）爱我所画：人物肖像素描是素描的高级阶段，这是我们与人的情感关注度的问题。认识到无论什么面貌、气质、年龄、性别、五官特征，我们都要投入全身心的精力，情感态度是尊敬的、感恩的，去体会模特的心理，去爱他。

（2）画我所爱：把素描人物从写生到画活。惟妙惟肖、栩栩如生、形神兼备地画出来，画出你对人的爱，对生活的爱。

五、研究实施过程

学生在素描学习的时候，大都觉得不需要学习公式，不知道学习运用理论方法。但是到了素描的高阶段画人像时，就一定会暴露出更多的理论、方法、知识上的匮乏和漏洞。所以，当我们真正地去解开这个思想的枷锁，那么我们就无须再考虑我们学习绘画需不需要公式的问题、需不需要方法的问题。我们也都知道：授人以鱼，不如授人以渔。我们教同学画画，给同学改画都不是目的，那么我们应该教什么呢？教他方法，教他公式。那么如果我们自己都没有总结归纳出一个完美的造型方法的公式，那又怎样向学生传授呢？还如何能够提高课堂效率？

（1）问卷调查：设计针对美术学生和美术教师的问卷，收集他们在素描人像学习和教学中的体验和意见。

（2）对照组实验：将学生分为不同组别，分别采用传统教学方法和素描造型六步法进行教学（见图 1）。

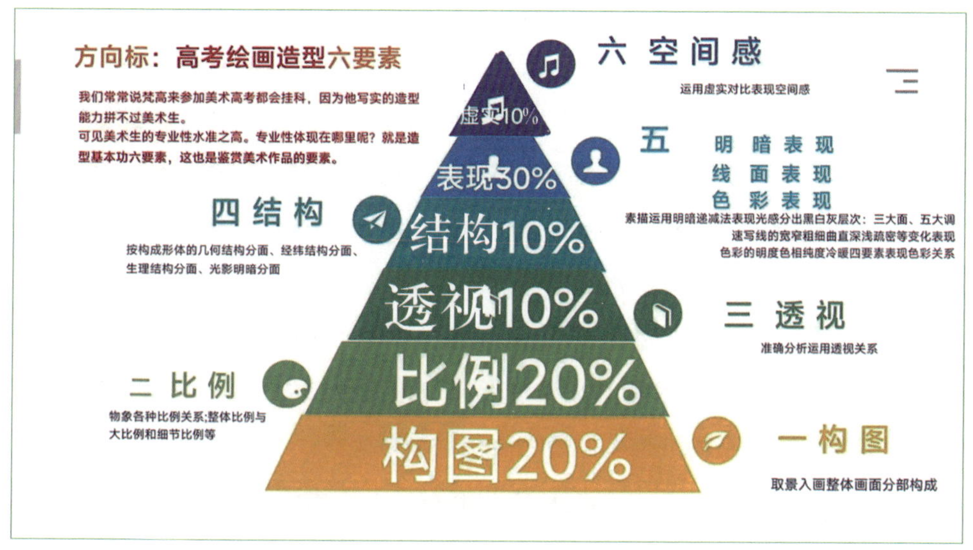

图 1　素描造型六要素化标准

（3）实践指导：为学生提供针对性的指导，帮助他们解决在绘画过程中遇到的问题。

（4）通过实践实验，收集学生在不同教学方法下的绘画作品，并进行量化和讲评。

（5）建立统一的量化标准。

六、研究展望

①分析问卷调查和实验数据，总结学生和教师对于素描人像造型问题的认识和看法。②分析实验结果，比较不同教学方法对学生绘画能力的影响和效果。③归纳素描造型六步法的实践经验和优势，总结其在提高学生准确造型能力方面的有效性。

通过对两组不同教学方式的学生问卷调查结果及教学实践进行分析，开展如下工作。

（1）提出解决方案:《素描人像造型六步法》帮助学生克服素描人像造型问题。

（2）结果分析：对实践验证的结果进行统计和分析，比较新方法与传统方法在学生素描人像准确造型方面的差异和效果，验证新方法的有效性和优势。

（3）结论提出：根据研究结果和分析，总结影响高考美术素描人像准确造型的素描造型的六大核心素养。具体的教学策略按造型六步法观察与表现，按造型六步法为具体评价量化标准和讲评顺序。

（4）结果交流与推广：将研究成果进行总结和整理，撰写研究报告、论文或教材，通过参加学术交流会议等形式与相关领域的专家、教师和学生分享研究成果，推广新的素描人像造型方法和教学理念。

通过以上的研究成果，我们希望能够对高考美术素描人像准确造型问题有更深入的认识，并为教学实践和学生的艺术发展提供有益的指导和建议。

像艺术家一样思考

当我们还在研究素描人像造型的步骤方法怎样能够达到更加准确生动、形神兼备、栩栩如生的写实效果的时候，人工智能 ChatGPT 已经走进了我们的世界。这将是一个备受人工智能冲击和影响的新世界。

作为美术生，作为造型写实能力的代表性人群，如何在这个时代求生存求发展？如何面对和迎接这个时代给我们带来的挑战和机遇？我们作为美术教师，需要深入反思。毕竟我们的教育教学目的，不只是通过高考。我们是本着立德树人、为国家培养高素质综合创新人才的，所以我们要引导学生做时代的主人，而不是被这个时代淘汰！这就更需要我们结合本学科思维拓展学生多种多样的学科思维模式（例如：将我们的语文思维和绘画专业思维模式相结合，用语言指令和艺术家的创意，给人工智能出一道有主题的绘画考题，最终达到艺术家审美境界的效果）。我们不是把学生培养成人工智能的水平，而是要培养艺术家。这样才能使学生做人工智能的主人，去调动自己的艺术家的智慧和综合能力来下达命令，得心应手地把人工智能作为人类的工具使用。

这就更需要我们在学习、教学、研究当中，给学生以主动性、主导性、研究性，让他们能够不做劳力者，而做劳心者。这就更加需要多学科思维方式引导学生，拓展他们的思维模式，使他们能够做主人，做指令者，做创新者。

美术专业水粉写生单元训练研究
——高一年级水粉静物写生教学

郭盛林

一、研究背景

近年来，高考美术色彩考试大多以色彩静物的间接写生为主。学生学习色彩的思维分析应遵循从感性到理性的认识过程，使学生对色彩形成专业化的感知和实践体验十分重要。考试要求如下：

（1）构图严谨，造型完整。

（2）色调和谐，色彩丰富，色彩关系合理。

（3）塑造充分，用笔生动，技法运用得当。

（4）富于艺术表现力。

对高一刚入学的学生在色彩的作画步骤要严格要求，通过作画步骤的严格把控，解决每一步骤的问题，准确把握色彩表现对象的基本规律。

二、研究意义

色彩是绘画造型的基础，也是美术专业高考的必考科目之一。色彩考试主要考察学生对色彩的认识与理解，运用色彩塑造形体的表现能力，以及色彩技法运用能力和艺术语言表达的能力。

水粉画是色彩基础训练的主要画种。学生通过水粉画的认真学习，掌握色彩表现对象的基本规律，具有扎实的色彩基本功，既可以向油画、版画、雕塑、中国画和水彩画方向发展，又可以为设计艺术类等专业打下坚实生动色彩造型基础。色彩学习包含以下要素。

（1）用丰富的色彩画面，激发学生对人文美、生活美、自然美的热爱和对美好事物的追求。

（2）通过观察和体验，正确理解色彩形成的基本规律。

（3）了解并掌握色彩写生的作画步骤和表现方法。

三、研究目标

色彩静物教学的目的是通过美术基础知识的传授，使学生掌握色彩静物写生的作画方法和表现对象的技能，进而培养学生发现美、欣赏美、创造美的能力。根据高中学生心理、智力发展水平以及当前美术教学的实际情况，确定本单元课的教学目标及教学重难点。

1. 专业知识目标

掌握有关色彩静物写生的基本知识。

2. 色彩表现能力目标

（1）提高学生对色彩静物表现技巧和色彩的感知能力。

（2）培养学生对色彩的实际运用能力。

3. 思路拓展目标

（1）在写生过程中培养学生表现对象的创造性思维方式。

（2）培养学生自主学习专业知识的自律能力。

4. 价值观和情感目标

（1）通过正确的价值观，引导、培养学生认真学习的态度和探索新知识的兴趣。

（2）培养学生用正确的审美观来观察生活、感受生活。

5. 教学重点和难点

（1）重点：水粉静物写生的作画步骤。

（2）难点：色彩写生中表现对象的能力。

四、研究实施过程

（1）教师通过组织课堂教学，对本课内容进行讲授，运用人工智能多媒体技术播放优秀作品，解读经典，提高学生对色彩知识的理解。

（2）通过课堂提问方式，巩固本课教学重点，调动学生学习积极性。

（3）通过教师示范作画过程，使学生了解水粉画的基本作画步骤，启发学生独立作画时对作画步骤的把握。

（4）通过辅导学生作画，使学生掌握作画步骤、解决本课难点问题。

（5）通过作业自评，使学生获得专业知识的提升，锻炼学生分析问题、解决问题的能力（见图 1、图 2）。

图 1　学生作品

图 2　学生作品

五、研究结论

（一）教学策略与方法

本课的教学过程主要强调启发体验式教学方式。在整个教学过程中，教师作为课堂建构学习专业知识的引导者、组织者、促进者，而不是知识的灌输者。在写生过程中，培养学生耐心、细致、持之以恒的学习品格，提高学生对各种物象色彩表现的审美能力，以美术的核心素养为目标，树立正确的审美观念，陶冶情操，激发学生更加热爱本专业。

本节课的基本设计思路就是教学过程中学生在教师的引导和组织下，对学生自主探究知识能力的培养，让学生保持高度的探索欲、求知欲，并通过知识的积累提升画面效果，从而产生一种成就感，增强作画的自信心，进一步激发他们强烈的作画欲望。

（1）启发式教学。启发式教学是教学中最常见的一种形式，教学中感悟很重要，通过有效的教学方法，激发学生的学习热情。色彩教学，要循序渐进，以启发诱导的方式来达到教学目标，切不可急于求成。例如：一组静物是暖红色调，学生画成了紫色调。如果教师告诉学生色彩不对，学生往往无法接受，就是认为是紫色。这个时候运用启发式教学方式进行教学，让学生观察周围的色彩进行比较，再通过范画进行比对，从而确立正确的色彩关系，使学生从心里认识到错在哪里，自觉地调整画面，才能收到良好的教学效果。

（2）激励式教学方法。高中阶段的教学，面对的群体是未成年人。怎样在每一次课达到教学目的，双方的心态很重要。例如：有的学生基础弱，在这种情况下，找出他的优点加以表扬，目的是增强学生的自信心，提升克服困难的勇气，给学生爱与呵护，学生进步就很明显，专业提升很快。

（3）引导学生自我评价。学生讲评自己的作业这一环节，既锻炼了学生总结问题的能力，也锻炼了学生语言表达的技巧，对提高专业能力起到了积极的作用，在教学中收到了良好的效果。

（二）教学设计

本课的基本教学程序如下。

学生：观察对象—表现对象—快乐体验—自信探索—色彩知识扩展—艺术情感升华—作业自我评价—课堂教学互动。

教师：引导观察对象—画面预期设计—启发知识点探索—汇总归纳教学重点进行辅导—作业讲评。

在本节课的教学中，设计了讲解、启发式教学辅导和学生自主讲评作业环节，让学生通过讲解作业和讨论作业问题来提升自己的色彩表现能力，构建自己的专业知识体系。学生每参与一个环节，都会思考完成每一个环节的办法，在初步感知的基础上感受到色彩的魅力，然后在作画过程中体验色彩、表现色彩，再在作业探讨讲解的环节中联系客观对象，发挥艺术的想象力，对探索、讨论的结果探究验证，最后在理论的指导下进行专业知识思路的扩展。教师从学生在作画过程中遇到的问题入手，引出每一步要解决的问题，然后启发学生进行讨论，对讨论过程中遇到的问题或者学生比较棘手的问题，教师进行适当的启发和引导，最后同学生一起总结归纳。在教学中，教师应充分强化自身的主导性意识，始终组织学生有效地进行学习，并以相互尊重、相互理解的身份出现，让学生时刻感受到与教师处于平等的地位，同时让学生感受到温暖与关爱（见图 3、图 4）。

图 3 学生作品

图 4　学生作品

六、研究总结

（一）对于课堂

本节课以建构色彩理论为指导，以课堂互动为主线，以学生的自主探究实践学习为中心，充分调动了学生学习专业知识的积极性，学生严于律己、勤于思考、勤于动手、敢于创新，充分发挥艺术的想象力，使课堂气氛活泼向上、积极有爱。从教学效果看，知识目标完全达到，作画能力、专业探索和情感目标基本实现。

（1）课堂总体设计合理，教师与学生的互动效果也很好。

（2）个别学生在课前的准备不够充分，在分析范画和作画时略显欠缺。在作画过程中，个别学生由于预习不够充分，对作画步骤理解得不够，导致作画程序不清晰，作画步骤混乱。因此，课前预习很重要，以后对学生这一环节要加强要求。

（3）教学中学生先分析范画，教师辅导、讲解、示范，学生再讨论，最后教师把握方向。这一方式既锻炼了学生的分析能力，发挥了学生的潜能，激发了学生学习专业知识的兴趣，又为学生实操做好了有力铺垫。

（二）人工智能在教学中的作用

美术专业课教学需要教师投入大量的精力备课，准备与本课有关的各方面资料，并且需要大量的教学资源，包括图片、教学实物、绘画工具、音频、视频等。在未使用信息技术的时候，对于如此之大的美术资源课前准备，教师需要耗费大量的时间与精力，在上课时也因需调用不同美术资源而颇为艰辛。但是这样的准备并不能很直观地呈现所要给学生的东西，在网络日新月异的今天，学生了解得多，接触得多，这些课前准备都无法满足学生的需求。

在美术专业教学中使用智能化信息技术设计教学后，教学效果明显提高。在教学过程中，现代信息技术的融入能更好地吸引学生注意力，激发学生学习专业课的浓厚兴趣。用 PPT 制作的课件可以插入多种资源，如作品图片、教师示范、小视频等，这些资源增强了学生的直观感受，使课堂气氛空前活跃，使学生对静物写生的作画步骤有了更直观、更深入的了解。这是智能化信息技术非常强大的优势。相比之前，学生对美术课的学习兴趣更浓了，课堂效果更好了，教学有效性也随之大大提高了。总之，现代化智能信息技术在美术专业课教学中的应用，为专业课教学质量的提高提供了有效的保证。

教育的目的是立德树人，美育的核心价值就是以“真善美”为导向，培养爱祖国、爱人民，乐于奉献、勇于担当，努力学习科学文化知识，建设社会主义祖国的接班人。在美术学科教育中，美术的核心素养培养始终贯穿教育教学的始终，美术欣赏、专业训练都要体现这一核心价值。

重教材分析

本课注意课堂结构的把握，环环紧扣，衔接自然，辅导色彩知识讨论，重点讲授和作业点评交互进行。

（1）在观摩、分析范画的时候重点分析色彩关系。分析讲解中，要强调学生从作画步骤和表现对象两个方面来想。

（2）在学生讨论时，教师应引导学生联系自己的实际操作，体会色彩关系的灵活运用。

（3）本课的内容紧密联系实践，加上讲解、讨论式的启发教学法，课堂的气氛轻松快乐，学生学习心态积极向上，教师应注意调控课堂的节奏，把握好课堂的教学衔接秩序。

绘画创作课程培养学生美术核心素养的实践研究

臧　澄

一、研究背景

2016年“中国学生发展核心素养”研究成果公布，研究学生发展核心素养是落实立德树人根本任务的一项重要举措。国家又在此项研究基础上，陆续发布了“新课标改革”“全面加强和改进学校美育工作意见”等。2017年教育部正式公布了《普通高中美术课程标准》，这标志着中国基础美术教育正在走进核心素养时代。

培养核心素养是课程改革的方向，目前我校美高专业课程内容设置能不能体现培养学生的美术核心素养？在我的教学研究过程中，基于教学现状，发现存在一些亟待研究和解决的问题。

目前，我国顶尖的美术大学是通过校考选拔人才，考题方向除了素描、色彩、速写造型基础，还有要求更高艺术创造力的绘画创作和设计考核。在课题实施前，我校美高专业课程设置较单一，仅开设联考的素描、色彩、速写三门基础课，不能满足学生的需求。因此，需要研究以我校现有资源进行美术专业课程开发方案并实施，建立有利于培养学生核心素养的选修课，以响应国家对人才素质培养的育人目标。我校美高顺应时代发展要求，开展了以提升核心素养为根基的“美术高中专业课程开发与实践研究”的北京市级大课题研究。我除负责大课题之外，还负责其中的子课题“美术绘画与设计基础”选修课的教学及研究工作。本学期我将子课题细化，以微课题形式进行理性研究与实践探索。

本微课题选题缘由如下。

1. 回应美高在校学生的需求

通过对美高高一高二两个年级学生需求问卷调查，收到有效问卷 120 份。其中有 70% 以上被调查学生想或很想参加校考，选修课程需求的问卷调查中，选择想学创作与设计的学生占比 75%。

2. 美高毕业在校大学生的建议

通过对现在在各高校就读的我校美高毕业生问卷访谈，共收到 30 份有效访谈记录。他们是在我校高中阶段学习过设计的学生。同学们普遍反映高中设计创意学习对他们现在的学业非常有益，为当前的学业打下了良好基础。我校一直致力于提高学生学习设计专业的兴趣，培养创意思维，使他们得以很快适应大学专业课程，对未来工作发挥重要作用。同时，调查问卷显示“绘画创作为难情绪”高达七成以上。

因此，设立微课题进行科学研究与实践有着必要性和急需性，力求改进学生绘画创作的困境，最大程度地帮助他们打通校考通道，培养更高美术素质的人才。

二、研究意义

1. 中国基础美术教育正在迈入核心素养时代

本微课题全面培养学生美术核心素养，提升学生艺术创造力，为美术校考打通通道。

2. 创作学科在开发学生艺术创造力方面的特殊作用

创意素养作为艺术生的必备修养，对绘画审美、理解、构图、色彩搭配和创作影响至深。艺术的灵魂在于创新，此课程培养学生的创新能力，为社会培养高素质创新型人才发挥重要作用。

3. 高中阶段学习创作有利于学生发展

由于联考不考创作的原因，很多美术类高中没有开设创作课程。但越是美术专业性强的大学越希望招收到具有创作能力的好生源，所以这些大学在美术校考中设置了创作考试。在高中没有学习过创作的美术生，升入大学后普遍创作思维缺乏开发，创作课程会受到一些阻碍。所以高中美术生的课程设计需要科学合理化，以提升学生美术素质为目标，助力学生升入大学后尽快适应大学学业，符合人才培养的需求。

三、研究目标

（1）实施我校美术高中选修课程——创作与设计基础，满足学生对校考的需求，为学生打通考取理想大学的通道，实现为高校培养更多优秀艺术人才的目标。

（2）建立创作课程大单元设计，并在实践中研究符合我校学生实际情况的课程，制订切合美术高中生核心素养培养的教学目标，提高专业能力。

（3）统筹课堂学习和课外实践，开展写生、讲座、参观、绘画比赛交流等促进教学的活动，开阔学生艺术视野，提高学生学习兴趣，有效促进学生专业课学习，提高学生造型能力，培养学生艺术思维能力、艺术表现能力。

四、理论依据

（一）发展学生核心素养是本选修课程开发与实施的根本目的

核心素养培养是当今世界各国课程改革的风向标、主基调。新的课程标准中将核心素养定义为学科育人价值的集中体现，是学生通过学科学习而逐步形成的正确价值观念、必备品格和关键能力。《普通高中课程标准（2017 年版）》明确指出，发展核心素养是落实立德树人根本任务的一项重要举措，也是适应世界教育改革发展趋势、提升我国教育国际竞争力的迫切需要。核心素养综合表现为人文底蕴、科学精神、学会学习、健康生活、责任担当、实践创新六大素养。

正确价值观念、必备品格和关键能力，实际上是对“美”的认知能力与表达能力，而“美育”则是对美的认知与表达能力的培养，是各学科核心素

养的一个重要组成部分。开发实施创作选修课程将最大化地满足学生个性化需求并提升学生的核心素养。

（二）核心素养是世界美术教育的共识

世界其他国家在美术课程标准中所提出的核心素养，尽管在提法上和具体指标维度上各不相同，但都试图通过美术学习对学生进行核心素养教育，关注学生核心素养的形成。这已成为当今世界中小学美术课程标准制订时所共同考虑的问题。

全面培养美术学科核心素养，主要包括图像识读、美术表现、审美判断、创意实践和文化理解（《普通高中美术课程标准 2017 年版 2020 年修订》），特别是创意实践是培养美术专业人才的重要课程。

（三）美术课程是美育的重要组成部分

2020 年 10 月，中共中央办公厅、国务院办公厅颁布的《关于全面加强和改进新时代学校美育工作的意见》明确了美育以立德树人为根本，以社会主义核心价值观为引领，以提高学生审美和人文素养为目标，弘扬中华美育精神，培养德智体美劳全面发展的社会主义建设者和接班人。

（四）以建构主义教学理论为依据进行创作课程教学

紧紧围绕学情，以学生们的经验为基础，创设情境，激发兴趣，以“金字塔”学习理论为依据，使用“小组合作探究，教授给他人”的学习方式，追求学习效果的最大化。以“支架式”教学方式为主导，创设问题情境，根据任务研讨学习经历、感受发现、提炼分析、绘画创作实践等全过程。以自主、合作、探究的方式参与美术学习，向着融合性、主题性维度发展。采用激励性评价、师评、自评、互评等多元化评价，关注教学活动的展开过程而非结果，学生通过解决疑难、困惑而进行学习活动，教师在观察中引导学生成长。通过学习，让学生在绘画创作实践活动中加深对绘画创作本质的认识，体验丰富艺术形式和方法。要充分尊重学生的个性和创造力，兼顾外化与内化，更好地引导学生完成意义建构。

五、研究的主要内容

（一）目前我国美术高考情况

目前美术高考分为联考和校考：联考是所有艺术特长生都必须要参加的基础性考试，难度相对较小；校考是选拔性考试，而且校考的院校都是高水平大学或艺术类院校的佼佼者，其选拔人才的要求更高，所以考试难度也就更大。随着艺术类高考改革，特别是从2020年开始，除45所独立艺术院校和参照院校保留校考外，其他高校招生全面取消美术校考，全面承认各省市美术联考成绩。

高水平大学有45所，如九大美院、电影学院等都需要参加选拔性校考。校考考察造型能力、艺术思维及表现力，考试科目除素描、色彩、速写以外，各校自己命题，根据不同专业设置考题，如设计、创作、动画等。

（二）高考创作设计考题最新方向

美术高考是美术教育工作中的重要一环。近年来，各大美术院校的校考考题也在或多或少地变化着，这些变化并非只是来自美院自身的行为，更多来自教育部的相关政策变化。这其中中央美院和清华美术学院代表着学术方向的风向标。首先，考题紧随时代，贴合生活；其次，考题注重考查考生对文本的理解和阐发能力，强调与美术相关的多方面素养。

中央美院近些年的创作设计考题，从“棒棒糖”“转基因鱼”“鲍勃·迪伦”，到2018年的幸福指数，这些出其不意的考题是难倒了考生，但是更让真正热爱艺术、梦想进入最高艺术殿堂的艺术考生们脱颖而出。显然，现在的高考越来越重视艺术本质，即审美情趣和审美表达，要求考生有真情实感，有体验、感悟和表达的欲望，而非只注重基本功技术等外在的能力。中央美院副院长苏新平说：“探索出一条真正符合中央美院人才选拔的招生之路，强调创造性的内涵。”如2018年考题“幸福指数”，2022年“气候时钟”等考题，不再局限于知识和专业技能的考查，明显加大了对学生社会责任的意识、文化敏感度和思辨能力的考查。

清华美术学院考题，2011 年到 2013 年转入“衣食住行”范畴，2014 年到 2018 年转入绘画本体范畴，2017 年创意素描的考题为“岁月的痕迹”等，可以看出清华喜欢更体现传统文化感的作品。如何将中国传统文化精髓加以继承和发展，也是我们艺术创作需要更加重视的问题，在世界大同的当今有民族的底色和辨识度，也是对学生未来社会责任感的意识、文化敏感度和思辨能力的培养和考查。

（三）各个高校创作设计考题的类型

每个高校设计的考题内容不同，现在将创作设计的考试类型做个简单分类，便于考生根据自己的兴趣和能力去选择报考志愿。

（1）考查创意的：中央美院、江南大学、北京服装学院、北京工业大学、四川美院等。

（2）考查装饰图案的：东华大学、江南大学、四川美院、鲁迅美院、华东师范大学、吉林艺术学院、天津美院等。

（3）考查动画游戏的：北京电影学院、中国传媒大学。此类学校需要很好的速写功底，画漫画强的优势。

（4）考查绘画创作的：中央戏剧学院、上海戏剧学院等。此类学校需要很好的速写功底，不能画成装饰画。

（四）课程实施的多元化

课内外开展教学课程，线上线下融合，开展创作讲座、微课、参观网上美术馆、参加绘画比赛等丰富有效的教学课程和手段，为课程目标服务。

六、研究方法

（一）文献研究法

通过查阅具体书籍、学术期刊等方法收集与美术高中创作课程、高考相关的信息。

（二）问卷调查法和访谈法

通过美高在校学生、大学生和已就业的美高毕业生三个不同阶段的人群学情问卷或访谈，收集影响我校美术高中学生对美术核心素养形成的课程因素。研究现有课程设置中存在的问题；通过数据分析和对比，辅以教学过程的观察、听课、师生访谈，运用调查法中的问卷调查和成果案例整理，研究以我校现有资源进行创作课程开发与实施的可行性方案。

（三）实验法

在课题研究过程中，实施“兴趣”与“未来”等课程教学设计，采用“在实践中研究，在研究中实践”的方法来展开具体而有针对性的研究。

七、研究实施过程

（1）前期进行学情调查（见图1），确定选修课课程教学策略（见图2）。

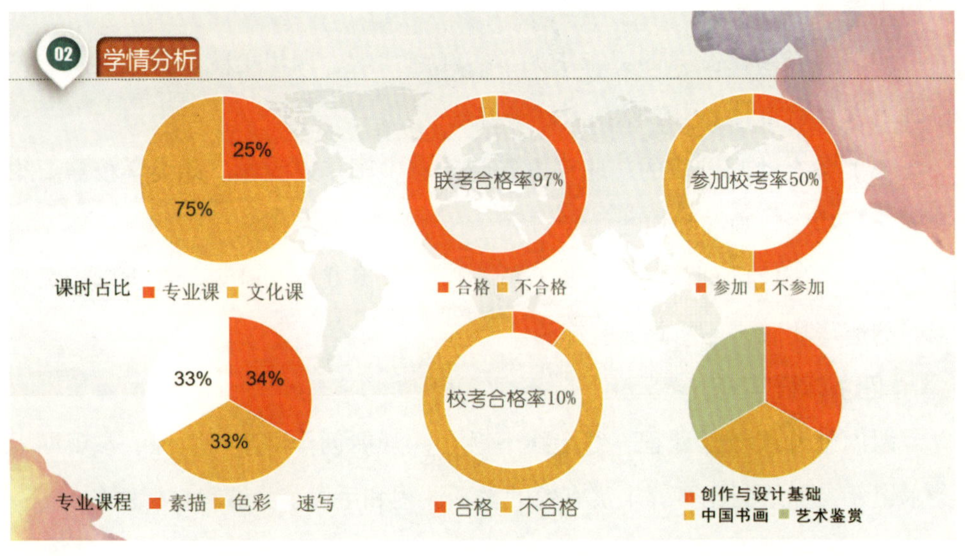

图1 学情分析

（2）将选修课设计为四个大单元课程，其中创作与实践为第一单元，分四个主题8课时，将大任务分解，有利于学习效度，每课时有专属任务（见图3）。

（3）五四青年节前举办“定格青春”为主题的学生画展，像艺术家一样去创作，并由学生策展，完成创作全过程学习。单元课程以终为始（见图4）。

（4）调研通过“绘画创作”对学生核心素养的培养效果并分析讨论。

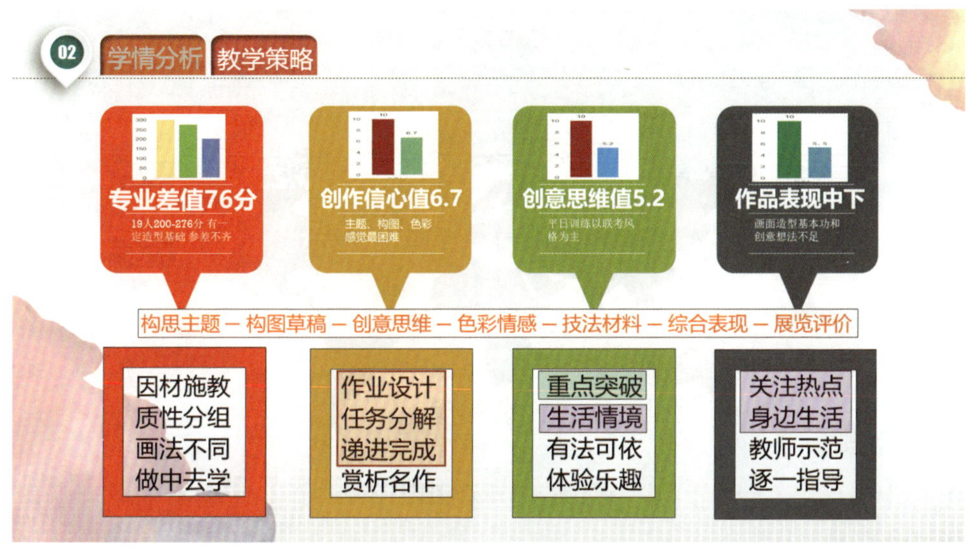

图 2　教学策略分析

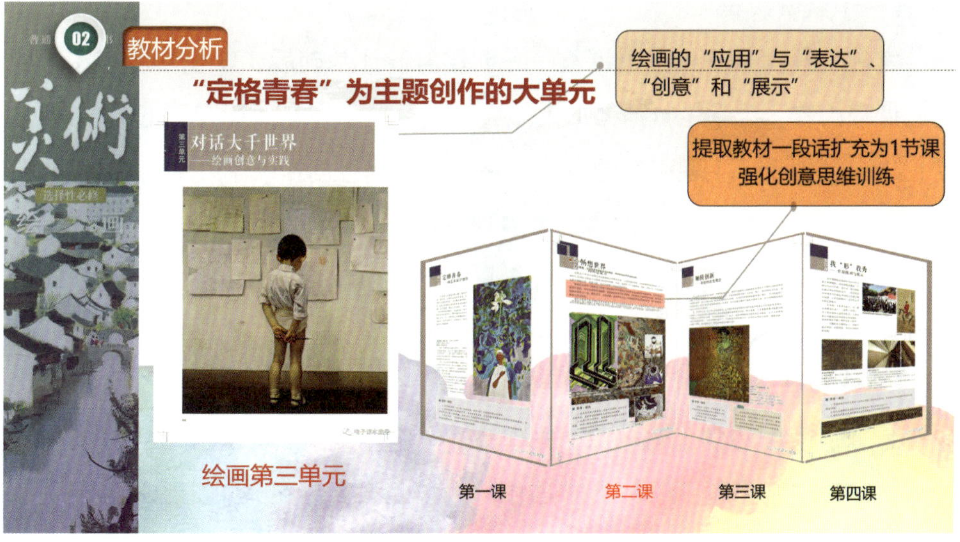

图 3　教材分析

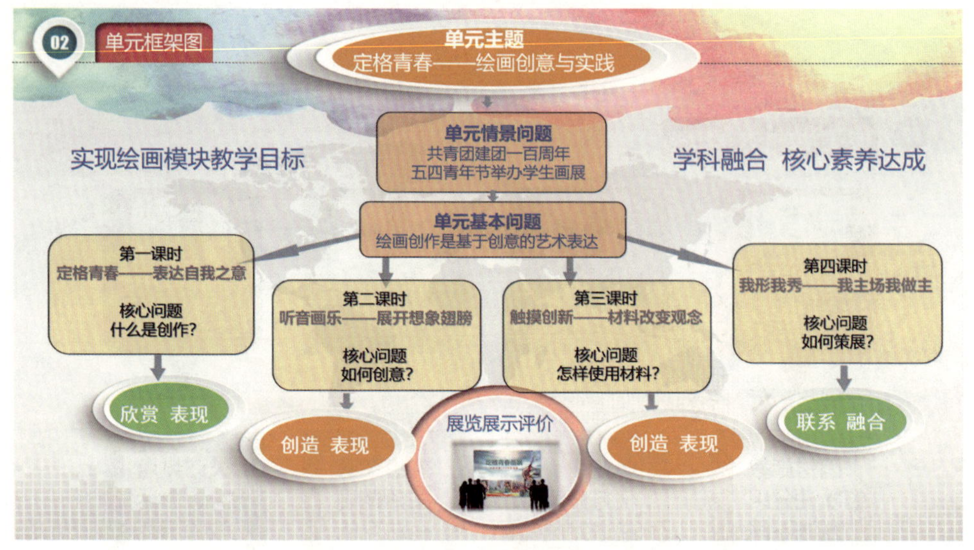

图 4 单元框架

八、研究效果

（一）认识效果

实施我校美术高中选修课程——创作与设计基础后，学生学习了校考所需的课程内容，为学生打通考取理想大学的通道。在新课标背景下深耕细研，课程以命题创作、主题引领的方式，进行美术创意创作教学。通过实践研究，课程全面培养学生审美感知、艺术表现、文化理解、创意实践的艺术学科核心素养，以及责任担当、人文情怀、勇于探究、实践创新等综合素养，增强绘画创意表现的兴趣和意识，提高艺术表达能力。

（二）操作效果

1. 加强方法指导，培养综合素养及学习能力

设计以“定格青春”为命题创作的大单元教学，在大单元中以四个主题开展学习，通过各主题的任务单进行自主思考探究。围绕“大概念”的思维，开展创作实践活动，有效地引发学生深度专业学习，让学生体验艺术创作的全过程；小组团队开展任务驱动，提高自主学习能力；应用信息技术手段，激发学习热情。

2. 加强过程辅导，提升创作能力及作品效果

建立创作课程大单元设计，学生完成“确定主题—收集素材—构思构图—创意思维—绘画表现”的创作实践过程。以贴近学生生活的各种情境为切入点，具有强烈代入感，通过对相关艺术作品研讨和教师现场示范讲解，提高思维水平和解决美术创作的能力，使创作实践变得简单有趣。课后学生自评、教评、互评，强调学生自我反思，总结提升知识技能、学业方法和态度。最终，学生创作作品质量明显提升（见图 5）。

单元作业

定格青春

花儿与少年

月光下的凤尾竹

图 5　课程前、后学生作品质量对比

3. 加强扩展引导，鼓励作品展示及交流提高

统筹课堂学习和课外实践，开展写生、讲座、参观、绘画比赛交流等促进教学的活动，开阔学生艺术视野，提高学生学习兴趣，进而有效促进专业课学习，提高造型能力，培养艺术思维能力、艺术表现能力。最终课程举办了学生成果展示活动，促进了交流和提高（见图 6）。

图 6 学生策划的云展

教学反思

一滴水中就可以看到整个世界。同样，在实际的教学活动中我们也不难

发现，在日常教学中的每一个环节都不是相互割裂的，而是相互联系、互为一体的。因此，在本微课题开展的全部过程中，根据教学任务和学生特点灵活地去开创、尝试、实践、反思，适时拓展，有效延伸。把学生带到一个更广阔的世界，把课堂延伸到校外，延伸到社会、生活的每个角落；引导学生到广阔的天地去探索，去摘取新的知识之果，去获取更全面的核心能力，去创造，去引领。我也真心希望，微课题实践是对师生一次好的引领，更好地全面培养、提升学生的艺术核心素养。

融合信息技术于美育课程的实践研究

臧　澄

一、研究背景

中共中央办公厅、国务院办公厅 2020 年颁布的《关于全面加强和改进新时代学校美育工作的意见》强调了美育要以立德树人为根本任务，以社会主义核心价值观为引领，以提高学生审美和人文素养为目标，弘扬中华美育精神，培养德智体美劳全面发展的社会主义建设者和接班人。《义务教育艺术课程标准（2022 年版）》强调在新时代要求下，发挥艺术教育在全面育人中的重要价值和作用。

二、研究目的

在美术课程中渗透美育价值，发挥艺术教育在全面育人中的重要价值和作用，是美育教育工作者的责任，更是对美术教育工作者的一次考验。教师一方面要深耕学科教学研究与实践，基于先进的教育教学理念，依据课程标准目标要求，采用符合学情的教学策略进行教学的设计和实施，高效达成教学目标；另一方面，要重视以“互联网 +”为代表的技术对教育教学产生的影响，不断提高信息化教学能力，有效利用先进的信息技术达成教学目标。

三、研究意义

信息技术与学科的融合，发挥线上教学的优势，增强艺术课程中的美育

渗透，提高课程美育价值，促进学生掌握知识、提高能力、发展素养。

（一）具有生动性和直观性

利用信息技术，教学资源可集声、光、色、形于一体，动态呈现，不但具有强烈的视觉感官冲击力，还有着直观、生动、形象的表现力。例如，利用技术，可以展示160多万种色彩；利用生动多样的网络资源，有利于营造理想的美术教学环境和艺术氛围，增加学习的趣味性，开阔学生的视野，充分调动学生的多种感官，使传统的课堂教学变得具体、形象和生动，大大激发学生的学习兴趣。

（二）具有丰富性和可控性

首先，美术教学离不开大量、丰富的图片资料和相关信息展示，利用网络信息技术，可以实现快速、便捷的搜索，教师可找到教学所要的作品和素材，通过编辑加工，形成可用的教学资源；其次，教师利用绘图软件和教学系统功能，可根据教学的需要，调整作品的构图、明暗对比度、色彩饱和度、像素清晰度，还可利用聚焦、放大等功能，满足教师对艺术作品相关内容知识的展示和讲授，符合学生的认知规律和学习需要，增强了作品的表现力和教学功效，有利于学习、理解和掌握知识，提升学生“审美识读”的美术核心素养。

（三）具有便捷性和共享性

在备课中，教师可使用ClassIn一类的教学平台，将用于教学的资源和课件保存在云盘中，随时随地可以打开编辑。在授课时，可以在课堂打开直接应用。教师还可以利用网络备授课平台，上传自己的资源，浏览其他老师的资源，实现共享交流，相互借鉴，有利于教学资源的不断积累、优化和充分利用。

四、研究方法

（一）线上线下混合式教学必将成为教育发展的趋势

疫情防控期间，居家线上教学成为主要的、常态的教学方式。后疫情时代，应发挥信息技术优势，线上线下融合，让传统课堂教学和线上教学方式优势互补，拓展教学内容，增加教学互动，有效提升教学质量，助力学生核心素养全面提升。

例如，利用ClassIn这一平台，可以开展线上的课程教学。学生可以随时随地通过在线直播课程开展学习活动，还可以与伙伴一起分组学习，探讨交流，互助协作，在探究活动中主动构建知识。这种学习方式充分体现了自主性、合作性、探究性。此次借助ClassIn平台，还实现了线上课堂与线下课堂的有机结合和课堂的延伸拓展，丰富了教学样态。另外，线上教学有利于教学资源的无限储存和便捷应用，促进了课程资源的积累和完善，学生可以根据学习需要随时观看，教师可以在教学和教研中反复利用，不断改进和优化自己的教学。

线上线下融合的教学，为教学方式的变革和创新提供了有利条件，促进了教育数字化转型，是教育发展的必然趋势。

（二）科学有效地利用信息技术，促进信息技术与学科教学深度融合

美术是一门视觉、造型艺术，通过视觉直观获取信息。iPad等移动终端中多样、高清的图像显示功能，可以很好地帮助学生观察、学习画作的特点，领略和欣赏作品的艺术价值和魅力，优化学生对作品的艺术体验。例如，利用局部放大功能，观察画作的细节，帮助学生识读美术作品，开展比较式的学习；用移动终端的资源交互功能，通过对内容资源的连线、拖动等操作方式，学生可完成教师布置的美术练习，有利于学生掌握和巩固知识；利用学习移动终端的拍摄录制技术，清晰展示老师示范过程和作品成果，教会学生方法、技能，有效突破教学难点；利用移动终端录制学生的实践过程、上传和展示学生作品，辅助教师关注学生学习成效，通过点评、互评等方式，给予学生学习过程的即时指导。

（三）利用信息技术优化线上教学，提升教学质量和效果

线上教学中，老师们往往遇到缺乏教学互动、难以监控和组织管理的问题。我们应该充分利用信息技术有效解决这些问题，弥补线上教学的不足。

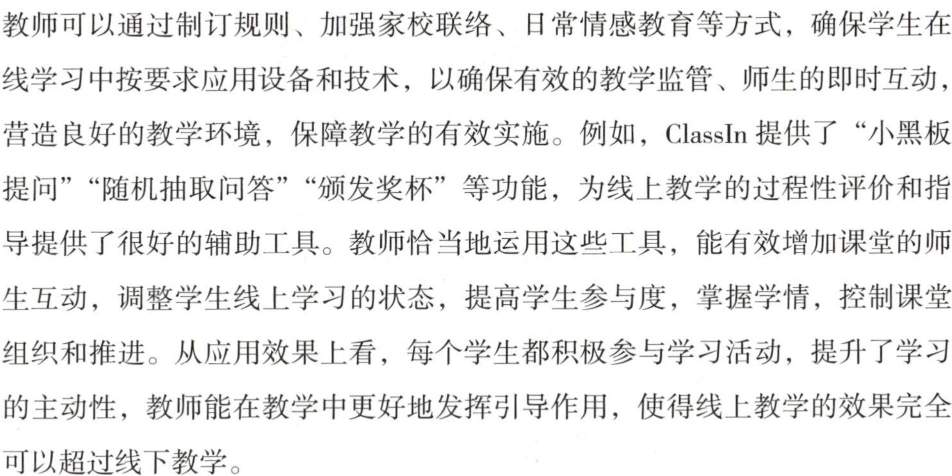

教师可以通过制订规则、加强家校联络、日常情感教育等方式，确保学生在线学习中按要求应用设备和技术，以确保有效的教学监管、师生的即时互动，营造良好的教学环境，保障教学的有效实施。例如，ClassIn 提供了“小黑板提问”“随机抽取问答”“颁发奖杯”等功能，为线上教学的过程性评价和指导提供了很好的辅助工具。教师恰当地运用这些工具，能有效增加课堂的师生互动，调整学生线上学习的状态，提高学生参与度，掌握学情，控制课堂组织和推进。从应用效果上看，每个学生都积极参与学习活动，提升了学习的主动性，教师能在教学中更好地发挥引导作用，使得线上教学的效果完全可以超过线下教学。

五、研究实施过程及成果

深耕细作在线课堂，增强艺术课程的美育价值渗透。信息技术，应当是促进学生知识、方法和思想内化的有力工具。基于新时代教育发展新要求，美术课程教学中发挥信息技术优势，以更好体现美育课程的价值和作用，落实好立德树人的根本任务。在线课堂需借助信息技术，在以下方面积极开展教学实践和探索。

（一）对学生开展感恩教育

疫情防控三年来，从最初人们恐慌、焦虑，到今天人们安居乐业、社会秩序井然、国家经济繁荣，我们要教育学生感恩我们的党和国家，感恩一线医务人员，感激各行各业为抗击疫情而奋斗着的人们。把爱国主义情怀根植于内心，增加社会责任感，做有理想、有担当的社会主义的建设者和接班人。疫情初期，我们的创作课以“五彩画笔绘疫情”为主题，组织学生进行绘画创作，强调“春暖花开”这一积极寓意，引发学生的情感共鸣。在 2022 年五四青年节，我们在以“定格青春”为主题的创作课教学中，很多学生也选择了抗疫题材，通过画笔向抗疫英雄致敬（见图 1）。

图 1　师生致敬抗疫英雄作品

（二）在线课堂，培养学生自主学习能力

疫情防控期间，教师要引导学生关心社会，深入思考，安排好生活和学习；让学生懂得自教重于他教、自律胜于他律，会自学则无处不课堂；提倡学生在线上开展“战疫”行动，引导学生居家期间提高自控力，学会时间管理，提升自主学习能力。其间，我充分利用 ClassIn 教学平台功能，设计和组织开展课前、课中、课后教学活动，并运用网络资源开展教学，布置在线作业，评测、监控数据并指导反馈。这种教学方式让学生的学习有抓手、有收获；让学生在小组合作中有共赢、有竞争；让学生的居家学习有集体感、归

属感，从而真正提升学生的学习自觉性和主动性。

（三）在线课堂，改进教学方法

疫情防控期间，我以“教育即生活，生活即教育，生活亦是艺术”为理念，通过开展以“像艺术家一样去创作”为主题的绘画创作课程，引导学生立足生活、关注生命、关注自我，认识自身与他人、社会、世界的关系，思考人生的意义。利用做好防护、抗击疫情的情境，引导学生关联和运用相关学科知识，自主查阅资料，拿起画笔进行创作，记录这段特殊时期的宝贵经历，留下成长的印记。此课程不仅训练了学生的艺术思维，提高了绘画技能，同时激发了学生对美好生活的热爱和追求（见图 2）。

图 2　“像艺术家一样去创作”的学生作品

（四）在线课堂，联通学生与世界

对学生的教育，不能仅限于校园内，还需要将所有的社会元素联结在一起，为学生的学习创建更广阔的世界，引导学生认识自我、尊重他人，还要有家国胸怀，面向世界、面向未来。我在教学中，借助在线课堂实现了我校与意大利马利蒙特国际学校携手共同举办主题为“共绘希望树”的活动，“众”植希望，“树”立信心。中、意两校学生通过云端交流完成作品，互赠对方。学生们描绘的树与树的枝杈，正是人与人、人与世界的友好对话和互补共融的情感表达。意大利的学生还在树上用中文写下了“谢谢”“欢迎”等话语。在这特殊的时期，中国与意大利的同学们虽远隔万里，但通过“云端”，通过绘画，展开了一场心心相印的对话交流（见图 3）。

图 3 学生的“希望树”绘画作品

（五）在线课堂，深化学科育人价值

展览是艺术生存、传播与发展的重要手段。我校在中国共青团建团一百周年之际，举办五四青年节学生画展。由此，我们的美术课程以终为始，让学生以预期成果为目标导向进行绘画创作和策展。这样的活动，既能检验教学效果，增加师生之间对艺术作品的交流与探讨，营造良好的艺术学习氛围，还能展示当代高中学生的青春风貌。其间，教师利用 ClassIn 平台开展在线教学和活动辅导，使用平台的分组功能，鼓励小组自主开展项目式合作探究。学生根据特长和兴趣自由结组，形成策展组、海报组等多个项目小组，开展了基于绘画、涉及多学科知识、多项技能的项目式学习。学生积极实践，合

作互助，综合运用美术学科及跨学科知识与技能，有效处理实际问题，高效达成了项目目标，最终以“云端”方式展示了活动成果。学生们从中获得了从学业到职业的初步体验和思考，促进了艺术素养的发展和综合能力的提升。

六、研究反思

我国教育信息化飞速发展，在新时代教育目标指引下，要发挥信息技术优势，变革传统教学方式，注重基于综合实践活动的教学，有利于学生综合能力的培养，激发学生的学习潜能，培养学生的创新精神。在美术课程的创作课教学中，充分利用信息技术，提高学生的感受力，使学生能准确感知世界，正确看待问题；提高学生洞察力，能发现世界和身边的事物与人性的点滴光辉；提高学生的表达力，能通过丰富生动的表达传播社会和文化正能量；提高学生的行动力，能以自觉的具体行动践行社会主义核心价值观。这些正体现了艺术课程的美育功能。教师要从学科课程目标出发，利用信息技术增强课程的美育价值，引导学生心怀祖国，面向世界，面向未来，让艺术课程成就学生的美好人生。

对话大千世界——绘画创意与实践微课题反思

本微课题研究，在之前两个单元绘画技术的学习和操练基础上，注重研究绘画的“应用”“表达”“创意”“展示”。设计以“定格青春”为命题创作的大单元教学分四个主题开展学习，通过各主题的任务单进行自主思考探究。围绕“大概念”的思维，开展创作实践活动，有效地引发学生深度学习，让学生经历像艺术家一样创作的全过程。

通过学习，强调形式丰富的绘画体验，使学生更进一步理解绘画的本质属性，展现当代高中生与众不同的个性化精神追求与思考。让学生们在艺术创作与创意实践过程中逐步建立起一种认识，即将绘画当作一种与世界沟通和对话的方式应用于今后的学习生活当中。

教学特色有以下五点：

（1）小组团队开展任务驱动，提高自主学习能力；

（2）开展创新实验性教学，触发创作灵感；

（3）应用信息技术 ClassIn，构建智慧课堂；

（4）有效突破教学难点，提高实践水平；

（5）评价机制丰富有效，及时奖励学生。

总之，以本微课题研究为导向，将教学贯彻落实在绘画实践中，更好地培养学生美术五大核心素养，培养学生绘画创作的思维，提升美术专业表现能力，树立“我就是小艺术家”的信心以及对未来职业的追求。

单元项目设计的研究
——以“信息可视化”教学实践为例

刘立新

一、研究背景

单元设计是现在教学设计的要求。单元教学设计与实施，是教师在学科教学中落实学科核心素养的具体体现。单元项目设计强化的是学科核心素养的培养，学科教学的系统性、关联性，强调以教为中心转向以学为中心的学生能力、素养的提升。如何在教学中进行单元设计或合理使用教材中已有的单元设计，是我们在教学中思考与探讨的课题。

在高中信息技术必修 1《数据与计算》第 3 章“单元数据处理与应用”单元学习中，我们以“信息可视化”为单元活动，进行了同单元不同项目的单元设计与实施，以研究单元项目设计与实施。

二、研究目标

本课题选择了高中信息技术必修 1《数据与计算》中第 3 章“单元数据处理与应用”。此单元是用数据解决问题的基础，涵盖了数据采集与整理、数据分析、数据可视化及应用等关键环节，其中的可视化是在数据采集、整理、分析、处理后最形象、最直观的呈现，是数据解决实际问题的基础。

如何结合学生日常应用的实例与学习问题来设计和展开此单元的教学，让学生感受数据采集、整理、分析和可视化等一系统数据处理与应用是高中教学中一直思考和尝试解决的问题。因此，在单元项目设计的研究中，我们选择了此单元的项目活动，希望通过不同类型的单元项目设计，探讨如何利用单元项目活动的设计激发学生的学习热情、解决学生学习中的问题，在问题解决过程中提升学生的能力与素养。

三、研究实施过程

（一）教学准备

本学年恰好和东城区智慧教育研究中心魏鹭老师一起展开共同教研，根据不同班级的学生情况，以“信息可视化”为研究课题，设计了难易不同的两套单元学习项目。

前期准备相关的程序进行测试，并在学生机安装相应的扩展库（xlwt 库、jieba 库、wordcloud 库及对应的说明文档），准备学案、程序段文档资源、实验体验演示视频等。

（二）教学设计

此单元的课例，针对不同班级学生采用两种不同的方案设计进行比较与尝试。我们选择了普高一（2）（4）（6）班及美高一（1）班学生进行。高一（2）班相对综合基础比较好，高一（4）（6）班和美高一（1）班均属普通班级。我们采用了两种设计方案进行。方案 1：词云制作——体验数据处理与应用，在高一（4）（6）班和美高一（1）班进行；方案 2：借助 Python 模拟概率事件，在高一（2）班进行。

（三）教学实施

1.“词云制作——体验数据处理与应用”教学过程描述

以评价和比较给定的信息呈现方式展开；读图，观察图形、图像（包括柱形图、饼图、雷达图、词云图、动图等）所表述的信息；归纳可视化含义及作用；对常用的图表类型场景进行分析与描述。

结合应用学习数据处理的一般过程——数据采集、数据整理、数据分析、数据呈现（见图 1）。

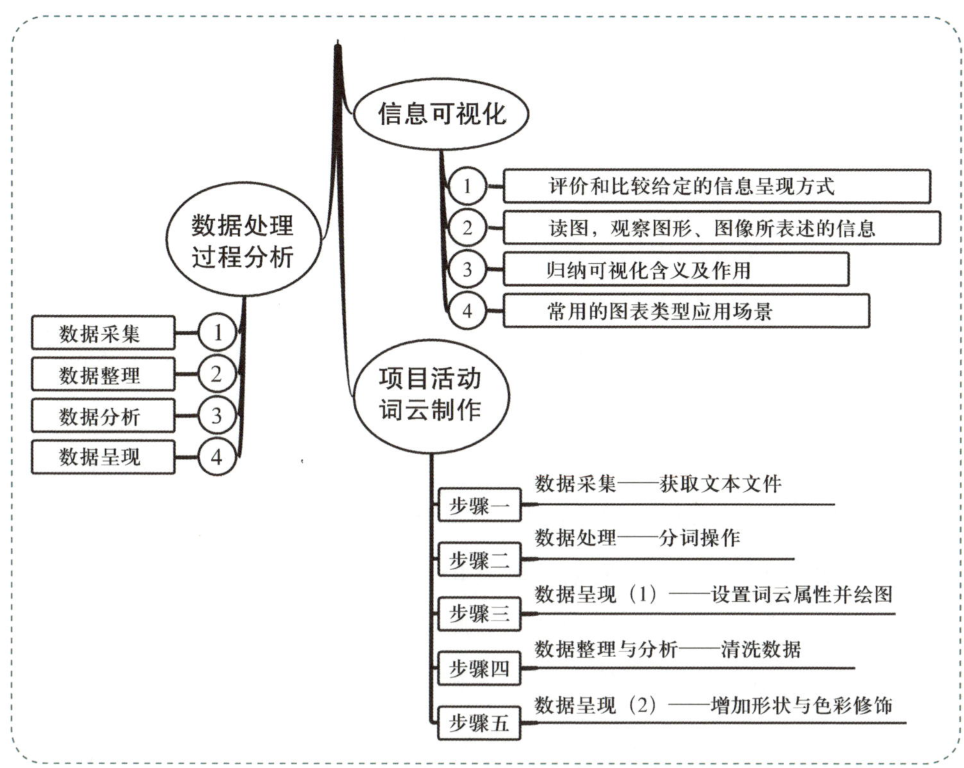

图 1　诗云制作教学过程描述

完成单元项目活动：为习近平总书记《在庆祝中国共产党成立一百周年大会上的讲话》制作词云图，以呈现文中的主要内容。

项目活动的主要内容：

（1）数据采集——获取文本文件。

（2）数据处理——分词操作。

（3）数据呈现（1）——设置词云属性并绘图。

（4）数据整理与分析——清洗数据。

（5）数据呈现（2）——增加修饰，包括形状修饰与色彩修饰。

2.“借助 Python 模拟概率事件”教学过程描述

由什么是“实验”引入单元活动。

实验阶段一——现象模拟：通过读代码，分析代码模拟的实验内容，写出程序的功能注释，以使学生了解要模拟的实验内容。

实验阶段二——产生数据 1：尝试利用循环结构控制次数，重复实验操作 100 次，统计正面朝上的次数。增加“计数器”实现对实验数据的统计。感受实验数据量对发现事物规律的重要性。产生数据 2：通过改变样本量的实际需求，引导学生发现需求中变化有规律的部分——双重变化。以地球围绕太阳的公转同时自转引导学生理解循环嵌套。通过搭脚手架的方式，降低学生在编写程序中的困难。在不断修改程序过程中，体验实验组数和样本数量对实验的重要性。

实验阶段三——数据整理与保存：介绍数据保存的方法——xlwt 库，利用第三方库的安装将实验数据保存在 Excel 文件中。

实验阶段四——数据可视化：利用电子表格中“图表”功能实现数据可视化，并适当对图表进行修饰和美化。通过电子表格中的“图表”功能实现数据的可视化，对学生来说操作门槛降低。体验数据可视化后对分析数据和发现数据背后的规律更直观、生动的效果（见图 2）。

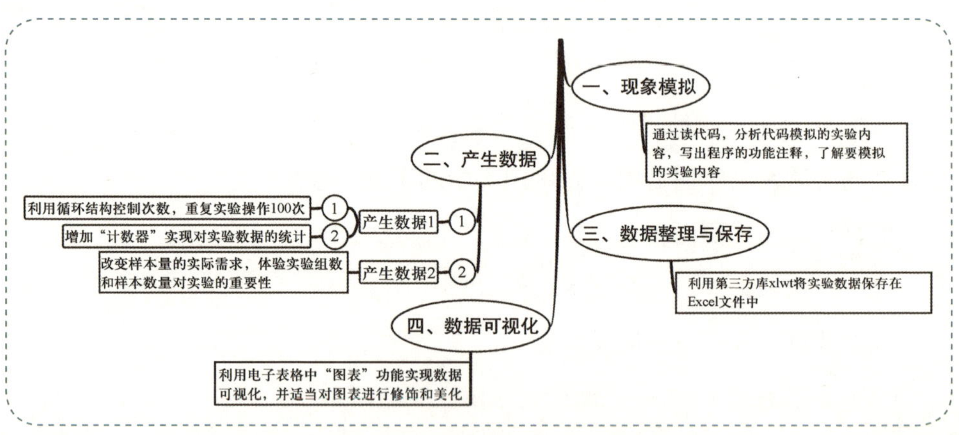

图 2 借助 Python 模拟概率事件

完成这两节课的教学，我们的心情是愉快的。参加“词云制作——体验数据处理与应用”的班级在两节课的时间里，学生均完成了目标任务，同学们兴趣盎然，有的同学甚至在课间也在讨论与研究案例的相关内容。参加

“借助 Python 模拟概率事件”的同学，在原有 Python 知识的基础上延伸与扩展，在老师搭设的“脚手架”上顺利达成了学习目标。当学生用写入 Excel 中的数据画出 X–Y 散点图时，他们的欣喜溢于言表。

通过两个案例，学生们达成了教学的目标，并从中感受到了 Python 的奇妙与魅力，这令我们非常高兴。

相比于课本中的项目案例，我们在教学设计过程中十分注重项目与前期已学习过的 Python 语言知识的联系，尽量减少第三方库用量和相应的操作细节，并向学生提供了对应的学案和使用说明。但两个案例相比，有因转班而听了两种不同设计方案的同学，反映因第三方库的操作命令的生疏感觉案例 1 困难相对更大些。所以，在其他项目案例设计中，我们既要达成目标，也要更进一步甄别和选取对应的第三方库操作。

四、研究效果

（1）两个教学项目的设计均结合日常学习与生活中的应用，学生在活动中兴趣和积极性很高，有利于学习目标的达成。我准备在下一年度的教学中对“词云制作——体验数据处理与应用”进行完善和细节的修改，以期达到更好的效果。

（2）在“借助 Python 模拟概率事件”的教学设计中，采用电子表格软件中“图表绘制”呈现数据的方法，既克服了学生上手慢的问题，又使数据呈现的效果直观形象。因此，在数据可视化的过程中，不要排斥借助电子表格软件进行“图表绘制”的方法。学生上手快，既可以达到降低学生操作门槛，又可直观呈现数据规律，在项目时长有限的教学设计中可以采用。

（3）单元项目活动的设计是以学生核心素养提升为核心的，既要关注学科教学的系统性、关联性，又要考虑学生的实际认知与能力水平。在应用单元项目活动展开学习的过程中，我们要结合与吸取教材中的单元项目设计精髓，同时要兼顾本校学生的特点与实际能力。两者结合起来，才能使单元活动设计丰富多彩，达到学习目标，提升不同层次的学生的学科素养。

（4）作为单元活动，在两个项目活动的设计中，我们力求让学生完整地体验数据的“采集—处理—呈现—分析应用”过程，感受到数据可视化的魅力。同时，我们也在思考如何在单元项目教学中更好地渗透和融入学科核心素养培养。

“问渠那得清如许？为有源头活水来。”作为学科教师，需要不断根据学生的特点与需求，学习—思考—实践—再思考—再实践，在不断的实践中更深入地领会新课标，从中挖掘、更新与设计更适合学生情况的单元教学。在实践中积累经验，在实践中改进完善，不断地向课程目标趋近。

面向问题，具体而微

教学过程是教师为达成课程目标，通过具体教学实施和适应学情状况的不断磨合的过程。教师所面对的，既有学生学习中遇到的各种各样的问题，又有课改以来课程目标、教材内容、教学方式等诸多方面的显著变化。如何在问题和变化中把握教学，学校教科研给了大家非常具体的、务实的方法——微课题研究。从教学中一个个具体的、细小的问题入手，各个击破，在细小的累积中不断成长与进步。微课题的研究督促我更有意识地思考和捕捉教学中的问题、更有目标地思考解决问题的策略，更加注重学生的细微的反馈和表达……微课题的探讨让我体会到解决具体教学问题的喜悦与快乐。

此次微课题是针对单元项目设计展开的，所涉及的具体内容是“数据处理与应用”的项目活动设计。如何让学生更好地体验数据“采集—处理—呈现—分析应用”的环节，感受到数据可视化的魅力，是我尝试解决的具体问题。很有幸与东城区智慧教育研究中心魏鹭老师一起展开探讨，对同一单元不同项目活动设计进行了尝试。这使我们在同课异构的具体设计和实施中拓展了单元项目活动设计的思路与方法。同时，如何在现有教学条件下借助传感设备实时获取数据，增强学生的应用体验和感受，是本单元项目活动设计中需要进一步改进的问题。

持续关注学生的反馈和需求，不断改进和调整教学策略，让学生在学习过程中获得积极的体验和成长。愿微课题的实践与探索成为我们解决教学中的问题、实现教学目标的桥梁。微课题实践永远在路上……

提升美高一学生发展指导课效果的实践研究

林翔宇

一、研究背景

（一）选题缘由

《学生发展核心素养》《高中育人方式改革》《心理健康教育指导纲要》等政策文件反复强调学生心理健康、自我管理、成长发展等主题的重要意义和价值，我校也一贯重视并长期在初一、高一、高二年级开设心理课、学生发展指导课程。

如今，美术高一年级也开设了学生发展指导课程，一学年共 15 次课。课程的效果如何，能否满足美术高中学生的特殊成长发展需要？课程的效果很难评估却又亟待评估，同时效果评估能为高中学生发展指导课程的内容优化、有效教学提供重要依据，通过挑战困难和尝试进行效果的调研，形成有价值和特色的评价方案。这项研究具有开拓性的、指导性的意义。

（二）国内外研究现状

影响生涯干预效果的因素包括干预方式（生涯课程、团体辅导、个体咨询）、干预的结构与组织方式、干预强度（干预几次、每次多少时间），以及干预对象的数量和特质等。就关键的内容要素而言，包括书面练习、个性化反馈、提供多样的职业信息、树立可学习的榜样，以及建立可获得的社会支持等。现有涉及生涯课程效果评估的指标，就中外文献来看，可以划分为两大类：一类是评估课程在学生中的知晓率、使用率和满意度；另一类是评估

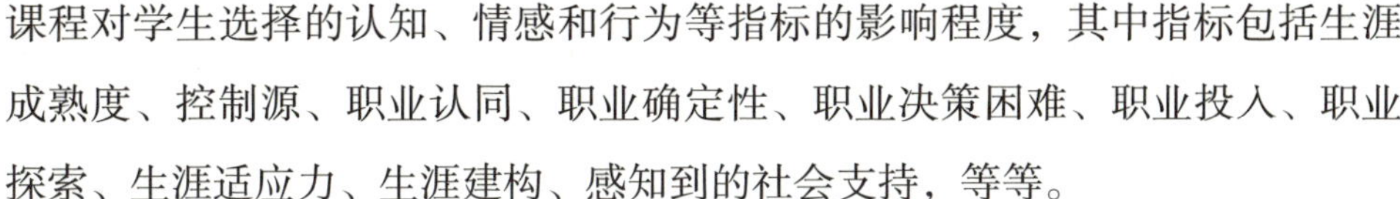

课程对学生选择的认知、情感和行为等指标的影响程度，其中指标包括生涯成熟度、控制源、职业认同、职业确定性、职业决策困难、职业投入、职业探索、生涯适应力、生涯建构、感知到的社会支持，等等。

纵览现有发展指导课程研究，可以发现如下几点局限性：第一，范围有限，绝大部分以大学生为研究对象，指标围绕就业展开，缺少中学的数据；第二，评估指标主要来源于自我报告式问卷，定性研究为主，缺少使用不同评价主体和多元的指标。

二、研究对象

美高一年级学生。

三、研究目的

了解发展指导课程在美高一年级使用的有效性，为评价高中学生发展课程、深化课程建设提供重要依据。

四、研究目标

描述学生发展指导课程的有效性，包括内容与程度。

五、研究的主要内容

（1）通过前后测问卷，呈现课程前后学生在“生命、生活、生涯”三个维度的变化。

（2）通过学生访谈收集收获与感受，更具体描述课程内容、教学方式、课堂作业对学生成长发展的帮助。

六、研究方法

调查法，包括问卷调查和访谈。

七、研究实施过程

时间	研究任务	资源与准备
2~3 月	阅读参考文献，确定研究方案； 进行学生前测	找文献，阅读； 准备前测问卷
4~5 月	前测数据录入； 编制访谈提纲	学习用 Excel 进行统计分析
6 月	根据课堂表现和作业情况，确定访谈人选； 进行访谈；进行学生后测	每班 5 人，共 10 人； 准备后测问卷
7 月	录入数据，分析数据，得出结论； 完成研究报告	

八、研究结论

（一）基于前后测问卷调查的结论

1. 问卷调查与数据呈现

根据人数，本次调查前测问卷每班各发放 37 份，回收有效问卷（1）班 32 份，（2）班 33 份，共计 65 份；后测问卷 1 班发放 25 份，有效问卷 24 份，（2）班发放 33 份，有效问卷 31 份。在此基础上对照前后两次均参加问卷调查的名单，剔除只参加了一次的人员，最后保留有效可供数据分析的问卷（1）班前后测各 21 份，（2）班前后测各 31 份（见表 1~ 表 3）。

表 1　生命发展量表

题目维度	题号与条目内容	前测均分	后测均分
接纳自我	2. 我掌握了保持心理健康的方法	3.69	3.72
	3. 我掌握了令自己开心的方法	3.91	3.92
	5. 我能够接纳和喜欢自己	3.79	3.76
	7. 我认为自己可以发挥自己的长处，改善自己的短处	3.60	3.62
	8. 我认为自己能够面对作为父母的责任及难处	3.63	3.61

续表

题目维度	题号与条目内容	前测均分	后测均分
抗逆力	1. 我认为自己在面对逆境时，能够做到随机应变	3.44	3.45
	9. 我认为自己在面对逆境时，能够激励自己	3.56	3.60
反思内省	4. 我认为自己能够做到向自己承认错误	3.99	4.00
	6. 我认为自己可以在反省的过程中得到学习的机会	3.95	3.97
	10. 我认为自己拥有反思的勇气和耐力	3.71	3.74
	11. 我认为自己会时常自我反思，检讨做事成败的原因	3.63	3.66

表 2　生活发展量表

题目维度	题号与条目内容	前测均分	后测均分
人际合作	1. 我认为自己在参与活动时，能够悉心听取他人的意见	4.19	4.22
	3. 我认为自己在参与活动时，能够与人合作，以达成团队目标	4.02	3.99
	5. 我认为自己在参与学校 / 课堂活动时，能够与同学互相交流意见	3.94	3.97
	7. 我能够设身处地，顾及他人的感受	4.05	4.05
	8. 我认为自己在参与活动时，能够处理合作过程中的冲突	3.80	3.82
情绪管理	2. 我认为自己能够处理学业上遇到的压力	3.32	3.33
	4. 我认为自己可以控制自己的情绪	3.64	3.62
	9. 我认为自己在面对压力时，能够用正确和适当的途径抒发情绪	3.53	3.52
生活管理	6. 我认为自己可以独立处事，先分析每件事的处理方法，然后做出最好的决定	3.74	3.75
	10. 我认为自己具有多角度的思考和分析能力	3.51	3.51
	11. 我认为自己可以妥善分配和掌握时间	2.78	2.80
	12. 我能够做事有计划	3.05	3.06

表 3　生涯发展量表

题目维度	题号与条目内容	前测均分	后测均分
自我探索	1. 我认为自己可以在兴趣和前途之间做出平衡	3.74	3.80
	3. 我认为自己会在兴趣范围内，探索不同的事业	3.92	3.90
	6. 我了解自我的能力，以协助自己选择事业方向	3.79	3.80
	10. 我认为自己能够恰当地选择大学开设的专业及课程，为将来的事业做好准备	3.56	3.59
资源搜集和运用	4. 我认为自己会去搜集目标院校的录取分数线及专业选择等资料	3.94	3.93
	5. 我认为自己可以根据自我的兴趣及能力，寻找合适的专业	4.01	4.05
	7. 我认为自己会考虑所报考的专业和职业前途的关系	4.02	4.04
	8. 我认为自己会寻找一些机构和人事的帮助，来协助自己找工作	3.50	3.48
	11. 我可以根据经济环境与人才的需求，选择学习一些适合的课程来提升自己	3.79	3.78
决策和行动	2. 我认为自己在面对环境的转变时，可以评估和改变自己在事业上的目标	3.79	3.78
	9. 我认为自己能够掌握达到事业上的目标的策略	3.32	3.33
	12. 我可以不断改进自己的升学和就业计划，向自己在事业上的目标迈进	3.82	3.79

2. 基于调查数据的分析（见表 4）

表 4　调查数据分析表

量表	维度	前测均分	后测均分
生命发展	接纳自我	3.72	3.73
	抗逆力	3.50	3.52
	反思内省	3.82	3.84
生活发展	人际合作	4	4.01
	情绪管理	3.50	3.49
	生活管理	3.27	3.28

续表

量表	维度	前测均分	后测均分
生涯发展	自我探索	3.75	3.77
	资源搜集和运用	3.85	3.86
	决策与行动	3.64	3.63

（1）美高学生在生命、生活、生涯三个板块的学习后，整体效果获得了提升，但提升的程度从分值来看不太显著。分值提升的原因是教师的教授、学生的学习、学生在这些主题上的成长。分值提升不太显著的原因可能有：15 次课的内容与体量有限，对学生的影响也较小；选择的量表无法与课程的主题对应，因此测量不够准确；因为疫情等原因，后测时有不少同学居家没能完成问卷，导致废卷增加，样本数量有限；等等。

（2）相对明显的提升集中在“反思内省”和“自我探索”两个主题。由于课程的内容中自我探索部分占比高，又是学生很有兴趣的部分，学生的学习热情高涨，效果也比较显著；同时，教师在课堂上注重学生的反思内省能力，常常询问学生的“所见、所感、所思、所获”，学生感知到自己这方面的能力提升了。

（3）有两个维度的前后测分值有微弱下降，一个是“情绪管理”，另一个是“决策与行动”。这两个维度在学习时就属于难点，学生在学习之后需要反复训练，不容易马上改变；同时也有可能在前测时学生的分值虚高，学习过后比较客观地填写，造成分值的前高后低。

（二）基于学生访谈的结论

1. 学生访谈的内容和情况

为进一步了解接受发展指导课后美高一学生的具体收获，教师在结课时提出四个开放式问题用于收集详细的信息，同时也在假期访谈了三位同学。问题和访谈题目如下：

（1）印象最深刻的一节课以及原因。

（2）我的收获和改变。

（3）对教师的反馈。

（4）对课程的建议和意见。

2. 基于访谈的分析

从学生的反馈中看到，几乎每节课都能触动学生，因为这些课程让学生感到自己的成长和进步，具体有：“第一次认识到自己性格多样化，清晰认识自我”“对自己的性格有更立体的印象”“对他人的性格特点有大概的理解，可以更好地与他人接触”“了解自己的性格特征可能适合做什么，让我在生活中找到与我性格相似的朋友。让我积极思考人生，了解生命存在的意义，提前知道未来要做的事情”等。

学生印象最深的课分别是“畅想人生”“用 MBTI 理论理解性格”“了解高考政策 规划高中学业”“认识专业”这四节，因为这四节课“对我们的唤醒和启发更大”“更针对和满足了需要”“马上能指导生活”。

学生褒奖和肯定了教师的课程准备、教授、尊重公平对待学生等，也提出了自己的不足，比如自己需要更认真听讲、活动参与可以更多、更多打开自己与人分享等。同时学生也希望在课程中多加入互动游戏，动手操作的环节，多一些小视频；内容上希望增加情绪调节课程内容、心理学专业知识介绍和艺术生相关的升学就业知识等。

综上，美高一学生在生命、生活、生涯三个主题上均获得了进步，学生发展指导课程对学生的成长发展效果明显，反馈正向，达到了计划的效果。

九、研究效果

经过研究，不仅完成了课程效果的评估，还挖掘了存在的问题。在发现问题的前提下提出更好的解决方法。

（一）更加精细设计和准备课程

1. 课前收集学生需求，精准把握难点与痛点

由于 15 次课的内容与体量非常有限，因此可以通过对上过课的学生进行访谈，了解对他们帮助最大的课程；同时在开课前对新一轮学生进行需求调

查，精准把握学生成长发展的难点和痛点。

2. 确定主题，精心设计与实施课程

对于学生喜爱和帮助大的内容，适当加大比重；对于与美术相关的大学、专业、职业介绍等内容，则可以更全面和丰富；对于课堂进行的方式可以更注重体验性，更多样、灵活，调动学生的学习主动性。

（二）更加科学客观设计效果评估方案

1. 深入学习课程评估知识，丰富储备

通过研究，深刻感受到课程评估是一件特别有难度的事情，需要科学严谨的态度、丰富深厚的知识、不惧困难勇于挑战的精神。因此要沉下心来，通过扎实的学习积累储备。

2. 反思和重新设计评估方案

本次的研究中，由于选择前人设计好的量表，而量表测量的项目又与我校开课的内容无法一一对应与吻合，因此测量的准确度受到影响打了折扣；还因为疫情等原因，后测时有不少同学居家没能完成问卷，导致废卷增加，样本数量有限等。

（1）可以寻找或编排更适合的问卷，更精准地发现学生的成长点；找准前后测的时机，确保样本量和问卷质量。

（2）可以设计和增加评估的方法，比如分析学生课堂上的学案、阶段性的作品、学生的收获总结、课程结束后的深入访谈等，通过多渠道的评估方法来补充和完善定性的问卷前后测结果，让评估更全面更严谨。

从小小的视角挖呀挖呀挖

从这次微课题参与的经验中我发现，相比于主持一个课题，研究一个微课题是让人感觉轻松的、愉悦的，也更锻炼自己的研究能力。

找研究主题时可以直接找最感兴趣的点，搜索相关文献时也可以更聚焦、范围更小，研究方法和样本的选取都可以更简单可行，研究周期更短、效率更高。

虽然它小而简单，但是对我们一线教师的意义和价值是很大的，做微课题可以随时发现问题，提取出问题中的研究点，想到切实可行的解决方案，进行实施和得到反馈，还能形成论文固化成果。最重要的是，在这个过程中不用投入太多就能体验到研究的快乐和成效，增强了信心和效能感。

这让我想到现在特别流行的一句歌词，“在小小的花园里挖呀挖呀挖，种小小的种子开小小的花”。微课题研究就是这样的练习，让我从小小的视角挖呀挖呀挖，做小小的研究收获小小的成就。我相信将来可以从大大的视角挖呀挖呀挖，做大大的研究收获大大的成就。

小学科学课学案评分机制研究
——科学探索、猜想战场

吴　妍

一、研究背景及意义

（一）小学课堂纪律的重要性

课堂教学管理的重要性是毋庸置疑的，是课堂教学顺利进行的基本保证。整个教学管理制度，都是为了使学生的学习活动取得最佳效果，而不只是为了将消极行为降到最低程度。所以建立有效的课堂管理对小学教学是很有必要的。有效的小学课堂管理，可以让学生从小养成良好的学习行为习惯，为以后的学习生活打好基础。由于课堂的不稳定性，现有的小学课堂管理策略也有限，而小学课堂管理也会随着时代的变更而改变，所以我们只有不断地摸索，才能总结出一套最适合自己的课堂教学管理技能、技巧，让学生综合素质得到全面提升。

（二）课堂管理要符合新课标

近年来，新课标背景下的教育改革逐渐深层次展开，对教师也提出了更高的要求，其中以学生为中心的新课堂管理理念逐渐取代了以教师为中心的传统课堂管理。所以，如何贯彻新课改理念，完成新时代赋予我们的教育责任，这就要求我们坚持以人为本、坚持教育为先，树立开放、创新的现代学校管理理念。

传统的课堂教学管理模式已不能适应新课标教学目标的要求，课堂管理改革成为当下教育改革的必由之路。然而，以人为本的教学宗旨的贯彻实施，并不能满足当下小学课堂管理的需求，还需要从师生关系、教师在课堂中的角色定位、学生的学习需求、自我管理等各个方面创新小学课堂管理模式，努力形成一个教学相长、注重引导学生思维的教学模式，构建良好、融洽的师生氛围，从整体上优化教师课堂管理模式。教育的积极作用对社会经济发展的重要性不言自明。21 世纪以来，我国紧跟时代发展步伐，从我国的教学实际出发，对基础教育进行了重大改革，高举素质教育的大旗，贯彻实施以人为本的教学理念；注重学生个性化的发展，以学生为本位，建立学生自主学习方式，同时注重学生之间的合作与探究，培养学生的团队意识。

（三）遇到的问题

工作四年来一直教高中物理，去年我校的小学部急缺科学老师，校领导安排我同时教小学的科学。初生牛犊不怕虎的我，心想高中物理都没难倒我，小学的科学又有何畏惧！二话不说，拿起教科书和教参就开始备课，满心想着把这些即将盛开的花朵带进科学的殿堂。可是我没想到，小学的科学和高中物理真的不是一回事儿。

首先，学科不一样。对于高中学生来说，物理是主科，学生比较重视，所以会非常认真地听老师讲解。物理知识又有一定难度，学生能完全理解就已经不容易了，更不用说让学生代替老师讲解了。但科学对于小学生则不同，虽然目前已经没有主、副科之分，但因为科学课上课练习很少，下课也几乎没有作业，因而学生对科学的重视程度还是会稍差一些。由此导致每到科学课上，学生总会让自己放纵一下，同时也就放松了对自己的管理。而且小学科学更像是在科普最基本的科学常识，现在信息传递非常快捷，家长也非常重视学生的认知和眼界，小学科学的教学内容很多是学生已经了解的知识，导致学生缺乏学习兴趣，上课不专心听讲，甚至出现说话和打闹等课堂纪律问题，使教学效果大打折扣。

其次，学生不一样。高中的学生自控能力非常强，上课纪律不成问题，不爱说话，甚至不屑于理会老师的提问。老师需要设计一些有趣的环节去吸引学生，让他们说出来，跟着老师的思路走。而小学的学生，正处于努力探索、勇于表达的阶段。他们想要展示自己的欲望非常强烈，喜欢回答问题，甚至是抢答，喜欢跟老师和同学开玩笑。这些情况都是我上课之前没想到的。由于我备课只准备了学科内容，却忽略了学生的学情。所以从一开始上科学课，我就在努力地调动学生的学习热情，却忽略了对于课堂的管理。这些小学生也逐渐发现我的问题，钻了我的空子，从此也不把课堂纪律当回事。就这样，我的科学课，一节比一节变得更加不可收拾。

这可怎么办呢？我开始变得不想去上科学课，每次都是鼓足了勇气去上课，然后败北而归。但终究不能一直这样下去，我也向一些有经验的老师咨询了管理办法，试过几种，但总是收效甚微，持续不了几节课，又回到了原点。我开始一点一点地思考问题所在和解决办法。

二、问题发现：学生课堂纪律不好的根本原因

（一）学生积极表达，但是知其然而不知其所以然

学生在科学课上总是随意发言。每当老师说出一个新事物，尽管老师在讲授知识，并没有提问，学生们也总会举着手大声说“我知道，我知道”。然而学生大多数的回答，只是说我知道这件事，我在什么情景下听过，但其实并不懂得其中的科学道理，然后就滔滔不绝地说出自己的亲身经历或者听到的、看到的相关事件。学生把“听到”当成“知道”。《老子》中曾言：“道可道，非常道。”知道，即晓得道，谓对大道与万物有所了解、认识，并且能说出来。可是学生并不能讲明其中的道理，所谓知其然而不知其所以然。

（二）答非所问

小学生的思路非常开阔，但有时并不能很快抓住一节课的重点在哪里。每个学生的发言都会引出新的思路，引发其他学生的共鸣；大家都要介绍自己的认知，说出自己的所思所想，就这样同学们的发言内容总会偏离课堂主题，导致课堂纪律混乱，影响正常的课堂秩序。

三、解决方案：上课使用学案

学生们积极发言是好事，见多识广、迁移能力强也让老师觉得很是欣慰。但是学生管不住自己，做不到举手发言，不能组织好语言让自己的发言围绕课堂教学的内容。这就影响了正常的课堂教学，所以我想尽各种办法来压制学生上课发言。但表达自己是他们的天性，所以效果甚微，并且影响了我和学生的关系。我就想，要想办法让学生表达出来，而且尽量让每个人都表达，课堂纪律还不能乱。

（一）把说变成写

我想到，既然那么多学生想要发言，那就应该给他们表达的机会。但课堂时间有限，不能让每个同学都说，那不如让他们写出来。这样既能回答问题，学生又要学会精简自己的语言，毕竟写太多字对于小学生来说，还是一件头疼的事儿。我就想到把每节课的内容都设计成学案，每一个环节都设计出小问题，让学生一小步一小步地跟着学案的内容走。这样，学生一上课就拿到学案，对本节课的重点有一个大致的了解，而且每个问题都在学案上，上下联系，学生的回答也就不会离题太远，就解决了答非所问的问题。

而且写字能让学生安静下来，更好地进入学习状态。每个人都在安静地写，没有了随意表达和哗众取宠的现象，课堂纪律一下就变好了。

（二）先设想，再讲解，然后总结，最后拓展

为了解决知其然而不知其所以然的问题，我设计的学案包括这样几部分。先用生活情境引入一道思考题，让学生写出他知道的相关科学原理，满足他们小小的虚荣心。再用一些其他实例来进行讲解，帮助学生融会贯通地明白这个科学原理。然后进行总结，把学生知道的一个名词或者一个科学原理，加上适用条件和生活实例，用学科的语言进行总结，就让他们原来知道的一点点知识变得有血有肉，理解得更加深刻。最后再出一道关于本节课核心内容的拓展题，横向拓展或者纵向挖深让学生有一点点的突破，或者设置一点点的障碍对他们骄傲自满的情绪进行一点小打击，好让他们以后更加虚心地

学习科学。

（三）鼓励用多种形式表达

有些同学可能不善于用文字来表达，或者有些科学问题不容易描述，学生也可以用画画的形式、加标注的形式、表格的形式展现在学案上，给学生多种多样的表达自己的方式。

四、方案提升：积分奖励制

（一）设计制度

如果只是单纯地写学案，其实学生并不是很积极。特别是那些学习不认真、喜欢开小差的同学，往往其他人都在做练习了，他们还在东张希望，或者玩玩橡皮，琢磨琢磨笔。我发现这样的学生总是那几个纪律不好的学生，如果不想办法让他们安静下来，课堂纪律还是难以维持。而这几个学生有一个共同点，他们喜欢玩游戏，我发现他们的文具、挂件、贴画的内容都是关于《绝地求生　刺激战场》。所以我就上网查了这个游戏的积分升级机制，把这个机制引入我的课堂管理，形成了我自己的科学课奖励机制《科学探索　猜想战场》，让学生在我的课上积学分、升等级、换奖励，以此来激发同学们的学习兴趣。为了照顾全体学生的积极性，奖品我就准备了一些与近期科学课内容相关的文具和生活用品，以激励学生学习科学。最终大奖当然是每个学生都喜欢的——减免期末作业。

（二）积分奖励制度细则

1. 学案得分

每节课评分细则印在学案上，满分 100 分。其中包括，卷面整洁 10 分，按要求作答 20 分（要求先在学案上写出猜想并给出合理解释，老师讲解之后，用红笔进行自判和修正）。

每题的完成质量单独进行打分（科学老师拥有最终评分权）。

2. 扣分规则

课堂纪律，每出现一次问题本课学案扣 5 分。包括：随便说话，随便下座位，偷吃东西（扣分并上报班主任），玩玩具（扣分并没收，期末统一归还），看与科学课无关的书或作业（以科学老师看见或提醒为准）。

3. 积分机制

每节课对学案进行打分（科学老师拥有最终评分权），针对学案得分名次积星。每两周更新积星榜，颁发段位奖励。

五、研究效果

（一）初期效果

关于写学案积分的方案，我准备了大约一个礼拜，先找了我校的心理老师帮我分析小学生的学情和心理情况，再正式进行。开始的几节课，学生很是兴奋，积极度特别高。但有一个小小的问题，就是同学们对于积分机制的细则总是记不住，每次上课都要问自己的积分，以及目前达到的等级和奖励。所以每节课都要花一点时间进行讲解。而且刚开始我不太了解小学生的写字速度和理解能力，所以学案的内容设置会有一些问题，有的题目太过笼统，学生答不出来；有的题目数量太多，学生一节课根本做不完。经过几节课的调整，我和学生都适应了这种上课形式，我们开始渐入佳境。

（二）半学期的效果

经过几节课的试验，学生的积极性逐渐平稳，开始喜欢上写学案的形式。因为每节课我都会展示几张优秀案例，然后公布积分发奖品，这个环节学生还是非常兴奋的。而且写学案真的会让每个学生的参与度大大提高，以前举手回答问题抢不着的同学，现在都找到了表达自己的机会，学案总是写得很认真。而且我一张张地给学案打分之后，也能及时发现学生的问题并单独讲解，学生会理解得更透彻。

几个星期的学案写下来，学生也有了关于科学课的总结和收获，他们对科学也逐渐重视了起来。

就这样，半个学期的写学案攒积分的科学课就结束啦，学生们课堂纪律较之前有了很大进步。我用原本纪律较差的班级作为实验班级与原本纪律较

好的班级做了对比，现在实验班级的课堂纪律已经明显好过对比班级了。

（三）发现新问题

上述写学案攒积分颇有成果同时，问题也暴露了出来，有些同学会因为写字慢而答不完，会因为书面不整洁而扣分，会依然因为有纪律问题而降级。有些同学逐渐地落了下来，从而失去了信心，对于写学案就变得不那么上心了；还有一些同学，对于积分和奖励都不是很感兴趣，所以一直都没有真正地参与其中。但这样的同学，往往也不会扰乱课堂纪律，他们好像在自己的世界里不愿出来，我没有找到他们的兴趣点，所以也就没有找到调动他们积极学习科学的好方法，我还需要继续努力。

（四）新学期、新方法

新学期一开学，学生就问我：“老师，我们还写学案换奖励吗？”可见学生的积极性还是很高涨。但是我发现学生对那个游戏的热情已经褪去，学生在进步，我的管理制度也要跟着稍作改动。学案还要接着写，积分制度还要继续进行，但是积分形式会稍作改动。在之前的单人积分的基础上，增加双人积分，主要用于动手实验课程，可以让两人共写一张学案或实验报告。还有增加小组团体总分制度，把组内同学的个人积分加起来，折合成小组积分再次进行评比。这样给学生动手操作的机会，锻炼学生团结协作的能力，增加学生热爱集体的意识。

具体操作和实施效果，让我们拭目以待。

勤于积累　勇于尝试

一、微课题缘起

我的微课题研究，是我与小学生斗智斗勇、努力改善课堂纪律、提高学生学习积极性的研究过程。每节科学课我都会给学生设计学案，让学生把所知所想都写在学案上，课后我给学案进行打分。按照得分的排名，每节课给学生积分，积分可以得称号奖牌，换奖品、减免作业等。因为积分的机制和奖牌的称号是模仿学生热衷的游戏《绝地求生 刺激战场》而来，所以我给我的奖励机制命名为《科学探索 猜想战场》，吸引学生更加积极地参与进来。

二、前期教学研究

我作为一名高中物理教师，第一次跨头来教小学科学，对学生不熟悉、学情不了解，忽略了小学生课堂纪律的问题，导致我的课堂上学生经常随意发言，回答问题有跑题现象，严重影响了正常的课堂教学。我尝试过多种方法来解决这个问题，包括对学生严厉批评、变换教课方式、课后谈心、问题学生移交班主任等，结果都收效甚微，只能一时地解决问题，不久后又会恢复原样。经过多次的尝试无果后，我产生了畏惧心理，惧怕进入小学的课堂。但我绝不认输，我努力想出一个新的方法，再次尝试。

我发现学生的根本问题在于知识面广、表达欲强，大部分学生都想展示自己的学识；还有一部分学生对学习不太感兴趣，但是酷爱玩“吃鸡”游戏。所以我把这两点相结合，制订了写学案、攒积分、得奖牌、换奖励的奖惩措施。

经过了几个星期的磨合，我和学生都越来越适应这样的模式。我发现，学生只要动笔书写，手里有任务可做，课堂纪律就能有保障。学生在写的同时能够更好地组织语言，不会天马行空地随意发挥。学生为了能够在学案上留下正确答案，也会非常认真地听老师的讲解。还有些以前不爱学习的学生为了得奖励和称号，特别认真地写学案。就这样，我们的奖励机制进行了一个多学期，课堂氛围越来越好。

三、微课题研究契机

就在我们的科学课渐入佳境的时候，学校下发了征集微课题的通知。我发现我的经历刚好符合要求，便想着不如抓住这个契机，把我的研究过程总结归纳成文，顺便可以帮助我厘清思路，让我从头好好地整理一下整个过程，扬长避短地继续进行下去。通过查阅和学习理论知识，我便开始了我的微课题研究。此时的我，特别庆幸在前期的研究过程中留下了大量的文字和照片等资料，只需稍作整理，就完成了微课题的研究。所以，在平时的工作和教学当中，我们一定要注意及时对教学过程进行记录和总结，一个阶段过后也要简单地进行归纳总结，因为总结的过程总是伴随着钻研和思考，得到的结果也一定能够对日后的教学有所帮助。

关于参与课题研究，我想这是一件让许多老师感到头疼的事。虽然每个人每天都在积极地进行教学，也一定会进行总结和思考，但是真的要聚焦于某个主题，并且还要进行理论学习、实验探究、文字总结等大量的工作，还是会让大家望而却步，总觉得无从下手。以前的我也因为懒惰和胆怯，拒绝参与课题的研究。但是在参加了几次教科研的培训后，在几位教授深入浅出的讲解下，对真实的课题案例进行分析，现场对老师们的课题进行指导等活动，让我逐渐地发现课题研究也不是高不可攀的世纪难题。只需平时用心观察和记录，适时地进行思考和总结，积极地找到解决问题的方法，多次进行实践和改进，最终总结成文，课题研究也就完成了。整个过程可能需要花费一些时间和精力，但研究过程中的思考和过后得出的结论，一定能够更好地服务于日后的教育教学工作，这绝对是一件收获大于付出的事。

通过此次微课题的研究，让我认识到科研的重要性。教育研究是教师的必备素养，也是教师成长的有效载体和手段，更是教师自我发展和自我实现的有效途径。加强理论学习，提高自身科研水平，最终回归教育本身，才能更好地进行教育教学。

与此同时，也让我从另一个角度思考了教学方法和师生关系。不同学段的学生，学情必然不同，那么授课的方式也必然不同；除了知识的传授，教育的侧重也不同。不能一味地打压学生，而是应该顺应学生的天性，进行疏导和教育，这样才能事半功倍。

四、微课题研究遗憾

课题完成之时，已经接近期末，于是我把研究过程暂时告一段落，稍作总结，便结束了此阶段的研究。我原本想要在下一学期把研究方案进行改进，并且在其他班级继续进行。可没想到，因为人事安排发生变动，我没有继续教小学的科学课，课题也没有办法继续实践，实在是让人感到遗憾。我想，我的研究过程如果继续进行，一定会找到更多方法和更深入的理论来指导我的教学。

如果以后还有对教育教学工作有帮助的课题，我一定会积极参与。在今后的工作中，勤于积累，勇于尝试，把更多的先进经验应用到教育教学当中，努力成为一名具有教科研精神的教师。